Erfolgskonzepte Praxis- & Krankenhaus-Management

Ihre Erfolgs-Konzepte für Klinik und Praxis
Als Arzt sind Sie auch Führungskraft und Manager: Teamführung, Qualitätsmanagement, Kodier- und Abrechnungsfragen, Erfüllung gesetzlicher Vorgaben, patientengerechtes Leistungsspektrum, effiziente Abläufe, leistungsgerechte Kostensteuerung ...

Zusätzliche Kompetenzen sind entscheidend für Ihren Erfolg.

Agieren statt reagieren
Gestalten Sie zielgerichtet die Zukunft Ihres Unternehmens - als Organisator, Stratege und Vermarkter.

Andreas Ullmann

Dörte Busch

Ärztliche Großpraxis

Beteiligungsmodelle in Berufsausübungsgemeinschaften,
Gewinnverteilung ohne Ärger

Mit 30 Abbildungen

 Springer

Andreas Ullmann
Aichach
Deutschland

Dörte Busch
Berlin
Deutschland

ISBN 978-3-662-50507-6   ISBN 978-3-662-50508-3   (ebook)
DOI 10.1007/978-3-662-50508-3

Die Deutsche Nationalbibliothek verzeichnet diese Publikation in der Deutschen Nationalbibliografie;
detaillierte bibliografische Daten sind im Internet über http://dnb.d-nb.de abrufbar.

Springer

Umschlaggestaltung: deblik Berlin
Fotonachweis Umschlag: © Troels Graugaard/istockphoto.com, ID: 22723201

Gedruckt auf säurefreiem und chlorfrei gebleichtem Papier

Springer ist Teil von Springer Nature
Die eingetragene Gesellschaft ist Springer-Verlag GmbH Berlin Heidelberg

Vorwort

Vom Einzelkämpfer zum Teamspieler
Ärztemangel und gleichzeitiger Anstieg der Arztzahlen?

Wie kommt es zu diesem Paradoxon in Deutschland, dass auf der einen Seite ein zunehmender Ärztemangel, insbesondere in ländlichen Regionen, zu verzeichnen ist, auf der anderen Seite aber die Arztzahlen zeigen, dass es niemals zuvor mehr Ärzte gegeben hat?

Was die ambulante vertragsärztliche Versorgung anbelangt, liegt dies zum einen sicherlich an einem Verteilungsproblem bei den Ärzten, sowohl zwischen West und Ost als auch zwischen Zentrum und Peripherie, zum anderen gibt es hier noch weitere Ursachen zur Erklärung:

Die Entwicklung des medizinischen Fortschritts: Die Behandlungsaufwendungen für einen Patienten steigen durch eine Erweiterung des Spektrums der verfügbaren medizinischen Verfahren und des Leistungsvolumens von Anwendungen, die es früher nicht gab. Dies erfordert ein Mehr an Ärzten.

Der demografische Wandel der Bevölkerung: Nicht nur die absolute Zahl der älteren Menschen nimmt zu, sondern auch deren relativer Anteil an der Gesamtbevölkerung. Dies und die auch damit einhergehende wachsende Multimorbidität macht eine erhöhte Zahl an Ärzten zwingend notwendig.

Die Feminisierung des ärztlichen Berufsstandes: Eine radikale Feminisierung des Arztberufes, mit dem allgemeinen Trend der Arbeitszeitverkürzung und dem Wunsch einer Balance zwischen Arbeit, Freizeit und Familie, ist zu erwarten. Für einen bisherigen männlichen Vollzeitarbeitsplatz werden mindestens zwei weibliche Teilzeitkräfte benötigt, was die ärztliche Personalkapazität um 50 % reduziert. Es lässt sich ein genereller Wertewandel bei weiblichem, aber auch bei männlichem ärztlichen Nachwuchs feststellen.

Die Altersstruktur der Ärzte: Es kommt zu einer zunehmenden Überalterung der deutschen Ärzteschaft mit einem eklatanten Nachwuchsproblem. Der Anteil der jungen Kollegen wird weniger, während das Durchschnittsalter der Ärzte kontinuierlich steigt.

Die Emigration der Ärzte ins Ausland: Belastbare Daten zeigen, dass in den letzten Jahren eine Abwanderung von in Deutschland tätigen Ärzten weiterhin auf hohem Niveau stattfindet. Insbesondere Länder wie die Schweiz, Großbritannien, USA und Österreich sind gefragt. Auf der anderen Seite wird das deutsche Gesundheitssystem zunehmend von der Immigration ausländischer Ärzte abhängig.

Die geringe Attraktivität der Freiberuflichkeit: Ein abgeschlossenes Medizinstudium bedeutet nicht zwangsläufig eine spätere ärztliche Tätigkeit und schon gar nicht in der Niederlassung. Neue und alternative Beschäftigungsfelder für Ärzte wie z. B. Tätigkeiten im Gesundheitsmanagement, im Bereich der Forschung, der Medizininformatik, des Medizinjournalismus und im Pharmabetrieb erhöhen die Knappheit.

Investitionen in eine eigene Praxis werden kritisch gesehen, zumal eine spätere Veräußerung nicht mehr gesichert ist. Anstellungsmöglichkeiten oder eben alternative

Beschäftigungsmöglichkeiten ohne risikoreiche Investition bei festen Arbeits- und Urlaubszeiten bieten heutzutage keine schlechteren Verdienstmöglichkeiten mehr, bei gleichzeitig besserer Absicherung und besserer Kalkulierbarkeit der Einnahmen.

Das wirtschaftliche Führen einer Praxis mit 50–60 % Betriebsausgaben und zusätzlich ca.
30 % Bürokratie im Praxisalltag einer Einzelpraxis werden zunehmend als unattraktiv und
vermeidbar angesehen.

Viele der aufgezeigten Ursachen für einen Ärztemangel hängen mit der althergebrachten Form
der Einzelpraxis zusammen. Diese schafft es einfach nicht mehr, den geänderten Bedürfnissen und Anforderungen der jüngeren, aber auch der älteren, ausscheidenden Ärztegeneration
gerecht zu werden. Die Einzelpraxis ist am Ende! Der Einzelkämpfer ist out! Es vollzieht sich
ein Wandel hin zum Teamplayer. Berufsausübungsgemeinschaften (BAGs) mit Anstellungsmöglichkeiten, also Zusammenschlüsse, Fusionen, MVZ-Gründungen bis hin zur „Zentralen
Großpraxis" als Organisationsmodell zur längerfristigen Sicherstellung der freiberuflichen
ambulanten ärztlichen Versorgung Deutschlands sind geeignete Lösungsansätze.

Um eine BAG dauerhaft erfolgreich führen zu können, muss sowohl auf die veränderten
Anforderungen der nachwachsenden Ärztegeneration als auch auf die des nichtärztlichen
Personals Rücksicht genommen werden: flexible Arbeitszeitmodelle mit attraktiver Work-
Life-Balance, 4-Tage Woche, Teamarbeit, Flexibilität, Anstellungsmöglichkeiten ohne kaufmän-
nische Belastung und Investition und neigungsorientiertes Arbeiten sind einige Beispiele hierfür.

Auf der anderen Seite muss das Modell auch für Praxisinhaber und fusionsbereite Kollegen
einen klaren Vorteil bieten.

Es stellt sich dann die Frage: Welcher Typus Praxis passt zu mir: Gemeinschaftspraxis, Praxisgemeinschaft, MVZ oder ÜBAG?

Zwei Hauptgründe für das Scheitern einer BAG lassen sich anführen:

Zum einen unklare Vertragsverhältnisse einer BAG. Dieses Buch liefert hierfür im ersten Teil
den medizinjuristischen Hintergrund unter Berücksichtigung der Vergütungsrahmenbedin-
gungen und erläutert die Möglichkeiten der Ausgestaltung nach individuellen Bedürfnissen. Es
führt den Leser durch den Paragrafendschungel, der nicht außer Acht gelassen werden kann.

Zum anderen die interne Gewinnverteilung. Meist ist die finanzielle Verteilung nicht zur Zufriedenheit aller geregelt.Individuelle Unterschiede der beteiligten Ärzte, seien es das Ungleichgewicht der eingebrachten Eigentumsanteile, der eingebrachten Patientenzahlen und des eingebrachten Privatpatientenanteils, die individuellen Arbeitsweisen, die individuellen Arbeitszeiten
(auch Teilzeit) oder auch die Fehltage (z. B. Urlaub) der beteiligten Ärzte, sind ein häufiger
Hinderungsgrund für Zusammenschlüsse bzw. Anlass für das Scheitern von Großpraxen.
Im zweiten Teil dieses Buches wird daher eine Gewinnverteilung ohne Ärger vorgestellt. Es
werden Lösungen angeboten, die finanzielle Verteilung zur Zufriedenheit aller zu regeln,
Planungssicherheit zu geben und das Zusammenarbeiten in einer BAG zu stabilisieren.

Dr. med. Andreas Ullmann und Dr. iur. Dörte Busch
www.aerztliche-großpraxis.de
Aichach und Berlin, im April 2016

Autoren

Dr. med. Andreas Ullmann ist Facharzt für Allgemeinmedizin und Executive MBA der Hochschule St. Gallen. Er ist Mitbegründer und Geschäftsführer des „Zentrum für Allgemeinmedizin Aichach", einer der größten freiberuflichen allgemeinärztlichen Praxen Deutschlands. Seine Praxis ist Lehrpraxis der LMU München.

Dr. Ullmann ist seit Jahren Verfechter der Zentralen Großpraxis als Geschäftsmodell der Zukunft. Er hat mehrfach Praxisfusionen durchgeführt, ist gefragter Referent und gilt als Experte der internen Vergütungsregelung in Großpraxen.

Dr. iur. Dörte Busch, LL.M. (Cardiff) ist Fachanwältin für Medizinrecht und Mediatorin. Sie berät und begleitet bundesweit Ärzte im Rahmen von Praxisgründungen, Praxisabgaben und -übernahmen sowie beim Verkauf von Praxisanteilen. Ein Schwerpunkt ihrer Tätigkeit liegt in der individuellen Gestaltung von Gesellschaftsverträgen und der sich hieran anschließenden kontinuierlichen Weiterbetreuung der Praxen. Dabei beschränkt Sie sich nicht allein auf die rechtliche Beratung, sondern steht als Mediatorin, für eine konstruktive Beilegung zwischenmenschlicher Konflikte zur Verfügung. Neben dem gesellschaftsrechtlichen Schwerpunkt bearbeitet sie Themenbereiche, die im Zusammenhang mit rechtlichen Fragen der vertrags- und privatärztlichen Tätigkeiten stehen.

Die Autorin ist Lehrbeauftragte an der Humboldt Universität zu Berlin und gefragte Referentin auf medizinischen Fortbildungsveranstaltungen.

Inhaltsverzeichnis

X Inhaltsverzeichnis

Lösungsansatz Kooperationen

Anforderungen an die Ausgestaltung, Wahl des Typus und Gewinn-/Verlustbeteiligung

© Springer-Verlag Berlin Heidelberg 2016
A. Ullmann, D. Busch, *Ärztliche Großpraxis*, Erfolgskonzepte Praxis- & Krankenhaus-Management
DOI 10.1007/978-3-662-50508-3_1

1

Nachdem die Entscheidung gefallen ist, gemeinsam mit anderen ärztlichen Kollegen tätig zu sein, stellt sich die Frage nach der Art der Zusammenarbeit und ihrer rechtlichen Ausgestaltung. Ärzten ist es gestattet, sich zu Berufsausübungsgemeinschaften (BAG), Organisationsgemeinschaften, Kooperationsgemeinschaften und Praxisverbünden zusammenzuschließen.

1.1   Berufsausübungsgemeinschaft (BAG)

Berufsausübungsgemeinschaften (BAG) gibt es in verschiedenen Erscheinungsbildern und Gestaltungsformen; man kann sie nach dem Ort der BAG in örtliche und überörtliche als auch nach dem inhaltlichen Umfang der Tätigkeit in Voll-BAG oder Teil-BAG unterteilen.[1]

Es ist durchaus möglich, auch mehreren Berufsausübungsgemeinschaften anzugehören. Für sie alle, gleich ob örtlich oder überörtlich, gilt folgendes:

Es bedarf immer einer Genehmigung des Zulassungsausschusses der zuständigen Kassenärztlichen Vereinigung (KV) vor Aufnahme der Tätigkeit (§ 33 Abs. 3 Satz 1 Ärzte-ZV). Entsprechend der Genehmigung erhält die BAG von der KV eine BSNR (Betriebsstättennummer), unter der sie gegenüber der KV ihre Leistungen abrechnet.

Die möglichen Rechtsformen der Kooperationen werden separat in ▶ Abschn. 1.6 behandelt.[2]

Die BAG hat gemeinsame Räume und gemeinsames Personal. Sie ist verpflichtet, gemeinsam zu firmieren, d. h. die Namen und Arztbezeichnungen aller in der Gemeinschaft zusammengeschlossenen Ärzte und die gewählte Rechtsform aufzuführen. Dies betrifft natürlich zuallererst den Namen der BAG, das Praxisschild und den Praxisstempel.

Sofern es sich um eine überörtliche BAG handelt, ist jeder Standort gesondert anzukündigen.

> **Tipp**
>
> Denken Sie hier auch an die Ausgestaltung von Briefköpfen, Impressum der BAG-Homepage, Unterschriftenzeile der Praxis-E-Mail etc.

Wichtig ist auch, die Patienten in geeigneter Form über die angestellten Ärzte zu informieren. Aus Schutzgründen[3] gegenüber dem angestellten Arzt ist das Anstellungsverhältnis kenntlich zu machen.

> **Merke**
>
> Die Kenntlichmachung erfolgt üblicherweise durch den Vermerk „angestellter Arzt" hinter dem Namen des betreffenden Arztes auf dem Briefkopf bzw. dem Praxisschild.

1.1.1   Örtliche Berufsausübungsgemeinschaft

> **Definition**
>
> Die BAG ist ein Zusammenschluss von Ärztinnen und Ärzten untereinander, mit Ärztegesellschaften oder mit ärztlich geleiteten Medizinischen Versorgungszentren, die den Vorgaben des § 23a Abs. 1, Buchstabe a, b und d entsprechen, oder dieser untereinander zur gemeinsamen Berufsausübung (§ 18 Abs. 2a MBO-Ärzte).

Zentrales Kennzeichen der BAG ist somit der Zusammenschluss zu einer gemeinsamen Berufsausübung. Diese setzt die auf Dauer angelegte berufliche Zusammenarbeit selbständiger, freiberuflich tätiger Gesellschafter voraus. Aus diesem Grunde ist es erforderlich,

---

1   Ihre rechtlichen Grundlagen finden sich in § 18 Musterberufsordnung für Ärzte (Stand 2015, nachfolgend MBO-Ärzte) und § 33 Zulassungsverordnung für Vertragsärzte (Stand 2015, nachfolgend Ärzte-ZV). Weitere Regelungen finden sich in § 15a Bundesmantelvertrag – Ärzte (Stand 2015, nachfolgend BMV-Ärzte).

2   Da die Wahl der Rechtsform für alle Kooperationsformen wichtig ist, wird in diesem Kapitel eine Übersicht über alle möglichen Rechtsformen sowie deren Vor- und Nachteile gegeben.

3   Sofern für den Patienten nicht kenntlich gemacht ist, dass es sich um einen angestellten Arzt handelt, könnte er versuchen, den Arzt persönlich in Haftung zu nehmen, da für ihn nicht ersichtlich ist, dass es sich nur um einen Angestellten handelt und er sich an die Gesellschafter der BAG halten müsste.

```
Gemeinschaftspraxis Meyer & Schmidt GbR
         Dr. med. Peter Meyer
       Dr. med. Gabriele Schmidt
      Fachärzte für Allgemeinmedizin


   Sprechstunden: Mo-Fr: 07.30-12.30 Uhr
              Mo, Di, Do:  15.00-18.00 Uhr
```

◻ **Abb. 1.1** Praxisschild Gemeinschaftspraxis GbR

```
Gemeinschaftspraxis Meyer & Schmidt GbR
         Dr. med. Peter Meyer
       Dr. med. Gabriele Schmidt
  Dr. med. Matthias Berndt (angestellter Arzt)
      Fachärzte für Allgemeinmedizin


   Sprechstunden: Mo-Fr: 07.30-12.30 Uhr
              Mo, Di, Do: 15.00-18.00 Uhr
```

◻ **Abb. 1.2** Praxisschild Gemeinschaftspraxis GbR mit angestelltem Arzt

dass sich die Gesellschafter in einem schriftlichen Gesellschaftsvertrag gegenseitig verpflichten, die Erreichung eines gemeinsamen Zweckes in der durch den Vertrag bestimmten Weise zu fördern und insbesondere die vereinbarten Beiträge zu leisten. Erforderlich ist weiterhin regelmäßig eine Teilnahme aller Gesellschafter der BAG an deren unternehmerische Risiko, an unternehmerischen Entscheidungen und an dem gemeinschaftlich erwirtschafteten Gewinn. Die BAG bedarf grundsätzlich eines gemeinsamen Praxissitzes, sprich Vertragsarztsitzes (örtliche BAG).[4]

◻ Abb. 1.1 zeigt ein Beispiel für ein Praxisschild einer Gemeinschaftspraxis in der Rechtsform der GbR und ◻ Abb. 1.2 ein Beispiel für ein Praxisschild einer Gemeinschaftspraxis in der Rechtsform der GbR mit einem angestellten Arzt.

1.1.2 Überörtliche Berufsausübungsgemeinschaft (ÜBAG)

Neben den Berufsausübungsgemeinschaften, bei denen alle Ärzte den gleichen Vertragsarztsitz haben, sind auch überörtliche Berufsausübungsgemeinschaften zulässig.

> **Definition**
>
> ÜBAGs sind Berufsausübungsgemeinschaften mit mehreren Praxissitzen (gleich Vertragsarztsitzen), wenn an dem jeweiligen Praxissitz

> verantwortlich mindestens ein Mitglied der Berufsausübungsgemeinschaft eine ausreichende Patientenversorgung sicherstellt (§ 18 Abs. 3 Satz 3 MBO-Ärzte).

Die Mitglieder der ÜBAG müssen einen Vertragsarztsitz als (Haupt-)Betriebsstätte und den bzw. die anderen Vertragsarztsitze als Nebenbetriebsstätte(n) bestimmen. In den Fällen, in denen sich die ÜBAG über die Bezirke mehrerer Kassenärztlicher Vereinigungen (nachfolgend KV) erstrecken soll, ist diejenige KV, in deren Gebiet die festgelegte Hauptbetriebsstätte liegt, für die gesamte ÜBAG zuständig.[5] Die Wahl ist für zwei Jahre bindend.[6]

Den ÜBAG-Mitgliedern ist es erlaubt, nicht nur an ihrem eigenen Vertragsarztsitz, sondern auch an dem der anderen Mitglieder in zeitlich begrenztem Umfang tätig zu werden:[7] Sie müssen dabei aber immer die Mindestsprechzeiten (20 Stunden) an ihren eigenen Vertragsarztsitzen einhalten (wobei diese auch durch angestellte Ärzte abgedeckt werden können). Weiterhin darf die Zeit an dem oder den anderen Vertragsarztsitzen die Zeit am eigenen Vertragsarztsitz nicht überwiegen.[8]

◻ Abb. 1.3 zeigt ein Beispiel für ein Praxisschild einer überörtlichen Gemeinschaftspraxis in der Rechtsform der Partnerschaftsgesellschaft.

---

4   Die MBO-Ärzte spricht von einem Praxissitz, gemeint ist aber (wie in der Ärzte-ZV) der Vertragsarztsitz. Zur Vereinfachung wird daher nachfolgend idR vom Vertragsarztsitz gesprochen.

5   § 33 Abs. 3 Satz 2 Ärzte-ZV i.V.m. § 15a Abs. 4 Satz 11 BMV-Ärzte und § 15a Abs. 4 Satz 11 EKV.

6   § 33 Abs. 3 Satz 3 Ärzte-ZV.

7   NK-MedR/Sobotta 2014, § 18 Rdnr. 5.

8   Terbille et.al./Hahne 2013, § 8 Rdnr. 95.

1

```
┌─────────────────────────────────────────────┐
│ ┌───────────────────────────────────────┐   │
│ │ ÜBAG Dres. med. Meyer, Schmidt und Bluhm PartG │ │
│ │        Dr. med. Peter Meyer            │   │
│ │       Dr. med. Gabriele Schmidt        │   │
│ │        Dr. med. Mareike Bluhm          │   │
│ │     Fachärzte für Allgemeinmedizin     │   │
│ │                                        │   │
│ │   Sprechstunden: Mo-Fr: 07.30-12.30 Uhr│   │
│ │           Mo, Di, Do: 15.00-18.00 Uhr  │   │
│ └───────────────────────────────────────┘   │
└─────────────────────────────────────────────┘
```

◘ **Abb. 1.3** Praxisschild überörtliche Gemeinschaftspraxis in der Rechtsform der Partnerschaftsgesellschaft (PartG)

```
┌─────────────────────────────────────────────┐
│ ┌───────────────────────────────────────┐   │
│ │        Teilgemeinschaftspraxis         │   │
│ │        Dr. med. Thomas Schwager        │   │
│ │ Facharzt für Kinder- und Jugendmedizin │   │
│ │        Dr. med. Marianne Berger        │   │
│ │      Fachärztin für Neurologie         │   │
│ │                 GbR                    │   │
│ │                                        │   │
│ │    Sprechstunde:  Mi: 15.00-18.00 Uhr  │   │
│ └───────────────────────────────────────┘   │
└─────────────────────────────────────────────┘
```

◘ **Abb. 1.4**   Praxisschild Teilgemeinschaftspraxis GbR

1.1.3 Teilgemeinschaftspraxis/ Teilberufsausübungs- gemeinschaft

Neben der umfassenden gemeinsamen Berufsausübung ist nach den gesetzlichen Regelungen[9] auch der Zusammenschluss zur Erbringung einzelner Leistungen möglich (sog. Teilgemeinschaftspraxis/Teilberufsausübungsgemeinschaft). Die Gestaltungsmöglichkeiten sind jedoch sehr beschränkt, da immer beachtet werden muss, dass sie nicht der Umgehung des Verbots der Zuweisung von Versicherten gegen Entgelt oder sonstiger wirtschaftlicher Vorteile nach § 73 Abs. 7 SGB V dienen darf. Nach dem Gesetzestext ist von einer Umgehung dabei dann auszugehen, wenn sich der Beitrag des Arztes auf das Erbringen medizinisch-technischer Leistungen auf Veranlassung der übrigen Mitglieder einer BAG beschränkt oder wenn der Gewinn ohne Grund in einer Weise verteilt wird, die nicht dem Anteil der persönlich erbrachten Leistungen entspricht. Die Anordnung einer Leistung, insbesondere aus den Bereichen der Labormedizin, der Pathologie und der bildgebenden Verfahren, stellt keine persönlich erbrachte anteilige Leistung in diesem Sinne dar. Letztlich entscheidend ist nicht der Inhalt des Kooperationsvertrags, sondern wie er gelebt wird.[10]

◘ Abb. 1.4 zeigt ein Beispiel für ein Praxisschild einer Teilgemeinschaftspraxis in der Rechtsform der GbR und ◘ Tab. 1.1 eine Übersicht zu den Berufsausübungsgemeinschaftstypen.

1.1.4 Vorteile einer Berufsausübungsgemeinschaft

Ein großer Vorteil von Berufsausübungsgemeinschaften liegt in der Sicherung der Vertragsarztsitze und der Möglichkeit ihrer Nachbesetzung bei Ausscheiden eines Gesellschafters. Zum Abbau der Überversorgung wurde durch das GKV-VSG (Gesetz zur Stärkung der Versorgung in der gesetzlichen Krankenversicherung – Versorgungsstärkungsgesetz) die bisherige „Kann-Regelung" zum Aufkauf von Praxen bei Überversorgung in eine „Soll-Regelung" umgewandelt. Danach soll der Zulassungsausschuss den Antrag auf Nachbesetzung in bedarfsplanungsrechtlich überversorgten Planungsbereichen bei einer Überversorgung von 140 % ablehnen, es sei denn, er hält die Nachbesetzung aus Versorgungsgründen für erforderlich.[11] Im Fall der Ablehnung der Nachbesetzung hat die KV den Vertragsarzt bzw. seinen zur Verfügung über die Praxis berechtigten Erben in Höhe des Verkehrswertes der Arztpraxis zu entschädigen, § 103 Abs. 3a Satz 13 SGB V.

Der Zulassungsausschuss darf den Antrag auf Nachbesetzung auch im Falle einer Überversorgung von 140 % und darüber jedoch dann nicht ablehnen, wenn sich ein Arzt bewirbt, der mit dem ausscheidenden Vertragsarzt die Praxis bisher gemeinschaftlich betrieben hat (§ 103 Abs. 3a Satz 3 SGB V). Eine weitere zeitliche Einschränkung gilt für Berufsausübungsgemeinschaften, die ab dem 05. März 2015 gegründet wurden. Hier ist der

---

9   Vgl. § 33 Abs. 2 Satz 3ff. Ärzte-ZV.

10 BSG NJW 2004, 1823.

11 § 103 Abs. 1 Satz 3, Abs. 3a Satz 7 SGB V.

☐ Tab. 1.1 Übersicht Berufsausübungsgemeinschaftstypen

BAG Differenziert nach			
Ort der vertragsärztlichen Tätigkeit		**Inhaltlichem Umfang der vertragsärztlichen Tätigkeit**	
Örtliche BAG	**ÜBAG**	**Voll-BAG**	**Teil-BAG**
Gemeinsamer Vertragsarztsitz aller Ärzte	Ärzte haben verschiedene Vertragsarztsitze, entweder in der gleichen KV oder auch KV übergreifend.	Die Zusammenarbeit umfasst das gesamte Leistungsspektrum.	Zusammenschluss lediglich zur Erbringung einzelner Leistungen
	Die Tätigkeit an dem Vertragsarztsitz eines anderen Partners der ÜBAG bedarf keiner Genehmigung der KV, sofern die Voraussetzungen der Präsenzverpflichtung nach § 17 Ärzte-ZV erfüllt sind und die Tätigkeit am jeweils anderen Vertragsarztsitz nur in *begrenztem Umfang*[1] ausgeübt wird (§ 15a IV BMV-Ä).		Unzulässig ist die Bildung einer BAG zur Erbringung überweisungsgebundener medizinisch-technischer Leistungen mit überweisungsberechtigten Leistungserbringern.
			Ferner muss das zeitlich begrenzte Zusammenwirken der Ärzte erforderlich sein, um Patienten zu versorgen, die einer gemeinschaftlichen Versorgung durch die Ärzte der Teil-BAG bedürfen und die Ärzte gemeinschaftlich im Rahmen des § 17 Abs. 1a BMV-Ä zur Verfügung stehen (vgl. § 15a Abs. 5 Satz 2 BMV-Ä).

[1] Als Maßstab für die Festlegung des begrenzten Umfangs kann die Rechtsprechung des BSG zum zulässigen Umfang von Nebentätigkeiten herangezogen werden (so Sodan/Boecken und Bristle 2014, § 17 Fn. 578 und Rdnr. 26), bei einem vollen Versorgungsauftrag ist mithin die Tätigkeit am Vertragsarztsitz eines anderen ÜBAG-Partners im Umfang von bis zu 13 Wochenstunden zulässig).

nachbesetzungswillige Gesellschafter nur zu berücksichtigen, wenn zum Zeitpunkt der Nachbesetzung die BAG mindestens drei Jahre bestand (§ 103 Abs. 3a Satz 5 SGB V). Aus Gründen des Vertrauensschutzes gilt die Frist nicht für vor dem Stichtag gegründete Berufsausübungsgemeinschaften.

Tipp

Schon frühzeitig an die Zukunft des Vertragsarztsitzes denken – durch geeignete Kooperationen können Vertragsarztsitze auch in überversorgten Gebieten gesichert werden.

1

1.2   Organisationsgemeinschaft

Bekanntester und auch häufigster Vertreter der Organisationsgemeinschaft ist die Praxisgemeinschaft mit ihrer Unterform, der Apparategemeinschaft. Im Gegensatz zu einer BAG üben die Ärzte hier ihren Beruf nicht gemeinsam aus, sondern schließen sich unter Wahrung ihrer eigenständigen ärztlichen Berufsausübung zu einer gemeinsamen Organisation, d. h. zur gemeinsamen Nutzung von Räumlichkeiten, Betriebsmitteln und Personal, zusammen.

In der Praxisgemeinschaft können sich Ärzte gleicher als auch unterschiedlicher Fachrichtungen zusammenschließen.

Im Gegensatz zu einer BAG ist die Praxisgemeinschaft nicht genehmigungspflichtig, sondern muss der KV nur angezeigt werden (vgl. § 33 Abs. 1 Satz 2 Ärzte-ZV). Jedes Mitglied einer Praxisgemeinschaft erhält seine eigene BSNR, unter der die Abrechnung gegenüber der KV separat erfolgt.

Für die Wahl der Rechtsform siehe bitte ▶ Abschn. 1.6.

Charakteristisch für eine Praxisgemeinschaft ist, dass jeder Arzt seinen eigenen Patientenstamm hat und eine eigene Patientenkartei führt.[12] Außerhalb der gemeinsamen Nutzung der Betriebsmittel, des Personals und der Räumlichkeiten handeln die Mitglieder einer Praxisgemeinschaft selbständig sowohl gegenüber dem Patienten als auch gegenüber den Kassenärztlichen Vereinigungen und Krankenkassen. Der Behandlungsvertrag kommt zwischen Patient und dem behandelnden Arzt zustande und nicht mit der Praxisgemeinschaft.

Während früher die Ankündigung der Praxisgemeinschaft auf dem Praxisschild, Briefbögen, etc. unzulässig war[13], dürfen nun Zusammenschlüsse von Organisationsgemeinschaften (wozu auch die Praxisgemeinschaft zählt) nach § 18 Abs. 3 MBO-Ärzte angekündigt werden.

---

12   Laufs/Uhlenbruck/Schlund 2010, § 18 Rdnr. 11.
13   Quaas/Zuck 2014, § 15 Rdnr. 18 m.w.N. in Fn. 85.

Praxisgemeinschaft

Dr. med. Sybille Weiß
Fachärztin für Gastroenterologie

Sprechstunden: Mo-Fr: 07.30-12.30 Uhr
Mo, Di, Do: 15.00-18.00 Uhr

Dr. med. Frank Schuster
Facharzt für Rheumatologie

Sprechstunden: Mo-Fr: 09.30-12.30 Uhr
Mo, Di, Do: 15.00-19.00 Uhr

◘ **Abb. 1.5**   Praxisschild Praxisgemeinschaft

Allerdings sollten sich die Beteiligten einer Praxisgemeinschaft sehr genau überlegen, ob sie von ihrer Ankündigungsmöglichkeit Gebrauch machen, da die Gefahr der sog. Rechtsscheinshaftung besteht. Da ein juristischer Laie, als der ein Patient i. d. R. angesehen werden muss, den Unterschied zwischen Praxisgemeinschaft und Gemeinschaftspraxis nicht kennt, könnte dieser z. B. im Falle eines Behandlungsfehlers alle auf dem Schild erscheinenden Ärzte in Anspruch nehmen, da er davon ausgeht, dass mit allen ein Behandlungsvertrag zustande gekommen ist.

❯ **Merke**
Genaues Abwägen, wie eine Praxisgemeinschaft nach außen hin auftritt, ist wichtig, um Missverständnisse bei Patienten zu vermeiden und die Beteiligten vor einer ungewollten Mithaftung zu schützen – ggf. sollten hierzu Ausgleichsregelungen im Praxisgemeinschaftsvertrag aufgenommen werden.

◘ Abb. 1.5 zeigt ein Beispiel für ein Praxisschild einer Praxisgemeinschaft und ◘ Tab. 1.2 eine Übersicht zur Abgrenzung von Praxisgemeinschaft und Berufsausübungsgemeinschaft.

☐ **Tab. 1.2** Übersicht Abgrenzung von Praxisgemeinschaft (PG) und Berufsausübungsgemeinschaft (BAG)

Merkmal	PG	BAG
Außenankündigung	Nein	Namen und Arztbezeichnungen aller zusammengeschlossener Ärzte und Zusatz „Gemeinschaftspraxis" sind auf dem Praxisschild aufzuführen
Nutzung von Praxisräumen und Praxiseinrichtungen	Gemeinsam	Gemeinsam
Beschäftigung von Personal	Gemeinsam	Gemeinsam
Ausübung der ärztlichen Tätigkeit	Jeder für sich	Gemeinsam
Patientenstamm	Jeder Arzt hat seinen eigenen Patientenstamm	Gemeinsamer Patientenstamm
Abschluss von Behandlungsverträgen	Separat	Gemeinsam
Patient hat Behandlungsanspruch gegenüber	Jeweiligen Arzt	Gemeinschaftspraxis, also keinen Anspruch, von einem bestimmten Arzt behandelt zu werden
Arztwahl	Freie Arztwahl gesichert (§ 18 Abs. 4 MBO-Ärzte)	
Patientenkartei	Jeder Arzt hat seine eigene Patientenkartei	Gemeinsame Patientenkartei
Abrechnung gegenüber Kassenärztliche Vereinigung (KV)	Jeder Arzt für sich unter eigener BSNR	Die BAG gemeinsam unter einer gemeinsamen BSNR
Genehmigung durch KV	Nicht genehmigungs-, nur anzeigepflichtig (§ 33 Abs. 1 Satz 2 Ärzte-ZV)	Genehmigungspflichtig (hierfür muss dem Zulassungsausschuss der Gesellschaftsvertrag vorgelegt werden)
Rechte und Pflichten	Individuelle Gestaltung der Rechte und Pflichten in Bezug auf die Gestaltung der Elemente der Kooperationsgemeinschaft	Im Wesentlichen gleiche Rechte und Pflichten der Gesellschafter[1]
Haftung gegenüber dem Patienten	Nur der Arzt, der die konkrete Behandlung vorgenommen hat	Die Gemeinschaftspraxis
Unternehmerisches Risiko	Jeder für sich	Beteiligung aller Gesellschafter an Gewinn und Verlust
Beteiligung am immateriellen Vermögen	Jeder für sich	Alle Gesellschafter
Anzeigepflicht gegenüber Ärztekammer	Der Zusammenschluss, die Änderungen und die Beendigung sind der zuständigen Ärztekammer anzuzeigen (§ 18 Abs. 6 MBO-Ärzte)	
Fachidentität der beteiligten Ärzte	Nicht erforderlich	Nicht erforderlich

[1] Bundesärztekammer, DÄ 2008 (A), 1019, 1921

1.3   Medizinische Kooperationsgemeinschaft

Neben der gemeinsamen Ausübung der ärztlichen Tätigkeit ist es Ärzten gestattet, sich auch mit selbständig tätigen und zur eigenverantwortlichen Berufsausübung befugten Berufsangehörigen anderer akademischer Heilberufe oder staatlicher Ausbildungsberufe im Gesundheitswesen sowie Naturwissenschaftlerinnen und Naturwissenschaftlern und Angehörigen sozial-pädagogischer Berufe – auch beschränkt auf einzelne Leistungen – zur kooperativen Berufsausübung zusammenzuschließen[14]. Von dieser Kooperationsform wurde allerdings bisher kaum Gebrauch gemacht.[15] Sie soll daher nur kurz vollständigkeitshalber umrissen werden. Für die Wahl der Rechtsform siehe bitte ▶ Abschn. 1.6.

Ärzte dürfen sich nur mit solchen anderen Berufsangehörigen und in der Weise zusammenschließen, dass diese in ihrer Verbindung mit dem Arzt einen gleichgerichteten oder integrierenden diagnostischen oder therapeutischen Zweck bei der Heilbehandlung, auch auf dem Gebiet der Prävention und Rehabilitation, durch räumlich nahes und koordiniertes Zusammenwirken aller beteiligten Berufsangehörigen erfüllen können.

Darüber hinaus muss der Kooperationsvertrag gem. § 23 b Abs. 1 S.4 MBO-Ärzte gewährleisten, dass

a. die eigenverantwortliche und selbständige Berufsausübung des Arztes gewahrt ist,

b. die Verantwortungsbereiche der Partner gegenüber den Patienten getrennt bleiben,

c. medizinische Entscheidungen, insbesondere über Diagnostik und Therapie, ausschließlich der Arzt trifft, sofern nicht der Arzt nach seinem Berufsrecht den in der Gemeinschaft selbständig tätigem Berufsangehörigen eines anderen Fachberufs solche Entscheidungen überlassen darf,

d. der Grundsatz der freien Arztwahl gewahrt bleibt,

e. der behandelnde Arzt zur Unterstützung in seinen diagnostischen Maßnahmen oder zur Therapie auch andere als die in der Gemeinschaft kooperierenden Berufsangehörigen hinzuziehen kann,

Medizinische Kooperationsgemeinschaft
Dr. Schramm, Breidenbach Partnerschaft

Dr. med. Horst Schramm
Facharzt für Hals- Nasen- und Ohrenheilkunde

Martina Breidenbach
Logopädin

Sprechstunden: Mo-Fr.: 07.30-12.30 Uhr
Mo, Di, Do: 15.00-18.00 Uhr

☐ **Abb. 1.6**   Praxisschild Kooperationsgemeinschaft in der Rechtsform der Partnerschaftsgesellschaft

f. die Einhaltung der berufsrechtlichen Bestimmungen der Ärzte, insbesondere die Pflicht zur Dokumentation, das Verbot der berufswidrigen Werbung und die Regeln zur Erstellung einer Honorarforderung, von den übrigen Partnern beachtet wird,

g. sich die medizinische Kooperationsgemeinschaft verpflichtet, im Rechtsverkehr die Namen aller Partner und ihre Berufsbezeichnungen anzugeben und – sofern es sich um eine eingetragene Partnerschaftsgesellschaft handelt – den Zusatz „Partnerschaft" zu führen.

☐ Abb. 1.6 zeigt ein Beispiel für ein Praxisschild einer Kooperationsgemeinschaft in der Rechtsform der Partnerschaftsgesellschaft.

Die Voraussetzungen der Buchstaben a bis f gelten für Kooperationsgemeinschaften in der Rechtsform einer juristischen Person des Privatrechts entsprechend. Der Name der juristischen Person muss neben dem Namen einer ärztlichen Gesellschafterin oder eines ärztlichen Gesellschafters die Bezeichnung „Medizinische Kooperationsgemeinschaft" enthalten. Unbeschadet des Namens sind die Berufsbezeichnungen aller in der Gesellschaft tätigen Berufe anzukündigen.

Gemäß § 23b Abs. 2 MBO-Ärzte richtet sich die für die Mitwirkung des Arztes zulässige berufliche Zusammensetzung der Kooperation im Einzelnen nach dem Gebot des Absatzes 1 Satz 3, welches erfüllt ist, wenn Angehörige aus den vorgenannten Berufsgruppen kooperieren, die mit dem Arzt entsprechend seinem Fachgebiet einen gemeinschaftlich erreichbaren medizinischen Zweck nach der Art ihrer beruflichen Kompetenz zielbezogen erfüllen können.

---

14   Siehe § 23 b Abs. 1 MBO-Ärzte

15   Ratzel u. Lippert 2010, § 23 a-d, Rdnr. 9.

Dr. med. Esther Glück
Fachärztin für Kardiologie
Praxisverbund Berlin Mitte

Sprechstunden: Mo-Fr: 07.30-12.30 Uhr
Mo,Di,Do:15.00-18.00Uhr

☐ **Abb. 1.7**   Praxisschild Praxisverbund

1.4 Praxisverbund (oder sonstige Kooperationsformen)

Wenn Ärzte kooperativ miteinander arbeiten, sich jedoch zu keiner BAG zusammenschließen wollen, können sie eine Kooperation eingehen, welche auf die Erfüllung eines durch gemeinsame oder gleichgerichtete Maßnahmen bestimmten Versorgungsauftrages oder auf eine andere Form der Zusammenarbeit zur Patientenversorgung gerichtet ist, z. B. auf dem Felde der Qualitätssicherung oder Versorgungsbereitschaft (§ 23 d Abs. 1 MBO-Ärzte).

Der Praxisverbund ist kein „closed shop", sondern soll allen teilnahmewilligen Ärzten offen stehen. Soll die Teilnahme dennoch beschränkt werden, z. B. durch räumliche oder qualitative Kriterien, müssen diese für den Versorgungsauftrag notwendig und nicht diskriminierend sein und der Ärztekammer gegenüber offengelegt werden. Es bedarf schließlich eines schriftlichen Kooperationsvertrages, in welchem die Bedingungen niederzulegen sind. Dieser ist der Ärztekammer vorzulegen.

Der Praxisverbund steht nicht nur niedergelassenen Ärzten offen. Es ist auch eine Kooperation mit Krankenhäusern, Vorsorge- und Rehabilitationskliniken und Angehörigen anderer Gesundheitsberufe nach § 23b MBO-Ärzte möglich, sofern die Grundsätze nach § 23b MBO-Ärzte gewahrt sind (§ 23d Abs. 3 MBO-Ärzte).

☐ Abb. 1.7 zeigt ein Beispiel für ein Praxisschild eines Praxisverbundes.

Ähnlich den Medizinischen Kooperationsgemeinschaften führt der Praxisverbund jedoch ein Schattendasein und hat in der Praxis kaum Relevanz.

1.5 Medizinische Versorgungszentren

Das Medizinische Versorgungszentrum (MVZ) wurde mit dem GMG (Gesetz zur Modernisierung der gesetzlichen Krankenversicherung) zum 01.01.2004 in § 95 Abs. 1 SGB V als zugelassener Leistungserbringer aufgenommen. Seine rechtlichen Grundlagen finden sich insbesondere in § 95 SGB V.

1.5.1 Voraussetzungen

> **Definition**
>
> Medizinische Versorgungszentren sind ärztlich geleitete Einrichtungen, in denen Ärzte, die in das Arztregister nach Abs. 2 Satz 3 eingetragen sind, als Angestellte oder Vertragsärzte tätig sind (§ 95 Abs. 1 Satz 2 SGB V).

■ ■ **Einrichtung**

Bis zum Inkrafttreten des Gesetzes zur Stärkung der Versorgung in der gesetzlichen Krankenversicherung (Versorgungsstärkungsgesetz) am 22.07.2015 war die Tätigkeit in einer fachübergreifenden Einrichtung Voraussetzung für die Gründung und den Betrieb eines MVZ. Es bedurfte mindestens zweier Ärzte unterschiedlicher Fachrichtungen. Durch die Streichung des Tatbestandsmerkmals der „fachübergreifenden Tätigkeit" sind jetzt auch facharztgruppengleiche MVZ und somit auch reine Hausarzt-[16] als auch Zahnarzt-[17] und Psychotherapeuten-MVZ[18] möglich.

---

16 BT Drucksache 18/4095, zu Nummer 41 (§ 95), zu Buchstabe a zu den Doppelbuchstaben aa und bb.

17 Gemäß § 72 Abs. 1 Satz 2 SGB V ist die Vorschrift auch auf Zahnärzte anwendbar; BT Drucksache 18/4095, zu Nummer 41 (§ 95), zu Buchstabe a zu den Doppelbuchstaben aa und bb.

18 Möglich sind reine Psychotherapeuten-MVZ, in denen ausschließlich Psychotherapeuten oder Ärzte, die der psychotherapeutischen Arztgruppe nach § 101 Abs. 4 SGB V angehören, tätig sind. BT Drucksache 18/4095, zu Nummer 41 (§ 95), zu Buchstabe a zu den Doppelbuchstaben aa und bb.

1

▪▪ Ärztliche Leitung

Jedes MVZ muss mindestens einen ärztlichen Leiter haben, der in der Regel im Zulassungsantrag gegenüber der KV auch zu benennen ist. Die Notwendigkeit der ärztlichen Leitung beruht auf dem gesetzgeberischen Willen, die Einflussnahme durch Nichtärzte auf ärztliche Entscheidungen auszuschließen.[19] Die Funktion des ärztlichen Leiters muss daher auch tatsächlich ausgeübt werden, eine bloß formale Leitungsfunktion ist nicht ausreichend.[20] Aus diesem Grund muss der ärztliche Leiter im MVZ selbst als Vertragsarzt oder angestellter Arzt tätig sein und ist in medizinischen Fragen weisungsfrei. Sofern ausschließlich Psychologische Psychotherapeuten im MVZ tätig sind, ist verständlicherweise die ärztliche Leitung durch einen von ihnen möglich.[21] Sofern Angehörige verschiedener Berufsgruppen, die an der vertragsärztlichen Versorgung teilnehmen, im MVZ tätig sind, ist auch eine kooperative Leitung möglich.

▪▪ Im Arztregister eingetragene Ärzte

In dem MVZ müssen Ärzte tätig sein, die im Arztregister eingetragen sind. Möglich ist sowohl eine Tätigkeit als Vertragsarzt als auch als angestellter Arzt. Auch Mischformen mit Vertragsärzten und angestellten Ärzten sind möglich.

1.5.2 Gründer

Als Gründer eines MVZ kommen
- zugelassene Ärzte,
- zugelassene Krankenhäuser,
- Erbringer nichtärztlicher Dialyseleistungen gem. § 126 Abs. 3 SGB V,
- zur Teilnahme an der vertragsärztlichen Versorgung zugelassene oder ermächtigte gemeinnützige Träger und
- Kommunen[22]

in Betracht.

---

19   Quaas/Zuck 2014, § 18 Rdnr. 7.
20   Quaas/Zuck 2014, § 15 Rdnr. 7.
21   BT Drucksache 18/4095, zu Nummer 41 (§ 95), zu Buchstabe a zu den Doppelbuchstaben aa und bb.
22   Mit dem Inkrafttreten des Versorgungsstärkungsgesetzes ist es nun auch Kommunen gestattet, MVZ zu gründen, um die regionale Versorgung zu „beeinflussen und zu verbessern". BT Drucksache 18/4095, zu Nummer 41 (§ 95), zu Buchstabe b zu Doppelbuchstabe aa.

> **Medizinisches Versorgungszentrum am Leopoldplatz GmbH**
>
> **Dr. med. Norbert Selig**
> Facharzt für Allgemeinmedizin
> **Dr. med. Stefanie Reisch**
> Fachärztin für Neurologie
>
> Sprechstunden: Mo-Fr: 07.30-12.30 Uhr
> Mo, Di, Do: 15.00-18.00 Uhr

▫ **Abb. 1.8** Praxisschild Medizinisches Versorgungszentrum in der Rechtsform der GmbH

Auch ein im MVZ angestellter Arzt kann Gründer des MVZ sein. Es wurde nunmehr gesetzlich klargestellt, dass die Gründereigenschaft auch dann bestehen bleibt, wenn der Vertragsarzt auf seine Zulassung zugunsten der Anstellung in einem MVZ verzichtet, solange er in dem MVZ tätig und Gesellschafter des MVZ ist.[23]

▫ Abb. 1.8 zeigt ein Beispiel für ein Praxisschild eines MVZ in der Rechtsform einer GmbH und ▫ Tab. 1.3 eine Übersicht über die Voraussetzungen und Merkmale eines MVZ.

1.5.3 Vorteile

Ein Vorteil der Medizinischen Versorgungszentren liegt in den – im Vergleich zu Vertragsärzten – weiter reichenden Anstellungsmöglichkeiten. Während Vertragsärzte mit angestellten Ärzten die persönliche Leitung der Arztpraxis sicherstellen müssen und damit in der Regel auf die Anstellung von maximal drei vollzeitbeschäftigten Ärzten bzw. auf vier vollzeitbeschäftigte Ärzte bei Vertragsärzten, die überwiegend medizinisch-technische Leistungen erbringen, begrenzt sind (§ 14a Abs. 1 BMV-Ärzte), findet diese Regelung auf Medizinische Versorgungszentren keine Anwendung, d. h., es können beliebig viele Ärzte angestellt werden.

---

23   Siehe § 95 Abs. 6 Satz 4 SGB V. Die Regelung gilt sowohl für den Vertragsarzt, der das MVZ mitgegründet hat, als auch für den später unter Verzicht auf seine Zulassung das bestehende MVZ erweiternden Vertragsarzt.

◻ Tab. 1.3 Übersicht Medizinisches Versorgungszentrum (MVZ)	
Gründer (§ 95 Abs. 1a SGB V)	– Zugelassene Ärzte – Zugelassene Krankenhäuser – Erbringer nichtärztlicher Dialyseleistungen gem. § 126 Abs. 3 SGB V – Zur Teilnahme an der vertragsärztlichen Versorgung zugelassene oder ermächtigte gemeinnützige Träger – Kommunen
Zusammensetzung	Möglich ist der Betrieb eines MVZ ausschließlich mit angestellten Ärzten oder auch ausschließlich mit freiberuflich tätigen Vertragsärzten
Ärztlicher Leiter	Muss Angestellter oder Vertragsarzt des MVZ sein und seiner Leitungsfunktion auch nachkommen
Mindestvoraussetzung	Zwei Ärzte mit jeweils hälftigem Versorgungsauftrag in einer ärztlich geleiteten Einrichtung
Sicherheitsleistung	– Bei Zulassung des MVZ in der Rechtsform der GmbH erforderlich – Entweder selbstschuldnerische Bürgschaftserklärung oder andere Sicherheitsleistung nach § 232 BGB für Forderungen von KV und KK gegen das MVZ aus dessen vertragsärztlicher Tätigkeit (auch für Forderungen, die erst nach Auflösung des MVZ fällig werden)
Zweigpraxen	– Dürfen betrieben werden (gleiche Anforderungen wie bei Vertragsärzten) – Anzahlmäßig unbegrenzt[1]

[1] Sodan/Niggehoff 2014, § 18 Rdnr. 134.

Daneben wurde es Medizinischen Versorgungszentren erleichtert, an den sog. Nachbesetzungsverfahren für freie/freiwerdende Vertragsarztsitze teilzunehmen: Sofern in einem Planungsbereich Zulassungsbeschränkungen bestehen, findet ein Nachbesetzungsverfahren statt, bei dem der zuständige Zulassungsausschuss im Fall mehrerer Bewerber den Nachfolger aufgrund von bestimmten Kriterien auswählen muss (berufliche Eignung, Dauer der ärztlichen Tätigkeit, Verwandtschaftsverhältnis zwischen bisherigem Vertragsarzt und Bewerber).[24] Da all diese Kriterien personenbezogen sind, konnten MVZ bisher nur dann teilnehmen, wenn sie auch einen bestimmten Arzt für die zu besetzende Stelle benennen konnten. Diese zeitliche Abfolge wurde jedoch ihren besonderen Bedürfnissen nicht gerecht, da Ärzte nach Vorliegen der Zulassung bzw. Anstellungsgenehmigung viel eher bereit sind, in Verhandlungen mit einem MVZ zu treten und die Konditionen des Beitritts bzw. der Anstellung zu verhandeln. Entsprechend wurde eine Neuregelung

in § 103 Abs. 4 Satz 10 SGB V eingeführt, nach der anstelle der personenbezogenen Kriterien bei der Bewerbung eines MVZ die Ergänzung des besonderen Versorgungsangebots des MVZ berücksichtigt werden muss. Folglich können die Zulassungsgremien bei der Bewerberauswahl auch berücksichtigen, ob durch die neue Zulassung „ein besonderes Versorgungskonzept des MVZ ermöglicht oder ergänzt wird".[25]

1.6 Rechtsformwahl für Kooperationen

Die geeignete Rechtsform für die angestrebte Kooperation zu finden ist alles andere als leicht und bedarf gründlicher Überlegungen, Vorbereitung und Abwägung der Vor- und Nachteile der einzelnen Rechtsformen, sowohl in gesellschaftsrechtlicher wie auch steuerlicher Hinsicht.

---

24 § 103 Abs. 4 Satz 4 SGB V.

25 BT Drucksache 18/4095, zu Nummer 44 (§ 103), zu Buchstabe c zu Doppelbuchstabe cc.

1

1.6.1 Allgemeine Überlegungen und Kriterien

Der Arzt ist bei der Wahl der Rechtsform nicht frei; er muss das Zusammenspiel der einzelnen Vorgaben und Einschränkungen durch das ärztliche Berufsrecht, die vertragsärztlichen Leistungserbringerregelungen und das Gesellschaftsrecht beachten.

Nach dem ärztlichen Berufsrecht dürfen Ärzte ihren Beruf in allen für den Arztberuf zulässigen Gesellschaftsformen ausüben, wenn ihre eigenverantwortliche, medizinisch unabhängige sowie nicht gewerbliche Berufsausübung gewährleistet ist.[26] Ferner haben die Ärzte dafür Sorge zu tragen, dass die ärztlichen Berufspflichten eingehalten werden.[27]

Bei der Wahl der Rechtsform sind die sog. Personengesellschaften und juristische Personen (Kapitalgesellschaften/Körperschaften) voneinander zu unterscheiden. Auch wenn einzelne Gesellschaftsformen nach der MBO-Ärzte zulässig sind, ist immer in der Berufsordnung der zuständigen Ärztekammern zu überprüfen, ob hier weitere Einschränkungen erfolgen. Nachdem dies abgeklärt ist, müssen in einem nächsten Schritt die in den jeweiligen Heilberufsgesetzen getroffenen Regelungen überprüft werden. So sehen einige Heilberufsgesetze ein Verbot der ambulanten ärztlichen Heilkunde in Form einer Kapitalgesellschaft vor.[28]

■ ■ Personengesellschaften

Die Personengesellschaften und hierbei insbesondere die GbR zeichnen sich aufgrund ihres weiten Rahmens durch eine hohe rechtliche Flexibilität und große wirtschaftliche Bedeutung aus.[29] Besonderheit aller Personengesellschaften ist, dass diese nicht rechtlich selbständig sind, also nicht Träger von Rechten und Pflichten sein können. Dies bedeutet, dass die Personengesellschaft als solche nicht am Rechtsverkehr teilnehmen kann. Es können so z. B. bei dem Abschluss von Verträgen mit Dritten

immer nur die Gesellschafter berechtigt oder verpflichtet werden.

Zu den Personengesellschaften zählen die Gesellschaft bürgerlichen Rechts (GbR oder BGB-Gesellschaft), die Offene Handelsgesellschaft (OHG), die Kommanditgesellschaft (KG) und die Partnerschaftsgesellschaft nach dem Partnerschaftsgesellschaftsgesetz (PartGG).

Zu einer GbR können sich beliebig viele (natürliche und auch juristische) Personen zusammenschließen, um einen gemeinsamen Zweck zu fördern. Für sie gelten die Regelungen der §§ 705ff. BGB; daher auch der Name „BGB-Gesellschaft". Es bedarf hierzu lediglich eines Gesellschaftsvertrages. Im Unterschied zur GbR, deren Zusammenschluss jeden gemeinsamen Zweck haben darf, kann eine OHG nur gegründet werden, um unter einer gemeinsamen Firma ein Handelsgewerbe zu betreiben. Daher bedarf es auch der Eintragung der OHG ins Handelsregister. Dasselbe gilt auch für die Kommanditgesellschaft, bei der aber im Unterschied zu den Gesellschaftern einer OHG nicht alle im gleichen Umfang haften. Die Partnerschaftsgesellschaft nach dem PartGG kann nur von Angehörigen freier Berufe gegründet werden. Entsprechend darf sie auch kein Handelsgewerbe ausüben.

Der Vorteil der Partnerschaftsgesellschaft gegenüber der GbR liegt darin begründet, dass nach § 8 Abs. 2 PartGG die Haftung für berufliche Fehler dahingehend beschränkt wird, dass neben der Partnerschaft nur der Partner haftet, der mit der Bearbeitung des Auftrages (z. B. mit der Behandlung des Patienten) befasst war, während im Gegensatz hierzu die Partner einer GbR unbeschränkt gesamtschuldnerisch haften.

■ ■ Juristische Personen

Unter Juristischen Personen werden im Gegensatz zu den Personengesellschaften alle Gesellschaftsformen verstanden, die rechtlich verselbständigt sind und als solche am Rechtsverkehr teilnehmen können. Dies betrifft vor allem die Gesellschaft mit beschränkter Haftung (GmbH) sowie die Aktiengesellschaft (AG), den eingetragenen Verein (e.V.) und die eingetragene Genossenschaft (eG). Nach der MBO-Ärzte können sich auch Ärzte mit Hilfe einer juristischen Person zur gemeinsamen Berufsausübung (als Ärzte-GmbH) zusammenschließen.

---

26   § 18 Abs. 2 Satz 1 MBO-Ärzte.

27   § 18 Abs. 2 Satz 2 MBO-Ärzte.

28   Siehe ▶ Abschn. 1.8 – Übersicht über die einschlägigen Normen und Einschränkungen der BO und Heilberufsgesetze.

29   Prinz/Schiffers 2014, § 1 Rdnr. 11.

In der Praxis hat diese aber keine Relevanz, da nach § 33 Abs. 2 Ärzte-ZV die Vertragsarztzulassung nur einem Arzt persönlich erteilt werden kann.[30] Nur für das MVZ wird eine Ausnahme gemacht, dieses kann also durchaus als GmbH betrieben werden.

1.6.2 Mögliche Rechtsformen der einzelnen Kooperationsgemeinschaften

▪▪ BAG
Die Gründung einer BAG kann als GbR und als Partnerschaftsgesellschaft erfolgen. Eine OHG und KG scheiden aus, weil ihr Gegenstand der Betrieb eines Gewerbes ist, der Betrieb einer Arztpraxis nach allgemeinem Verständnis bislang jedoch nicht als Gewerbe gilt.[31]

▪▪ Organisationsgemeinschaft
Für die Wahl der Rechtsform wurde berufsrechtlich auf weitere Vorgaben verzichtet, sodass die Gründung der Praxisgemeinschaft in den Rechtsformen der Personengesellschaften als auch der juristischen Personen in Betracht kommt.[32] Nur die Gründung einer Partnerschaftsgesellschaft ist nicht möglich, da diese die gemeinschaftliche Berufsausübung erfordert – die gerade nicht Gegenstand der Praxisgemeinschaft ist.

Am häufigsten wird die Praxisgemeinschaft in der Rechtsform der GbR gegründet. Soweit die Praxisgemeinschaft als GbR betrieben wird, handelt es sich um eine reine Innengesellschaft, die nicht nach außen hin in Erscheinung tritt. Im Außenverhältnis bestehen also getrennte Praxen, der Patient schließt so z. B. im Gegensatz zu einer Gemeinschaftspraxis nur mit dem von ihm gewählten Arzt einen Behandlungsvertrag ab. Lediglich für die in Verfolgung des Gesellschaftszwecks vorgenommenen Rechtsgeschäfte und Handlungen haften die Gesellschafter der Praxisgemeinschaft (in der GbR) als Gesamtschuldner.[33]

▪▪ Medizinische Kooperationsgemeinschaft/ Praxisverbund (oder sonstige Kooperationsformen)
Als Rechtsformen sind die Partnerschaftsgesellschaft nach dem PartGG oder aufgrund eines schriftlichen Vertrages über die Bildung einer Kooperationsgemeinschaft, die Gesellschaft bürgerlichen Rechts oder eine juristische Person des Privatrechts gemäß § 23a MBO-Ärzte möglich.

▪▪ MVZ
Als zulässige Rechtsformen kommen für die Gründung eines MVZ infrage[34]:
- Personengesellschaften
  - GbR
  - OHG
  - KG
  - Partnerschaft
- Eingetragene Genossenschaft
- Gesellschaft mit beschränkter Haftung
- Öffentlich-rechtliche Rechtsform.[35]

Die Gründung in der Rechtsform einer OHG und einer KG ist nur dann zulässig, wenn das MVZ ausschließlich mit angestellten Ärzten in gewerblicher Weise betrieben wird.[36] Die Gründung in der Rechtsform der Partnerschaftsgesellschaft steht unter der Bedingung, dass das MVZ ausschließlich von Freiberuflern gegründet wird, die ihren Katalogberuf nach § 1 Abs. 2 Satz 2 PartGG auch ausüben.

Wird das MVZ in der Rechtsform einer GmbH gegründet, ist zu bedenken, dass die Gesellschafter selbstschuldnerische Bürgschaftserklärungen oder andere Sicherheitsleistungen nach § 232 BGB für Forderungen der Kassenärztlichen Vereinigungen und Krankenkassen gegen das MVZ aus dessen vertragsärztlicher Tätigkeit abgeben müssen und zwar auch für Forderungen, die erst nach der Auflösung des MVZ fällig werden (§ 95 Abs. 2 Satz 6 SGB V).

---

30   Quaas/Zuck 2014, § 15 Rdnr. 36.

31   Gummert/Remplik, Münchener Handbuch 2014, § 25 Rdnr. 40.

32   Terbille/Broglie/Hartmann 2013, § 9 Rdnr. 55.

33   Laufs/Uhlenbruck/Schlund 2010, § 18 Rdnr. 12.

34   Deutsch/Spickhoff 2014, Rdnr. 80.

35   Da die Kommunen Schwierigkeiten mit der Gründung von MVZ in den bis dato zugelassenen Rechtsformen haben, wurde ihnen die Gründung auch in der öffentlich-rechtlichen Rechtsform des Eigenbetriebs und des Regiebetriebs ermöglicht. BT Drucksache 18/4095, zu Nummer 41 (§ 95), zu Buchstabe b zu Doppelbuchstabe bb.

36   Vgl. Deutsch/Spickhoff 2014, Rdnr. 81 mit weiteren Verweisen in Fn. 191.

◻ Tab. 1.4 Übersicht erlaubter und praxisbewährter Rechtsformen für Kooperationen

Kooperation	Personengesellschaft	Juristische Person
BAG (▶ Abschn. 1.1)	GbR	
	Partnerschaftsgesellschaft	
Praxisgemeinschaft (▶ Abschn. 1.2)	GbR	GmbH[1] (kaum praxisbewährt)
Medizinische Kooperationsgemeinschaft (▶ Abschn. 1.3)	GbR	GmbH[1] (kaum praxisbewährt)
	Partnerschaftsgesellschaft	
Praxisverbund (oder sonstige Kooperationsformen) (▶ Abschn. 1.4)	GbR	GmbH[1]
	Partnerschaftsgesellschaft	
MVZ (▶ Abschn. 1.5)	GbR Partnerschaftsgesellschaft (hier dürfen keine angestellten Ärzte Gründer sein) Nur wenn MVZ gewerblich betrieben wird mit ausschließlich angestellten Ärzten: - OHG - KG	Eingetragene Genossenschaft GmbH Öffentlich-rechtlich (nur Kommunen als Träger mgl.)

[1] Aufgrund der Länderhoheit sind jedoch die Bestimmungen der jeweiligen Heilberufekammergesetze zu beachten, die z. T. den Zusammenschluss als GmbH nicht gestatten. Vgl. hierzu die Übersicht in ▶ Abschn. 1.8

Als Entscheidungskriterien für die Rechtsformwahl sollten unter anderem folgende Punkte beachtet werden:

- Haftung bzw. Möglichkeiten der Haftungsbeschränkung,
- Leitung, Überwachung und Mitbestimmung,
- Finanzierung,
- Besteuerung,
- Flexibilität,
- Leitung und Überwachung,
- Sicherung des Unternehmensbestandes,
- Rechtsformspezifischer Aufwand, z. B. Formerfordernisse,
- Gründungsvoraussetzungen,
- Möglichkeiten des Gesellschafterwechsels,
- Möglichkeiten der Gesellschaftsveräußerung,
- Gewinn-/Verlustbeteiligung.[37]

Abhängig von einer gründlichen Analyse der Zielvorstellung und Bedürfnisse der zukünftigen

Gesellschafter kann dann gemeinsam die passende Rechtsform gefunden und gestaltet werden.

◻ Tab. 1.4 zeigt eine Übersicht erlaubter und bewährter Gesellschaftsformen.

1.6.3 Gestaltungsmissbrauch

Neben der gewählten Rechtsform ist bei der vertraglichen Ausgestaltung darauf zu achten, dass die missbräuchliche Gestaltung von Verträgen einschneidende rechtliche Konsequenzen hat. Vertragliche Regelungen, die im Widerspruch zu dem Berufsrecht oder den Regelungen des SGB V stehen, sind unwirksam.[38]

■ ■ Gestaltungsmissbrauch Praxisgemeinschaft
Bei der Entscheidung der richtigen Kooperationsform, insbesondere der Frage, ob in Form einer Gemeinschafts- oder Praxisgemeinschaft

---

37 Prinz/Schiffers 2014, § 1 Rdnr. 54f., 59, 64.

38 Engelmann, ZMGR 2004, 3, 10.

miteinander kooperiert werden soll, stehen neben der Ausgestaltung der ärztlichen Tätigkeit als solche häufig auch finanzielle Erwägungen im Vordergrund.

Hier liegt auf den ersten Blick eine hoffnungsvolle Verheißung und Versuchung, sich in der Form einer Praxisgemeinschaft zusammenzuschließen, da im Gegensatz zur Gemeinschaftspraxis jeder Praxisgemeinschaftspartner die von ihm an einem Patienten, der auch von seinem Praxisgemeinschaftspartner behandelt wurde, erbrachten ärztlichen Leistungen voll in Ansatz bringen kann. Im Gegensatz hierzu würde die Ordinationspauschale bei Leistungserbringung in einer fachgleichen Gemeinschaftspraxis nur einmal anfallen bzw. in fachübergreifenden Gemeinschaftspraxen entsprechend geteilt werden. Aus Gründen der Abrechnungsoptimierung werden Gemeinschaftspraxen in Praxisgemeinschaften auf dem Papier umgewandelt, in Realität aber weiterhin als Gemeinschaftspraxis gelebt oder so strukturiert, dass die Sprechstunden der Gesellschafter so organisiert werden, dass die Behandlungsfälle vervielfacht werden.[39] So sind in den vergangenen Jahren diverse Praxisgemeinschaften gegründet und abrechnungstechnisch „optimiert und perfektioniert" worden. Zum Beispiel dahingehend, dass ein Praxispartner nur Vormittags, der andere nur Nachmittags arbeitete oder einer von Montag bis Mittwochmittag und der andere von Mittwochnachmittag bis Freitag oder dass Haus- und Heimbesuchszeiten entsprechend gestaltet wurden, dass die Patienten im Quartal nach Möglichkeit von beiden Praxispartnern behandelt wurden, d. h., die auf dem Papier bestehende Praxisgemeinschaft wurde realiter als Gemeinschaftspraxis gelebt. Immer noch sind vielen Ärzten die Risiken des sog. Gestaltungsmissbrauchs[40] und die damit einhergehenden erheblichen finanziellen Folgen unbekannt.

Da die BAG (Gemeinschaftspraxis) einer vorherigen Genehmigung des Zulassungsausschusses der KV (§ 32 Abs. 3 Ärzte-ZV) bedarf, liegt immer dann eine ungenehmigte Gemeinschaftspraxis vor, wenn die Ärzte dem Zulassungsausschuss lediglich eine Praxisgemeinschaft anzeigen und diese tatsächlich aber wie eine Gemeinschaftspraxis betreiben. Sobald dies von der zuständigen KV entdeckt wird, wird diese im Wege der sachlich-rechnerischen Berichtigung die Honorarbescheide korrigieren und Honorarüberzahlungen zurückfordern.

Die KBV und der GKV-Spitzenverband haben in ihren Richtlinien gemäß § 106a SGB V hierzu eindeutige Vorgaben erlassen, die in den jeweiligen Prüfvereinbarungen der landeskassenärztlichen Vereinigungen Umsetzung finden. Gemäß § 11 der Richtlinie können Abrechnungen von Ärzten, die in einer Praxisgemeinschaft tätig sind, unplausibel sein, wenn bestimmte Grenzwerte des Anteils identischer Patienten überschritten wurden. Gemäß Absatz 2 ist eine Abrechnungsauffälligkeit zu vermuten, wenn die nachstehenden Grenzwerte überschritten wurden:

a. Patientenidentität von 20 % bei versorgungsbereichsidentischen Praxen
b. Patientenidentität von 30 % bei versorgungsbereichsübergreifenden Praxen.

> **Tipp**
>
> Regelmäßige Überprüfung und Kontrolle des gemeinsamen Patientenstammes kann vor und in laufenden Prüfungen vor Honorarregressen schützen.

Wenn sich beispielsweise zwei Hausärzte zur Praxisgemeinschaft zusammengeschlossen und in den Abrechnungsquartalen mehr als 20 % gemeinsame Patienten haben, ist das Aufgreifkriterium bereits erfüllt und die KV muss nach § 11 Abs. 2 der Richtlinie gem. § 106 a SGB V weitere Prüfungen durchführen, um festzustellen, ob die Abrechnungsauffälligkeiten sich zugunsten des Arztes erklären lassen (§ 12 Abs. 2 Richtlinie gem. § 106 a SGB V). Im Fall eines erhöhten Anteils gemeinsamer Patienten in Praxisgemeinschaften sind gem. § 12 Abs. 3 Ziff. 2 Richtlinie gem. § 106 a SGB V insbesondere zu berücksichtigen:

c. Vertreterfälle gem. Muster 19 der Vordruckvereinbarung
d. Überweisungen zu einer Auftragsleistung
e. Notfälle.

Die vorgenannten Ausnahmen werden aus den „gemeinsamen Patienten" wieder herausgerechnet

---

39 Krafczyk, MedR 2003, 313.

40 Ein Gestaltungsmissbrauch liegt vor, wenn Ärzte als Praxisgemeinschaft firmieren, tatsächlich aber wie in einer Gemeinschaftspraxis tätig sind.

1

und somit als zulässige gemeinsame Patientenversorgung gewürdigt. Aber nota bene: Nicht jeder Fall, in dem der eine Partner den anderen vertritt, ist ein Vertreterfall!

▶ **Merke**
Achtung, nicht jede Vertretung der Gesellschafter untereinander ist auch ein kassenärztlicher Vertretungsfall!

Das Bundessozialgericht (BSG) hat festgelegt, dass Fälle einer „kollegialen Vertretung" nicht aus der Zahl der gemeinsamen Patienten herauszurechnen sind.[41] „Umfang und Häufigkeit der gemeinsamen Behandlung von Patienten seien gerade ein Indiz für eine gemeinsame Praxisführung; bei hohen Patientenidentitäten stehe außer Zweifel, dass sie sich nicht durch Vertretungsfälle im üblichen Umfang erklären ließen".[42]

Der Vertragsarzt hat gemäß § 32 Abs. 1 Ärzte-ZV die vertragsärztliche Tätigkeit persönlich in freier Praxis auszuüben und kann sich bei Krankheit, Urlaub oder Teilnahme an ärztlicher Fortbildung oder an einer Wehrübung innerhalb von zwölf Monaten bis zur Dauer von drei Monaten vertreten lassen (§ 32 Abs. 1 Satz 2 Ärzte-ZV). Entsprechend sind stunden- oder tageweise Vertretungen durch den Praxispartner keine „Vertreterfälle". Allein der Umstand des Vorliegens eines hohen gemeinsamen Patientenanteils spricht dafür, dass die Rechtsform der Praxisgemeinschaft im Praxisalltag nicht transparent realisiert wurde.[43]

Indizien für das Vorliegen einer Gemeinschaftspraxis sind
— gegenseitige Vertretungspraxis,[44]
— Praxiswechsel innerhalb des Quartals ohne erkennbaren Grund,[45]
— mehrere Originalscheine,[46]

— vertragsarztwidriges Benutzen der Versichertenkarten,[47]
— die planmäßig erfolgte Behandlung von Heimbewohnern mit aufeinander abgestimmten An- und Abwesenheitszeiten für Hausbesuche in den Altenheimen[48] sowie
— die abgestimmte Wahrnehmung von ambulanten Operationen.[49]

Wegen der weitreichenden Folgen des Gestaltungsmissbrauchs, angefangen bei der sachlich-rechnerischen Berichtigung und teils substanziellen Honorarrückforderungen über Disziplinarverfahren wegen Verstoßes gegen die Pflicht zur peinlich genauen Abrechnung bis hin zu Strafverfahren wegen Abrechnungsbetrugs, sollte sorgsam überlegt werden, wie die konkrete Zusammenarbeit ausgestaltet wird und ob die Praxisgemeinschaft tatsächlich die beabsichtigte und dann auch umgesetzte Kooperationsform ist.

▶ **Merke**
Augen auf bei der richtigen Rechtsformwahl!
— **Wird die Rechtsform nicht richtig gelebt, besteht die Gefahr eines Gestaltungsmissbrauches.**
— **Es drohen finanzielle Einbußen bis zur Existenzgefährdung.**
— **Daneben drohen auch berufsrechtliche Konsequenzen.**

■ ■ **Scheingesellschafter und „Nullbeteiligungsgesellschaft"**
Eine weitere, nicht selten aufgeworfene Frage lautet, inwiefern es möglich ist, Mitgesellschafter nicht am Gewinn der Gesellschaft zu beteiligen, sondern ihnen ein Fixum zu zahlen. Dieser Wunsch besteht z. B. in Konstellationen, in denen Altgesellschafter einen Junior aufnehmen und die Zusammenarbeit erst erproben möchten. In dieser Phase ist es nicht ungewöhnlich, dass der Junior nur einen

---

41   BSG Beschluss vom 6.2.2013 - B 6 KA 43/12 B - Rdnr. 6.
42   BSG Beschluss vom 6.2.2013 - B 6 KA 43/12 B - Rdnr. 6.
43   BSG Beschluss vom 11.5.2011 - B 6 KA 1/11 B - RdNr. 11.
44   SG Marburg, Gerichtsbescheid vom 15.10.2014 - S 12 KA 588/12 und 592/13.
45   SG Marburg, Gerichtsbescheid vom 15.10.2014 - S 12 KA 588/12 und 592/13.
46   SG Marburg, Gerichtsbescheid vom 15.10.2014 - S 12 KA 588/12 und 592/13.
47   SG Marburg, Gerichtsbescheid vom 15.10.2014 - S 12 KA 588/12 und 592/13.
48   BSG, Beschluss vom 02.07.2014 - B 6 KA 2/14 B, juris Rdnr. 3.
49   BSG, Beschluss vom 02.07.2014 - B 6 KA 2/14 B, juris Rdnr. 3.

bestimmten Betrag erhält und an der Gewinnverteilung im übrigen nicht beteiligt werden soll. So nachvollziehbar dieses Bedürfnis der Altgesellschafter ist, entspricht es doch nicht den Anforderungen an die Freiberuflichkeit. Es stellt sich zudem die Frage, ob ein Gesellschafter mit einem solchen „Festgehalt" überhaupt Gesellschafter und nicht eigentlich Arbeitnehmer ist. Hieraus können sich weitreichende Konsequenzen ergeben.

> **Merke**
> **Vorsicht bei der Ausgestaltung der Gewinnverteilung!**
> – **Feste Gewinnanteile können einen Gesellschafter den Gesellschaftsstatus kosten.**

Die Kassenärztlichen Vereinigungen sind zur sachlich-rechnerischen Berichtigung berechtigt, wenn „der Vertragsarzt Leistungen unter Verstoß gegen Vorschriften über formale oder inhaltliche Voraussetzungen der Leistungserbringung durchgeführt und abgerechnet hat"[50]. Nach der Rechtsprechung des BSG ist dies immer dann der Fall, wenn eine Gemeinschaftspraxis nur auf dem Papier bestand und der „Papier-Gesellschafter" ein Angestellter war.[51]

Entscheidend für die Abgrenzung zwischen Gesellschafter und Scheingesellschafter ist das Maß an Selbständigkeit und Eigenverantwortlichkeit, über das der Arzt verfügt.[52] Es ist zwingend erforderlich, dass jeder Gesellschafter am wirtschaftlichen Risiko beteiligt ist und über ausreichende Handlungsfreiheit in beruflicher und persönlicher Hinsicht verfügt.[53] Ferner muss jeder Gesellschafter seinen medizinischen Auftrag nach eigenem Ermessen ausfüllen und über die Nutzung der räumlichen und sachlichen Mittel (mit-)entscheiden können.[54]

Auf den Punkt gebracht, stellen sich zwei Fragen:
1. In welchem Ausmaß müssen die Gesellschafter am Gewinn beteiligt sein?[55]
2. In welchem Ausmaß müssen die Gesellschafter am Gesellschaftsvermögen beteiligt sein?

▪▪ **Zu 1. Gewinnbeteiligung**
Ein Gesellschafter darf nicht gänzlich vom Gewinn ausgeschlossen werden, da dies im Widerspruch zu dem freien Beruf und dem damit einhergehenden Merkmal des wirtschaftlichen Risikos steht.[56] Jeder Gesellschafter muss am Erfolg und spiegelbildlich am Misserfolg hauptsächlich seiner eigenen Arbeitskraft teilhaben.[57] Während die pauschale Vereinbarung von Mindest- und Festgewinnanteilen ebenfalls dem Anspruch des „freien Berufs" widerspricht[58], ist die Vereinbarung eines Mindestgewinns während der Probezeit eines neu eingetretenen Gesellschafters und einer prozentualen Beteiligung, sofern der Gewinn den vereinbarten Mindestgewinn übersteigt, weiterhin zulässig.[59]

> **Merke**
> **Erstellen Sie den Gesellschaftsvertrag sorgfältig und überlegen Sie genau, wie das gewünschte Ziel erreicht werden kann.**

▪▪ **Zu 2. Vermögensbeteiligung**
Bei der Frage, inwiefern der einzelne Gesellschafter am Vermögen der Gesellschaft beteiligt sein muss, ist zwischen dem materiellen und dem immateriellen Gesellschaftsvermögen zu unterscheiden.

Nach der Rechtsprechung des BSG muss eine Beteiligung am immateriellen Vermögen stets erfolgen.[60] Umstritten ist, inwiefern ein Abfindungsausschluss für den immateriellen Praxiswert für eine

---

50   Wenzel/Haak 2013, Kap. 11 Rdnr. 61.

51   BSG, Urt. v. 23.06.2010, B 6 KA 7/09.

52   BSG, Urt. v. 23.06.2010, B 6 KA 7/09.

53   BSG MedR 2011, 298/302; Wenzel/Haak 2013, Kap. 11 Rdnr. 61.

54   BSG MedR 2011, 298/304.

55   Gummert/Remplik, Münchener Handbuch 2014, § 25 GbR Rdnr. 79 m.w.N.

56   Gummert/Remplik, Münchener Handbuch 2014, § 25 GbR Rdnr. 80.

57   Gummert/Remplik, Münchener Handbuch 2014, § 25 GbR Rdnr. 80.

58   Gummert/Remplik, Münchener Handbuch 2014, § 25 GbR Rdnr. 80.

59   Wenzel/Haak 2013, Kap. 11 Rdnr. 61.

60   BSG, Urt. v. 26.06.2011, MedR 2011, 298/303.

1

gewisse Probezeit zulässig ist.[61] Auch hier kommt es wieder auf die konkreten Umstände des Einzelfalls an, für welchen Zeitraum einer Probezeit ein Abfindungsausschluss ausnahmsweise zulässig sein kann bzw. welche anderen hiermit korrespondierenden Regelungen, wie z. B. das Recht des ausscheidenden Gesellschafters, sich ohne räumliches und zeitliches Wettbewerbsverbot wieder niederlassen zu dürfen, dann als Ausgleich mit aufzunehmen sind.

Bei der Frage der Beteiligung am materiellen Vermögen besteht heute weitestgehend Einigkeit, dass eine Beteiligung am materiellen Vermögen nicht ausnahmslos gegeben sein muss.[62]

Abhängig von der jeweiligen Konstellation, wie z. B. dem Eintritt eines „Jungarztes", der Aufnahme eines neuen Gesellschafters etc., besteht durchaus im Rahmen der aufgezeigten Grenzen ein gestalterischer Spielraum, den individuellen Interessen der Parteien Rechnung zu tragen.

Da die Abgrenzung zwischen Gesellschafter und Scheingesellschafter facettenreich ist und es immer auf die Umstände des Einzelfalls ankommt, empfiehlt es sich, bei der Gestaltung des Gesellschaftsvertrages kompetenten Rat einzuholen.

> **Tipp**
>
> Die Vermögensbeteiligung muss nicht der Gewinnbeteiligung entsprechen. Hier gibt es Gestaltungsmöglichkeiten. Das immaterielle und materielle Vermögen kann unterschiedlich aufgeteilt werden.

1.7 Regelung des Gewinns in der gesellschaftsvertraglichen Gestaltung (Gewinnverteilungsregelungen)

Ein zentraler Punkt des Gesellschaftsvertrages, unabhängig von der gewählten Rechtsform der BAG, ist die Ermittlung des Ergebnisses und daran

anschließend die Verteilung, d. h. die Gewinn- bzw. Verlustbeteiligung der Gesellschafter. Durch sie wird die wirtschaftliche Grundlage der BAG-Gesellschafter und damit ihre Tätigkeit und Existenz bestimmt. Es ist dabei zwischen dem Rechnungsabschluss und der Gewinnverteilung zu unterscheiden.

Die GbR stellt nach Abschluss des Geschäftsjahres einen sog. Rechnungs- bzw. Jahresabschluss auf, wobei jeder Gesellschafter grundsätzlich einen Anspruch auf Rechnungslegung hat.[63] In dem Jahresabschluss wird der Gewinn bzw. Verlust der Gesellschaft für das Geschäftsjahr ausgewiesen. Es obliegt den Gesellschaftern, Regelungen zu treffen, ob und wenn ja, in welchem Umfang, der Gewinn an die Gesellschafter ausgeschüttet wird und/oder Rücklagen gebildet werden.[64] Ist die Gesellschaft auf Dauer angelegt, wie es typischerweise bei Freiberuflerzusammenschlüssen der Fall ist, hat der Gesellschafter einen gesetzlichen Anspruch auf die Verteilung des Gewinnes am Ende des Geschäftsjahres und auf Auszahlung seines ihm zustehenden Gewinnanteils (§ 721 Abs. 2 BGB).[65]

Wie soll nun aber der Gewinn zwischen den Gesellschaftern verteilt werden?

In § 722 Abs. 1 BGB ist lediglich für den Fall, dass die Gesellschafter einer GbR selbst keine Regelung zur Gewinn- und Verlustbeteiligung getroffen haben, vorgesehen, dass sowohl der Gewinn als auch etwaige Verluste zwischen den Gesellschaftern nach gleichen Anteilen (nach Köpfen) verteilt werden. Die gesetzlichen Vorschriften sind damit bei der GbR nicht sehr umfangreich und werden regelmäßig auch nicht interessengerecht sein. Da von ihnen aber abgewichen werden kann, es handelt sich hierbei um sog. dispositives Recht, schadet dies nicht.

Dies bedeutet, dass die Gesellschafter von Gesetzes wegen zunächst Gestaltungsfreiheit haben und die Gewinne/Verluste wie von ihnen gewünscht auf die Gesellschafter verteilen können. Ihre Grenze findet die Gestaltungsfreiheit regelmäßig dann, wenn die getroffene Vereinbarung sittenwidrig ist,

61 Vgl. hierzu die Ausführungen in Gummert/Remplik, Münchener Handbuch 2014, § 25 GbR Rdnr. 84.

62 Gummert/Remplik, Münchener Handbuch 2014, § 25 GbR Rdnr. 82.

63 Gummert/Karrer in Münchener Anwaltshandbuch 2015, § 16 Rdnr. 5.

64 Gummert/Karrer in Münchener Anwaltshandbuch 2015, § 16 Rdnr. 14f.

65 Gummert/Karrer in Münchener Anwaltshandbuch 2015, § 16 Rdnr. 57 und 59.

§ 138 BGB. Der Vorwurf der Sittenwidrigkeit kann in der Sittenwidrigkeit des Gesellschaftszwecks (z. B. bei Unvereinbarkeit mit dem im Grundgesetz verankerten Wertesystem) liegen oder auch in „einer groben Ungleichbehandlung der Gesellschafter unter Ausnutzung der wirtschaftlichen Vormachtstellung des einen oder des Vertrauens und der Unerfahrenheit des anderen Teils beruhen"[66], wie z. B. bei sachgrundloser Abrede über die Gewinnverteilung.[67] Ärzte müssen zudem zwingend die Vorgaben der BSG-Rechtsprechung für die Gewinn- und Verlustverteilung in einer BAG berücksichtigen.[68]

Grundsätzlich besteht zwischen den Gesellschaftern sicherlich Einigkeit im Wunsch nach einer fairen Gewinnbeteiligung. Aber was bedeutet fair? Die Krux liegt in der Definition der Rahmenbedingungen, anhand derer die einzelnen Tätigkeiten und Leistungen der Gesellschafter Eingang in die Verteilung finden sollen.

Für eine faire Gewinnverteilung sind demnach die von den Gesellschaftern zu erbringenden Leistungen angemessen zu berücksichtigen.[69] Die Schwierigkeit besteht hier u. a. darin, sich zunächst auf die zu berücksichtigenden Leistungen zu einigen und sich danach noch über die Gewichtung der einzelnen Leistungen zu verständigen. Eine Vielzahl von Faktoren ist hier denkbar und wird maßgeblich von der konkreten BAG, ihrem Zweck, ihren Zielen und ihrer Ausgestaltung bestimmt. In Betracht kommen u. a.[70]:

- Höhe der Einlage,
- Geschäftsführertätigkeit,
- Dauer der Zugehörigkeit,
- Alter der Gesellschafter,
- Kassenärztliches Budget,
- Besondere Leistungen,
- Unterschiedliche Honorierung der ärztlichen Leistungen,

- Besondere Qualifikationen,
- Selektivverträge,
- Arbeitszeit,
- Urlaub.

Bei der Ausgestaltung der Beteiligungen stehen das Interesse an einer leicht handhabbaren, transparenten und umsetzbaren Berechnungsregelung mit dem Interesse nach größtmöglicher Fairness und damit größtmöglicher Berücksichtigung aller Faktoren im Widerspruch. Diesen Widerspruch gilt es für die Gesellschafter jeder einzelnen BAG individuell aufzulösen, wobei die Lösungen von Gesellschaft zu Gesellschaft sehr unterschiedlich sein können.

Grundsätzlich kommen verschiedene Gewinnverteilungsschlüssel in Betracht.

▪ ▪ Gewinnverteilung nach Kapitalschlüssel

Sofern im Vordergrund der Gesellschaft der Kapital- und nicht der Arbeitseinsatz steht, ist die Gewinnverteilung nach Kapitalschlüssel bei den Personengesellschaften die am häufigsten gewählte Form.[71] Die Verteilung des Gewinns erfolgt entsprechend der prozentualen Höhe der Einlage der Gesellschafter. Bei einer Gesellschaft an der A mit 40 %, B mit 25 % und C mit 35 % beteiligt sind, würde A 40 %, B 25 % und C 35 % des Gewinns erhalten. Jedoch ist der Kapitalschlüssel für Ärzte-Personengesellschaften weitgehend ungeeignet, da hier typischerweise der Arbeits- und nicht der Kapitaleinsatz im Vordergrund steht.

▪ ▪ Gewinnverteilung nach Köpfen

Die Gewinnverteilung nach Köpfen[72] bedeutet, dass sich der Gewinnschlüssel nach der Anzahl der Gesellschafter richtet. Bei drei Gesellschaftern hat jeder eine Gewinnbezugsberechtigung von einem Drittel, bei vier Gesellschaftern von einem Viertel usw. Eine Gewinnverteilung nach Köpfen kann dann interessengerecht sein, wenn die Gesellschafter gleiche Einlagen geleistet haben und ihr Arbeitseinsatz und ihre Einnahmen auch vergleichbar mit den durch sie verursachten Praxiskosten sind. Ist dies nicht der Fall, sollte von der starren Gewinnverteilung nach Köpfen

---

66 MüKO/Ulmer/Schäfer, § 705 Rdnr. 134.

67 MüKO/Ulmer/Schäfer, § 705 Rdnr. 134.

68 siehe Abschnitt 2.6.2.2 – ein Ausschluss eines Gesellschafters von Gewinn/Verlustbeteiligung widerspricht uU der Freiberuflichkeit.

69 Gummert/Karrer in Münchener Anwaltshandbuch 2015, § 16 Rdnr. 68.

70 Vgl. hierzu Gummert/Karrer in Münchener Anwaltshandbuch 2015, § 16 Rdnr. 68 und Terbille/Broglie/Hartmann 2013§ 9 Rdnr. 198.

71 Sudhoff/Schulte 2005, § 14 Rdnr. 11.

72 Dies entspricht der gesetzlichen Auffangregelung des § 722 Abs. 1 BGB (siehe oben)

vertraglich abgewichen und eine den Bedürfnissen der Gesellschafter entsprechende Gewinnverteilungsregelung getroffen werden.

▪▪ Gewinnverteilung nach bestimmten Anteilen/Prozentsätzen

Bei einem Quotenmodell wird der Gewinn nach einer vorher vereinbarten Quote festgelegt. Gesellschafter A könnte dann z. B. 30 %, B 50 % und C 20 % des Gewinnes erhalten. Denkbar wäre auch ein gemischter Schlüssel zwischen Kapital- und Arbeitseinsatzschlüssel, so könnten z. B. 30 % des Gewinns nach den Kapitalanteilen der Gesellschafter und die verbleibenden 70 % nach den Arbeitsanteilen der Gesellschafter verteilt werden. Ein klarer Vorteil fester Quoten liegt in ihrer leichten Berechnung und Umsetzbarkeit. Der Nachteil besteht darin, dass vermutlich nicht alle Leistungen in dem tatsächlich erbrachten Umfang Eingang in die Berechnung finden und sich das Ergebnis aus Sicht eines Gesellschafters als unfair herausstellen kann. Eine starre Quotenregelung ist unflexibel und erschwert, auf mögliche Veränderungen in den der Quote zugrunde liegenden Verhältnissen zu reagieren.[73] Die Änderung der Quoten bedarf eines entsprechenden Gesellschafterbeschlusses, der von den Gesellschaftern im Rahmen einer einzuberufenden Gesellschaftsversammlung grundsätzlich einstimmig zu fassen ist, es sei denn, der Gesellschaftsvertrag sieht eine Mehrheitsentscheidung vor.

Eine Alternative besteht in der Vereinbarung flexibler Quoten. Die Regelungen der Quoten werden dahingehend ergänzt, dass bereits vertraglich festgehalten wird, wie sich das Verhältnis der Quoten bei einer Änderung der Leistungsbeiträge anpassen soll. Allerdings kann auch hier auf eine nicht vorhergesehene Änderung der Leistungsbeiträge, z. B. durch das Hinzutreten neuer Leistungen, der geänderten Vergütung durch neue EBM-Positionen, neue Selektivverträge etc., nicht automatisch reagiert werden. Zur „Einpreisung" dieser Veränderungen bedürfte es ebenfalls eines Gesellschaftsbeschlusses.

Wir empfehlen unseren Ärzten, sich zunächst über die Kriterien einig zu werden, die sie ihrer Gewinnverteilung zugrunde legen wollen. Dies

können zum Beispiel die Einlagen, Junior-/Seniorpartner, Arbeitszeit, Urlaubszeiten, Zeiten für Geschäftsführung, Administration, Wahrnehmung von Verwaltungsaufgaben, Akquise, Ausbildungstätigkeiten, Umsatz etc. sein. Nachdem über die relevanten Faktoren Einigkeit erzielt wurde, ist dann in einem zweiten Schritt die Gewichtung der Faktoren vorzunehmen. So könnten sich die Gesellschafter beispielsweise auf folgende Gewinnverteilung einigen:

Maßgebliche Kriterien für die Gewinnermittlung	Prozent
Einlage	10
Geschäftsführung etc.	8
Umsatz	75
Akquise	5
Ausbildung von Weiterbildungsassistenten, Arzthelferinnen etc.	2

Unabhängig davon, welche Kriterien für die Gewinnverteilung herangezogen werden, sollten die Regelungen zu einer Gewinnverteilung Anpassungsklauseln enthalten, da nicht absehbar ist, wie sich die vertragsärztliche Vergütung in der Zukunft verändert, welche neuen Rahmenbedingungen geschaffen werden, die u. U. getroffenen Regelungen konterkarieren bzw. die vereinbarte Gewinnverteilung nicht mehr interessengerecht erscheinen lassen. Die Gewinnverteilungsregelungen sollten so bestimmt, aber auch so flexibel wie möglich gestaltet werden, um den Vertragsparteien die Möglichkeit zu geben, zeitnah auf Änderungen zu reagieren.

> **Tipp**
>
> Bei der Gewinnverteilung auch immer an zukünftige Entwicklungen denken!
> ▬ Gewinnverteilung möglichst flexibel gestalten, um auf Änderungen eingehen zu können.
> ▬ Ggf. Öffnungsklauseln vereinbaren.

Der Teufel liegt wie immer im Detail. Regelungen, die auf den ersten Blick fair und einfach umsetzbar scheinen, können sich auf den zweiten Blick als nicht mehr so fair und gewollt entpuppen.

---

73 Gummert/Karrer in Münchener Anwaltshandbuch 2015, § 16 Rdnr. 75.

Beispiel 1

Eine Regelung, die den Gewinn zwischen den Gesellschaftern nach den von ihnen erzielten KV-Einnahmen verteilt, erscheint auf den ersten Blick fair. Wie verhält es sich jedoch in nachfolgender Konstellation:

Eine BAG besteht aus zwei Gesellschaftern A und B. Beide haben jeweils ein Regelleistungsvolumen i. H. v. 50.000 € und erwirtschaften mit extrabudgetären Leistungen bei vergleichbarer Arbeitsleistung jeweils 60.000 €. Somit würde in der Gewinnverteilung jeder von ihnen 60.000 € beanspruchen können. Das Ergebnis würde von beiden Gesellschaftern sicherlich als fair empfunden.

Im darauf folgenden Quartal haben beide wieder ein Budget in Höhe von jeweils 50.000 €. Infolge einer Änderung des Honorarverteilungsmaßstabs werden Leistungen, die A vorher in großem Umfang erbrachte, nur noch mit einem reduzierten Punktwert vergütet, B kann hingegen jedoch aufgrund seiner Qualifikation neue EBM-Positionen in Ansatz bringen. Infolge der neuen Vergütungsstrukturen kann A nur noch Leistungen i. H. v. 30.000 € erwirtschaften, obwohl er genauso gearbeitet hat wie im Vorquartal. B hingegen kann anstatt seiner 50.000 € Budget sogar 70.000 € erwirtschaften. Nun geschieht folgendes: Die Honorarverteilungsmaßstäbe vieler Kassenärztlicher Vereinigungen sehen vor, dass die Gesellschafter von BAGs ihre Budgets (bei Fachgleichheit) verrechnen können. Das bedeutet in diesem Fall, dass der BAG ein Budget in Gesamthöhe von 100.000 € zur Verfügung stand und B davon profitiert, dass A sein Budget i. H. v. 20.000 € nicht ausschöpfen und er dieses Budget mit seinen Leistungen ausfüllen konnte, die er dann auch zum vollen Punktwert vergütet bekommt. Nach ihrem Gewinnverteilungsschlüssel würde A 30.000 € und B 70.000 € erhalten und das bei gleichem Arbeitseinsatz wie im Vorquartal. Dieses Ergebnis erscheint unfair, wenn man bedenkt, dass A sein Verhalten nicht verändert hat und B nur durch Mitwirkung von A seine höheren Einnahmen erzielen konnte.

Beispiel 2

Ein vergleichbares Problem stellt sich im Fall von Jobsharingkonstellationen. Nehmen wir an, A und B betreiben eine BAG, A ist Pneumologe und B ist

Gastroenterologe. Ihre Gewinnverteilung sieht vor, dass jeder Gesellschafter den von ihm erwirtschafteten KV-Gewinn erhält. Das klappt über viele Jahre ausgezeichnet. Dann möchte A expandieren, und es wird ein Jobsharingangestellter C für A gesucht und von der KV genehmigt, wobei beide Gesellschafter vereinbaren, dass die von C erwirtschafteten KV-Gewinne A zugeordnet werden, der auch die Kosten der Anstellung trägt. Dies hat zur Folge, dass die BAG in ihrem Wachstum mit 103 % begrenzt ist. Dies gilt für alle KV-Leistungen, sowohl für die vom Regelleistungvolumen bzw. Punktzahlvolumen umfassten Leistungen als auch für alle extrabudgetären Leistungen. Das erste Jahr nach der Jobsharinganstellung entwickelt sich unauffällig, danach ergibt sich jedoch folgendes Szenario: B hat sich einen guten Ruf als Experte für Endoskopien erarbeitet, und nach einer Reportage hat er einen deutlich höheren Zulauf von Patienten und Überweisungen zur Koloskopie. Da die Koloskopie in seiner KV extrabudgetär vergütet wird, kann er seine Fälle beliebig steigern und würde die entsprechende Vergütung erhalten. Jetzt hat er im aktuellen Quartal 15.000 € mit zusätzlichen Koloskopien erarbeitet, bekommt diese jedoch von der KV nicht ausbezahlt, weil die BAG durch die Jobsharinganstellung des A in ihrem Wachstum begrenzt ist. Dieses Problem haben die Gesellschafter augenscheinlich bei Vertragsgestaltung nicht antizipiert und haben jetzt eine Situation, in der Gesellschafter B ziemlich unzufrieden ist. Haben die Gesellschafter keine Anpassungsklausel vereinbart, wird ein Anspruch des Gesellschafters B auf Änderung des Gewinnverteilungsschlüssels nur beim Entstehen eines groben Missverhältnisses gegeben sein.[74] Ohne dieses ist er auf das Verständnis und die Zustimmung von A angewiesen, um den Ergebnisverteilungsschlüssel zu ändern.[75]

Diese zwei Beispiele sollen deutlich machen, welche Herausforderung die Gestaltung von Gewinnverteilungsschlüsseln stellt. Es ist allen zukünftigen Gesellschaftern zu empfehlen, sich viel Zeit für die Entwicklung des Gewinnverteilungsschlüssels zu lassen,

---

74 Vgl. Sudhoff/Schulte, Personengesellschaften, 2005, § 14 Rdnr. 16.

75 Sudhoff/Schulte, Personengesellschaften, 2005, § 14 Rdnr. 17.

verschiedene Optionen und Entwicklungsmöglichkeiten durchzuspielen und nicht zuletzt Anpassungsklauseln aufzunehmen, die es ihnen erlauben, interessengerecht und zeitnah auf Veränderungen der Vergütungsstrukturen bzw. unvorhergesehenen Ungerechtigkeiten zu reagieren.

Fazit

Gemeinsam sind Sie stark. Die Ablösung der Einzelpraxis durch Formen der kooperativen Patientenversorgung scheint das Modell der Zukunft zu sein. Durch die gemeinsame Tätigkeit kann die Arbeit besser verteilt, flexible Arbeitszeit- und Anstellungsmodelle ermöglicht, Kostenvorteile durch Synergieeffekte erschlossen und leichter auf Änderungen in der Versorgungs- und Vergütungslandschaft reagiert und nicht zuletzt die Attraktivität als ärztlicher Dienstleister und Arbeitgeber gestärkt werden. So vielfältig die Möglichkeiten der Kooperation sind, so vielfältig sind auch die berufsrechtlichen und vertragsarztrechtlichen Rahmenbedingungen und Voraussetzungen. Nach einer genauen Interessenanalyse der zukünftigen Gesellschafter empfiehlt es sich unter rechtlicher und steuerlicher Beratung, die verschiedenen Kooperationsformen gegeneinander abzuwägen und schließlich eine auf die Bedürfnisse der Beteiligten maßgeschneiderte Lösung zu schaffen. Für diese Phase sollten Sie so viel Zeit wie möglich und nötig einplanen, um ein böses Erwachen zu einem späteren Zeitpunkt zu vermeiden.

1.8 Anlage 1: Übersicht Landesberufsordnungen und Heilberufskammergesetze

Land	Berufsordnung	Heilberufskammergesetz
	Musterberufsordnung[76]	

§ 23a Ärztegesellschaften

(1) Ärztinnen und Ärzte können auch in der Form der juristischen Person des Privatrechts ärztlich tätig sein. Gesellschafter einer Ärztegesellschaft können nur Ärztinnen und Ärzte sowie Angehörige der in § 23b Abs. 1 Satz 1 genannten Berufe sein. Sie müssen in der Gesellschaft beruflich tätig sein. Gewährleistet sein muss zudem, dass

    a) die Gesellschaft verantwortlich von einer Ärztin oder einem Arzt geführt wird; Geschäftsführer müssen mehrheitlich Ärztinnen und Ärzte sein,

    b) die Mehrheit der Gesellschaftsanteile und der Stimmrechte Ärztinnen und Ärzten zustehen,

    c) Dritte nicht am Gewinn der Gesellschaft beteiligt sind,

    d) eine ausreichende Berufshaftpflichtversicherung für jede/jeden in der Gesellschaft tätige Ärztin/ tätigen Arzt besteht.

(2) Der Name der Ärztegesellschaft des Privatrechts darf nur die Namen der in der Gesellschaft tätigen ärztlichen Gesellschafter enthalten. Unbeschadet des Namens der Gesellschaft können die Namen und Arztbezeichnungen aller ärztlichen Gesellschafter und der angestellten Ärztinnen und Ärzte angezeigt werden.

---

76   MBO i.d.F. vom 02.07.2015.

Fortsetzung

Land	Berufsordnung	Heilberufskammergesetz
Bayern	§ 18 Abs. 2a[77]	Art. 18 Abs. 1 Nr. 4 Satz 2[78]
	(2a) Eine Berufsausübungsgemeinschaft ist ein Zusammenschluss von Ärzten untereinander oder mit ärztlich geleiteten Medizinischen Versorgungszentren, vorausgesetzt, dass diese als BGB-Gesellschaft oder Partnerschaftsgesellschaft geführt werden und ausschließlich Ärzte Gesellschafter bzw. Partner sind, oder ein Zusammenschluss dieser untereinander zur gemeinsamen Berufsausübung.	Die Führung einer ärztlichen Praxis in der Rechtsform einer juristischen Person des privaten Rechts ist nicht statthaft.
	Keine § 23a MBO vergleichbare Regelung	Art. 18 Abs. 2
	Kooperationsgemeinschaften zwischen Ärzten und Angehörigen anderer Fachberufe im Gesundheitswesen sind nur in den Rechtsformen der PartGG und der GbR möglich (vgl. § 23a Abs. 1)	Partnerschaftsgesellschaften mit beschränkter Berufshaftung erfüllen die Voraussetzungen nach § 8 Abs. 4 Satz 1 des Partnerschaftsgesellschaftsgesetzes, wenn sie eine dem aus der Berufsausübung erwachsenen Haftungsrisiko angemessene Berufshaftpflichtversicherung unterhalten und die Mindestversicherungssumme pro Versicherungsfall 5.000.000 Euro beträgt. Die Leistungen des Versicherers für alle innerhalb eines Versicherungsjahrs verursachten Schäden können auf den Betrag der Mindestversicherungssumme, vervielfacht mit der Zahl der Partner, begrenzt werden, die Jahreshöchstleistung muss sich jedoch mindestens auf den vierfachen Betrag der Mindestversicherungssumme belaufen.
Baden-Württemberg	§ 23a[79]	Keine Einschränkungen[80]
	(1) Ärztinnen und Ärzte können auch in der Form einer juristischen Person des Privatrechts ärztlich tätig sein.	
	(2) Unbeschadet des Namens der Gesellschaft können die Namen und Arztbezeichnungen aller ärztlichen Gesellschafter und der angestellten Ärztinnen und Ärzte angezeigt werden.	
Berlin	Keine § 23a MBO vergleichbare Regelung	Keine Einschränkungen[82]
	Kooperationsgemeinschaften zwischen Ärzten und Angehörigen anderer Fachberufe im Gesundheitswesen sind nur in den Rechtsformen der PartGG und der GbR möglich (vgl. § 23a Abs. 1)[81]	
Brandenburg	§ 23a (inhaltsgleich mit § 23a MBO)[83]	§ 31 Abs. 4[84]
		(4) Die Führung einer Einzelpraxis sowie die gemeinschaftliche oder kooperative Berufsausübung von Ärztinnen und Ärzten, Tierärztinnen und Tierärzten sowie Zahnärztinnen und Zahnärzten sind auch in Form einer juristischen Person des Privatrechts zulässig, soweit eine eigenverantwortliche, unabhängige und nicht gewerbliche Berufsausübung gewährleistet ist.

Fortsetzung

77 BO i.d.F. vom 25.10.2014.

78 HKaG Stand 01.06.2015.

79 BO i.d.F. vom 17.09.2014.

80 Heilberufe-Kammergesetz BW i.d.F. vom 29.07.2014.

81 BO i.d.F. vom 26.11.2014.

82 Berliner Kammergesetz 27.03.2013.

83 BO i.d.F. vom 19.09.2012.

84 Heilberufsgesetzt Brandenburg i.d.F. vom 05.12.2013

1

Fortsetzung

Land	Berufsordnung	Heilberufskammergesetz
		Die in Satz 1 genannten Berufsangehörigen können sich unter den dort genannten Voraussetzungen auch mit anderen Angehörigen akademischer Heilberufe, Naturwissenschaftlerinnen und Naturwissenschaftlern, Berufsangehörigen staatlicher Ausbildungsberufe im Gesundheitswesen oder Angehörigen sozialpädagogischer Berufe zur kooperativen Berufsausübung in Form einer juristischen Person des Privatrechts zusammenschließen.
Bremen	§ 23a[85] (1) Ärztinnen und Ärzte können auch in der Form der juristischen Person des Privatrechts ärztlich tätig sein. Die gemeinsame Führung einer Praxis ist nur zulässig, wenn die Beteiligten die Berechtigung zur Ausübung des ärztlichen, zahnärztlichen oder psychotherapeutischen Berufs besitzen. Verträge über den Zusammenschluss in der Form der juristischen Person des Privatrechts sowie deren Änderung sind der Ärztekammer vorzulegen. (2) Unbeschadet des Namens der Gesellschaft müssen die Namen und Arztbezeichnungen aller ärztlichen Gesellschafter und der angestellten Ärztinnen und Ärzte angezeigt werden.	§ 27 Abs. 2 Satz 3[86] Die Führung einer Einzelpraxis oder einer Praxis in Gemeinschaft in der Rechtsform einer juristischen Person des Privatrechts setzt voraus, dass die Kammern in der Berufsordnung Anforderungen festgelegt haben, die insbesondere die Gewähr leisten, dass die heilkundliche Tätigkeit eigenverantwortlich, unabhängig und nicht gewerblich ausgeübt wird, und dass die juristische Person des Privatrechts eine Haftpflichtversicherung abgeschlossen hat, die Organisationsverschulden des Geschäftsführers mit einschließt.
Hamburg	§ 23a (im Wesentlichen inhaltsgleich mit § 23a MBO)[87]	§ 27 Abs. 3[88] Die Berufsausübung nach Satz 1 Nummer 1 ist auch als Gesellschafterin oder Gesellschafter einer juristischen Person des Privatrechts zulässig, soweit eine eigenverantwortliche und unabhängige Berufsausübung gewährleistet ist und 1. diese verantwortlich von einem Kammermitglied geführt wird beziehungsweise die gesetzliche Vertretung mehrheitlich von Kammermitgliedern wahrgenommen wird, 2. die Mehrheit der Gesellschaftsanteile und der Stimmrechte Kammermitgliedern zusteht, 3. alle Gesellschafter und Gesellschafterinnen einem in § 2 Abs. 1 dieses Gesetzes oder einem in § 1 Abs. 2 des Partnerschaftsgesellschaftsgesetzes vom 25. Juli 1994 (BGBl. I S. 1744), zuletzt geändert am 10. November 2006 (BGBl. I S. 2553, 2580), genannten sonstigen Gesundheitsfachberuf, einem naturwissenschaftlichen oder einen sozialpädagogischen Beruf angehören und diesen Beruf in der Gesellschaft ausüben,

85   BO i.d.F. vom 21.11.2011.

86   HeilBerG i.d.F. vom 28.01.2014.

87   BO i.d.F. vom 02.12.2013.

88   HmbKGH i.d.F. vom 19.06.2012.

Fortsetzung

Land	Berufsordnung	Heilberufskammergesetz
		4. Dritte nicht am Gewinn der juristischen Person des Privatrechts beteiligt sind,
		5. eine ausreichende Berufshaftpflichtversicherung für die juristische Person des Privatrechts und die dort tätigen Kammermitglieder besteht und
		6. der Unternehmensgegenstand ausschließlich auf die Erbringung heilberuflicher Leistungen gerichtet ist,
		soweit nicht Bestimmungen des Fünften Buches Sozialgesetzbuch etwas anderes zulassen.
Hessen	§ 23a (inhaltsgleich mit § 23a MBO)[89]	Keine Einschränkungen[90]
Mecklenburg-Vorpommern	§ 23a (inhaltsgleich mit § 23a MBO)[91]	§ 32 Abs. 2[92]
		Die Berufsausübung in der Rechtsform einer juristischen Person des Privatrechts darf nicht zu einer Haftungsbeschränkung gegenüber den Patienten führen. Gesellschafter einer Gesellschaft dieser Rechtsform müssen mehrheitlich Angehörige der Kammern sein. Sie müssen in der Gesellschaft beruflich tätig sein. Es muss gewährleistet sein, dass Dritte nicht am Gewinn der Gesellschaft beteiligt sind und Anteile an der Gesellschaft nicht für Dritte gehalten werden. Das Nähere regelt die jeweilige Berufsordnung. Die Bestimmungen zu medizinischen Versorgungszentren gemäß § 95 des Fünften Buches Sozialgesetzbuch und der §§ 8 und 11 des Apothekengesetzes bleiben unberührt.
Niedersachsen	§ 23[93]	§ 32 Abs. 2[94]
		(2) Die heilberufliche Tätigkeit als Gesellschafterin oder Gesellschafter einer in der Rechtsform einer juristischen Person des Privatrechts geführten Praxis setzt voraus, dass
		1. die Gesellschaft ihren Sitz in Niedersachsen hat,
		2. Gegenstand des Unternehmens die ausschließliche Wahrnehmung heilberuflicher Tätigkeiten ist,

Fortsetzung

---

89 BO i.d.F. vom 07.10.2015.

90 Heilberufsgesetz Hessen i.d.F. vom 14.05.2012.

91 BO i.d.F. vom 15.01.2014.

92 HeilBerG i.d.F. vom 15.04.2012.

93 BO i.d.F. vom 24.09.2014, keine weiteren Einschränkungen der Rechtsformwahl als in der MBO.

94 Kammergesetz für die Heilberufe i.d.F. vom 16.12.2014.

Fortsetzung

Land	Berufsordnung	Heilberufskammergesetz
		3. alle Gesellschafterinnen und Gesellschafter einem in § 1 Abs. 1 dieses Gesetzes genannten Heilberuf oder einem in § 1 Abs. 2 des Partnerschaftsgesellschaftsgesetzes vom 25. Juli 1994 (BGBl. I S. 1744), zuletzt geändert durch Artikel 4 des Gesetzes vom 10. Dezember 2001 (BGBl. I S. 3422), genannten sonstigen Ausbildungsberuf im Gesundheitswesen, naturwissenschaftlichen oder einem sozialpädagogischen Beruf angehören und diesen Beruf in der Gesellschaft ausüben,
		4. die Mehrheit der Gesellschaftsanteile und Stimmrechte Kammermitgliedern zusteht,
		5. mindestens die Hälfte der zur Geschäftsführung befugten Personen Kammermitglieder sind,
		6. ein Dritter am Gewinn der Gesellschaft nicht beteiligt ist,
		7. nach näherer Bestimmung in der Berufsordnung eine hinreichende Haftpflichtversicherung zur Deckung bei der Berufsausübung verursachter Schäden besteht und
		8. gewährleistet ist, dass die heilberufliche Tätigkeit von den Kammermitgliedern eigenverantwortlich, unabhängig und nichtgewerblich ausgeübt wird.
Nordrhein	Keine § 23a MBO vergleichbare Regelung	§ 29 Abs. 2[96]
	Kooperationsgemeinschaften zwischen Ärzten und Angehörigen anderer Fachberufe im Gesundheitswesen sind nur in den Rechtsformen der PartGG und der GbR möglich (vgl. § 23a Abs. 1)[95]	Die Führung einer Einzelpraxis oder einer Praxis in Gemeinschaft in der Rechtsform einer juristischen Person des Privatrechts setzt voraus, dass die Kammern in der Berufsordnung Anforderungen festgelegt haben, die insbesondere gewährleisten, dass die heilkundliche Tätigkeit eigenverantwortlich, unabhängig und nicht gewerblich ausgeübt wird. Die gemeinsame Führung einer Praxis ist nur zulässig, wenn die Beteiligten die Berechtigung zur Ausübung des ärztlichen, psychotherapeutischen oder zahnärztlichen Berufs besitzen. Die Kammern können vom Gebot nach Satz 1 in besonderen Einzelfällen Ausnahmen zulassen, wenn sichergestellt ist, dass berufsrechtliche Belange nicht beeinträchtigt sind.

95   BO i.d.F. vom 10.11.2012.
96   Heilberufsgesetz NRW i.d.F. vom 30.04.2013.

Fortsetzung

Land	Berufsordnung	Heilberufskammergesetz
Rheinland-Pfalz	§ 23a (1) Ärztinnen und Ärzte können auch in der Form der juristischen Person des Privatrechts ärztlich tätig sein, **soweit dies durch formelles Gesetz zugelassen ist**.[97]	Keine Einschränkungen[98]
Saarland	§ 23a[99]	Keine Einschränkungen[100]
Sachsen	§ 23a[101]	§ 16 Abs. 4[102] **Gesellschafter** einer Gesellschaft in der Rechtsform einer juristischen Person des privaten Rechts **können nur** Angehörige der Heilberufekammern untereinander oder selbstständig tätige und zur eigenverantwortlichen Berufsausübung berechtigte Angehörige anderer Heilberufe, andere Naturwissenschaftler im Gesundheitswesen, Angehörige der staatlich geregelten Gesundheitsberufe und der sozialpädagogischen Berufe in den für den Beruf zugelassenen Kooperationsformen sein. Sie **müssen in der Gesellschaft beruflich tätig sein**. Es muss gewährleistet sein, dass **Dritte nicht am Gewinn der Gesellschaft beteiligt** sind und Anteile an der Gesellschaft nicht für Dritte gehalten werden. Das Nähere regelt die jeweilige Berufsordnung. Die Bestimmungen zu medizinischen Versorgungszentren gemäß § 95 SGB V und der §§ 8 und 11 des Gesetzes über das Apothekenwesen, in der jeweils geltenden Fassung, bleiben unberührt.
Sachsen-Anhalt	§ 23a[103] (1) Ärzte können auch in der Form der juristischen Person des Privatrechts ärztlich tätig sein, ausgenommen hiervon ist weiterhin die Gründung einer Kommanditgesellschaft und einer Offenen Handelsgesellschaft.	Keine Einschränkungen[104]

Fortsetzung

97 BO i.d.F. vom 30.06.2015; Passus in Kraft getreten ab 02.08.2015; ansonsten sind die weiteren in § 23a MBO getroffenen Regelungen hier inhaltsgleich.

98 Heilberufsgesetz i.d.F. vom 19.12.2014.

99 BO vom 12.12.2012.

100 SHKG i.d.F. vom 19.11.2008.

101 BO i.d.F. vom 23.11.2012.

102 SächsHKaG i.d.F. vom 01.05.2014.

103 BO i.d.F. des Kammerbeschlusses vom 26.04.2014.

104 KGHB-LSA Stand Feb. 2015.

Fortsetzung

Land	Berufsordnung	Heilberufskammergesetz
Schleswig Holstein	§ 23a (inhaltsgleich mit § 23a MBO)[105]	§ 29 Abs. 2[106]
		Kammermitglieder können Praxen gemeinsam mit Personen führen, die einem in § 1 Abs. 2 des Partnerschaftsgesellschaftsgesetzes vom 25. Juli 1994 (BGBl. I S. 1744), zuletzt geändert durch Artikel 22 des Gesetzes vom 23. Oktober 2008 (BGBl. I S. 2026), genannten staatlichen Ausbildungsberuf im Gesundheitswesen, naturwissenschaftlichen oder einem sozialpädagogischen Beruf angehören. Die **heilberufliche Tätigkeit für eine juristische Person des Privatrechts setzt voraus,** dass
		1. Gegenstand des Unternehmens die ausschließliche Wahrnehmung heilberuflicher Tätigkeiten ist,
		2. alle Gesellschafterinnen und Gesellschafter Personen gemäß Satz 2 sind,
		3. die Mehrheit der Gesellschaftsanteile und der Stimmrechte Kammermitgliedern zusteht und Gesellschaftsanteile nicht für Rechnung Dritter gehalten werden,
		4. mindestens die Hälfte der zur Geschäftsführung befugten Personen Kammermitglieder sind,
		5. ein Dritter am Gewinn der Gesellschaft nicht beteiligt ist,
		6. eine ausreichende Berufshaftpflichtversicherung für die juristische Person des Privatrechts und die dort tätigen Berufsangehörigen besteht und
		7. gewährleistet ist, dass die heilberufliche Tätigkeit von den Kammermitgliedern eigenverantwortlich, unabhängig und nicht gewerblich ausgeübt wird.
Thüringen	§ 23a (inhaltsgleich mit § 23a MBO)[107]	Keine Einschränkungen[108]

---

105   BO i.d.F. vom 03.06.2014.
106   HBKG i.d.F. vom 20.10.2015.
107   BO i.d.F. vom 19.04.2012.
108   ThürHeilBG i.d.F. vom 16.04.2014.

Literatur

Bergmann, Karl Otto; Pauge, Burkhard; Steinmeyer, Heinz-Dietrich (Hrsg.). Nomos Kommentar Gesamtes Medizinrecht, 2. Auflage, Baden-Baden 2014

Clemens, Thomas; Quaas, Michael; Zuck, Michael. Medizinrecht, 3. Auflage, C.H. Beck, München 2014

Deutsch, Erwin; Spickhoff, Andreas. Medizinrecht, 7. Auflage, Springer, Heidelberg 2014

Gummert, Hans. Münchener Anwaltshandbuch Personengesellschaftsrecht, 2. Auflage, C.H. Beck, München 2015

Gummert, Hans; Weipert, Lutz (Hrsg.). Münchener Handbuch des Gesellschaftsrechts, Bd. 1, 4. Auflage, C.H. Beck, München 2014

Laufs, Adolf; Uhlenbruck, Wilhelm (Hrsg.). Handbuch des Arztrechts, 4. Auflage, C.H. Beck, München 2010

Prinz, Ulrich; Hoffmann, Wolf-Dieter (Hrsg.). Beck'sches Handbuch der Personengesellschaften, 4. Auflage, C.H. Beck, München 2014

Ratzel, Rudolf; Lippert, Hans-Dieter. Kommentar zur Musterberufsordnung der Deutschen Ärzte (MBO), 5. Auflage, Springer, Heidelberg 2010

Sodan, Helge. Handbuch des Krankenversicherungsrechts, 2. Auflage, C.H. Beck, München 2014 (Autoren: Dirk Niggehoff, § 18 Medizinische Versorgungszentren (MVZ), S. 561-587; Winfried Boecken/Thomas Bristle, § 17 Zulassung und Rechtsstellung des Vertrags(zahn)arztes, S. 500-558)

Sudhoff, Heinrich. Personengesellschaften, 8. Auflage, C.H. Beck, München 2005

Terbille, Michael; Clausen, Tilman; Schroeder-Printzen, Jörn. Münchener Anwaltshandbuch Medizinrecht, 2. Auflage, C.H. Beck, München 2013

Wenzel, Frank. Handbuch des Medizinrecht, 3. Auflage, Luchterhand Verlag 2013

Grundsätze der Vergütung

© Springer-Verlag Berlin Heidelberg 2016

A. Ullmann, D. Busch, *Ärztliche Großpraxis*, Erfolgskonzepte Praxis- & Krankenhaus-Management

DOI 10.1007/978-3-662-50508-3_2

2

In diesem Kapitel werden die Grundzüge der Honorierung ärztlicher Leistungen für die vertragsärztliche als auch für die privatärztliche Tätigkeit dargestellt, wobei besonderes Augenmerk auf die Kooperationen betreffenden Regelungen und ihre jeweilige Umsetzung in den Kassenärztlichen Vereinigungen (KVen) der einzelnen Länder gelegt wird.

2.1 Honorarsystematik Gesetzliche Krankenversicherung (GKV)

Der Gesetzgeber hat den Gremien der Selbstverwaltung den Auftrag erteilt, die vertragsärztliche Versorgung so zu regeln, dass eine ausreichende, zweckmäßige und wirtschaftliche Versorgung der Versicherten unter Berücksichtigung des allgemein anerkannten Standes der medizinischen Erkenntnisse gewährleistet ist und die ärztlichen Leistungen angemessen vergütet werden.[1] Im Folgenden wird dargestellt, wie dieser Auftrag umgesetzt wird und nach welchen Regeln die Vertragsärzte vergütet werden.

Die Kassenärztlichen Vereinigungen haben den Auftrag, die vereinbarte Gesamtvergütung, getrennt für die Bereiche der hausärztlichen und der fachärztlichen Versorgung, an die Ärzte, Psychotherapeuten, medizinischen Versorgungszentren sowie ermächtigten Einrichtungen, die an der vertragsärztlichen Versorgung teilnehmen, zu verteilen.[2] Inhalt und Höhe der ärztlichen Vergütung richten sich nach dem jeweils gültigen Einheitlichen Bewertungsmaßstab (EBM)[3], dem Honorarverteilungsmaßstab (HVM), den zusätzlichen vertraglichen Bestimmungen, Abrechnungsrichtlinien und autonomen Satzungsnormen der jeweiligen KV.

Der Honorarverteilungsmaßstab kann seit 2012 von den KVen, im Benehmen mit den Landesverbänden der Krankenkassen und Ersatzkassen, als Satzung erlassen werden[4]. Der Spielraum für die individuellen Landesregelungen wurde hierdurch deutlich erweitert. Trotzdem müssen die

Landes-Honorarverteilungsmaßstäbe u. a. die folgenden Vorgaben umsetzen:
- Trennung der Gesamtvergütung in einen haus- und einen fachärztlichen Teil[5]
- Schaffung von Regelungen, die eine übermäßige Ausweitung des Leistungsumfanges verhindern[6]
- Ermöglichung von Kalkulationssicherheit des zu erwartenden Honorars für den einzelnen Arzt[7]
- Förderung kooperativer Leistungserbringung[8]
- Schaffung gesonderter Vergütungsregelungen für von der KV anerkannte Praxisnetze[9].

Wegen des weiten Gestaltungsspielraumes wundert es nicht, dass die Regelungen in den Honorarverteilungsmaßstäben von KV zu KV zum Teil sehr unterschiedlich aussehen. Die folgenden Grundsätze der Vergütung sind jedoch in allen Kassenärztlichen Vereinigungen gleich.

Die Vergütung erfolgt nach einem komplizierten Verteilungsschlüssel und lässt sich grob in zwei Bereiche gliedern, zum einen in die Leistungen, die unter die morbiditätsbedingte Gesamtvergütung (MGV) fallen, dies sind zur Zeit ca. 70 % der Leistungen und zum anderen in die Leistungen außerhalb der MGV, die sog. extrabudgetäre Gesamtvergütung (EGV) oder auch Einzelleistungsvergütung (ELV) genannt. Entsprechend sind auch die Honorarbescheide gegliedert. Sie enthalten eine Auflistung aller innerhalb der MGV erbrachten Leistungen und aller extrabudgetären Leistungen.

Die MGV unterliegt einer Mengensteuerung, da sie immer bis zum 31.10. eines jeden Jahres vorausschauend für das nächste Jahr vereinbart wird und die Krankenkassen die MGV mit befreiender Wirkung an die KVen leisten. Diese Mengensteuerung erfolgt, um eine übermäßige, medizinisch nicht zu begründende Mengenausweitung zu verhindern.[10] Deshalb werden Leistungen, die der MGV unterliegen, nur bis zu einer bestimmten Menge bzw. Summe

---

1   § 72 Abs. 2 SGB V.
2   § 87b Abs. 1 Satz 1 SGB V.
3   Siehe hierzu die Ausführungen zu ▶ Abschn. 2.1.4
4   § 87b Abs. 1 Satz 2 SGB V.
5   § 87b Abs. 1 Satz 1 SGB V.
6   § 87b Abs. 2 Satz 1 1. HS SGB V.
7   § 87b Abs. 2 Satz 1 2. HS SGB V.
8   § 87b Abs. 2 Satz 2 SGB V.
9   § 87b Abs. 2 Satz 3 SGB V.
10 GKV Spitzenverband, 2015, S. 3.

pro Quartal zum vollen Preis der Gebührenordnung und darüber hinausgehende Leistungen nur noch zu einem abgestuften Preis vergütet. Wie dies geschieht, ist in den HVMs geregelt.

2.1.1 Morbiditätsorientierte Gesamtvergütung (MGV)

Die MGV wird, vereinfacht dargestellt, in einen hausärztlichen und einen fachärztlichen Topf unterteilt, aus denen dann die den Fachgruppen zugeordneten Leistungen, nämlich die RLV/QZV oder Individualbudgets, Freien Leistungen und abgestuften Leistungen als auch die Kosten vergütet werden. Durch die Aufteilung in einen hausärztlichen und fachärztlichen Topf soll der Honorargerechtigkeit zwischen den Ärzten Rechnung getragen und Umverteilungen zu Lasten einer Fachgruppe vermieden werden.

In dem Zeitraum 2009–2011 erfolgte die Vergütung in allen Kassenärztlichen Vereinigungen auf der Grundlage praxisbezogener Regelleistungsvolumina (RLV). Seit Inkrafttreten des Versorgungsstrukturgesetzes zum 01.01.2012 sind die KVen in ihren Steuerungsinstrumenten jedoch wieder frei. Folgende 12 von 17 KVen sind bei der RLV/QZV-Systematik geblieben:
- Baden-Württemberg
- Bayern
- Berlin
- Brandenburg
- Bremen
- Hessen
- Mecklenburg-Vorpommern
- Niedersachsen
- Nordrhein
- Sachsen
- Sachsen-Anhalt
- Westfalen-Lippe.

Dagegen haben die folgenden fünf Kassenärztlichen Vereinigungen ihre Honorarverteilung wieder auf Individualbudgets umgestellt:
- Hamburg
- Rheinland-Pfalz
- Saarland
- Schleswig-Holstein
- Thüringen.

Allen Systemen ist gemein, dass sie durch Regelungen der Mengen- und Zuwachsbegrenzung eine Mengenausweitung der ärztlichen Leistungen unattraktiv machen.

▪▪ RLV/QZV System
Bei dem Regelleistungsvolumen (RLV) handelt es sich um ein Honorarsystem, in dem der Arzt, abhängig von der Zahl der von ihm behandelten Patienten, ein Honorarkontingent zugewiesen bekommt, dessen Höhe im Wesentlichen durch die von seiner Fachgruppe behandelten Patienten und erbrachten Leistungen bestimmt wird.[11]

Das arztindividuelle RLV wird nach folgender Formel berechnet:

Fallzahl des Arztes × Fallwert der Arztgruppe × Altersfaktor

Die für die Berechnung des arztindividuellen RLV relevante Fallzahl, ist die Zahl der kurativ-ambulanten Behandlungsfälle des jeweiligen Vorjahresquartals.

Der Fallwert berechnet sich wie folgt:

Für die Honorierung von MGV-Leistungen zur Verfügung stehendes Vergütungsvolumen der Facharztgruppe dividiert durch die Fallzahl der Facharztgruppe = Fallwert

Um der jeweils unterschiedlichen Zusammensetzung des Patientenkollektivs in Bezug auf Alter und Morbidität und der hieraus resultierenden Unterschiede im Behandlungsumfang gerecht zu werden, wird für jede Praxis der entsprechende Gewichtungsfaktor berechnet, der zur Bildung des arztindividuellen RLV herangezogen wird.

Die innerhalb des von der KV vor Quartalsanfang mitgeteilten RLV erbrachten Leistungen werden in voller Höher zu den Preisen der Euro-Gebührenordnung vergütet. Darüber hinausgehende Leistungen werden abgestuft vergütet; die genauen Abstufungsregelungen sind dem HVM zu entnehmen.

Zusätzlich zu den Regelleistungsvolumina wurden sog. qualifikationsgebundene Zusatzvolumen (QZV) eingeführt. Hierbei handelt es sich um besondere Leistungen aufgrund spezieller Qualifikation. Typische QZV sind z. B. die Leistungen der Sonographie, Teilradiologie und Psychosomatischen

---

11   Scholz, 2013, Rdnr. 349.

2

Grundversorgung. Die QZV werden analog den RLV arztgruppenspezifisch gebildet.

Dem Arzt werden für jedes Quartal beide Kontingente (RLV und QZV) zugewiesen, die Summe aus beiden bildet die Honorarobergrenze. Somit können die Leistungen aus beiden Teilen verrechnet werden.

■ ■ **Individualbudgets**

Anstelle von RLV/QZV haben einige KVen wieder Individualbudgets eingeführt. Bei den Individualbudgets wird jedem Vertragsarzt ein bestimmtes Individualkontingent, welches nach dem Leistungsvolumen der Vergangenheit oder dem durchschnittlichen Leistungsvolumen der Fachgruppe bemessen wird, entweder in Form einer bestimmten Punktmenge oder eines bestimmten Euro-Betrages zugeordnet.[12] Vergleichbar zu den Regelungen bei den Regelleistungsvolumina erhält der Arzt seine Leistungen bis zum Erreichen seines Budgets zum vollen Punktwert, danach nur noch abgestuft.

2.1.2 Extrabudgetäre Gesamtvergütung (EGV)

Dieser Teil der vertragsärztlichen Vergütung ist für den Arzt deshalb besonders interessant, weil im Gegensatz zur MGV, die hier vergüteten Einzelleistungen zu den vereinbarten Preisen und ohne Mengenbegrenzung vergütet werden. Zu den Einzelleistungen gehören z. B.:

- PFG[13] -Zuschlag,
- Leistungen nach § 115b SGB V (ambulantes Operieren und stationsersetzende Eingriffe im Krankenhaus),
- Ambulante spezialfachärztliche Versorgung (ASV) gemäß § 116b SGB V,
- Selektivverträge
  - Hausarztzentrierte Versorgungsverträge § 73b SGB V,
  - Besondere Versorgung § 140a SGB V (ehemals: Strukturverträge nach § 73a SGB V, Fachärztliche Selektivverträge

- § 73c SGB V und Integrierte Versorgungsverträge (IV) §§ 140a ff. SGB V),
- Strukturierte Behandlungsprogramme gemäß §§ 137f-g SGB V,
- Regional vereinbarte Leistungen.

Wegen ihrer besonderen Bedeutung werden nachfolgend die Selektivverträge und die Ambulante spezialfachärztliche Versorgung kurz vorgestellt.

■ ■ **Ambulante spezialfachärztliche Versorgung (ASV)**

Aufgrund der demographischen Veränderungen in Deutschland und der damit einhergehenden Zunahme von Patienten mit Multimorbidität, chronischen und onkologischen Erkrankungen besteht ein erhöhter Bedarf an interdisziplinärer Zusammenarbeit und besonders qualifizierter Diagnostik und Behandlung. Um diesen Anforderungen Rechnung zu tragen, sind

- an der vertragsärztlichen Versorgung teilnehmende Leistungserbringer und
- nach § 108 SGB V zugelassene Krankenhäuser berechtigt, Leistungen der ambulanten spezialfachärztlichen Versorgung zu erbringen.

Von der ASV umfasst sind

- Erkrankungen mit besonderen Krankheitsverläufen, wie z. B. onkologische, rheumatologische Erkrankungen, Multiple Sklerose und HIV/Aids,
- Seltene Erkrankungen und Erkrankungszustände mit entsprechend geringeren Fallzahlen wie z. B. Tuberkulose und Mukoviszidose,
- hochspezialisierte Leistungen, wie CT/ MRT-gestützte interventionelle schmerztherapeutische Leistungen oder Brachytherapie.[14]

Teilnahmewillige müssen gegenüber dem erweiterten Landesausschuss der Ärzte und Krankenkassen anzeigen, dass sie die jeweils maßgeblichen Anforderungen und Voraussetzungen erfüllen, einer Genehmigung als solcher bedarf es nicht. Die Leistungserbringer sind nach Ablauf einer Frist von zwei

---

12 Clemens, 2013, Kap. 13, Rdnr. 214.

13 Pauschale für die fachärztliche Grundversorgung.

14 Eine vollständige Aufzählung aller von der ASV umfassten Erkrankungen und hochspezialisierten Leistungen enthält § 116b Abs. 1 SGB V.

Monaten nach Eingang der Anzeige zur Teilnahme an der ambulanten spezialfachärztlichen Versorgung berechtigt, wenn der Landesausschuss ihnen nicht innerhalb dieser Frist mitgeteilt hat, dass sie die hierfür notwendigen Anforderungen und Voraussetzungen nicht erfüllen.

Der Gemeinsame Bundesausschuss (G-BA) ist mit der Ausgestaltung der sächlichen und personellen Anforderungen als auch der Konkretisierung der Erkrankungen beauftragt. Diesen Auftrag erfüllt der G-BA durch den Erlass der ASV-Richtlinie. Bis dato sind erst für folgende Erkrankungen und hochspezialisierte Leistungen die Voraussetzungen zur Erbringung und Abrechnung innerhalb der ASV geschaffen worden:

- Tuberkulose und atypische Mykobakteriose,
- Gastrointestinale Tumoren und Tumoren der Bauchhöhle,
- Marfan-Syndrom,
- Gynäkologische Tumoren (Richtlinie noch nicht in Kraft),
- Pulmonale Hypertonie (Richtlinie noch nicht in Kraft).

Der Vorteil der ASV liegt darin, dass sektorenübergreifend einheitliche Qualitätsanforderungen durch den G-BA festgelegt werden und eine sektorenübergreifende einheitliche Vergütungssystematik Anwendung findet. Die Leistungen werden unbudgetiert, ohne Mengenbegrenzung mit festen Preisen vergütet. Der Spitzenverband Bund der Krankenkassen, die Deutsche Krankenhausgesellschaft und die Kassenärztliche Bundesvereinigung vereinbaren gemeinsam für die Vergütung der ASV-Leistungen eine Kalkulationssystematik, diagnosebezogene Gebührenordnungspositionen in Euro sowie deren jeweilige verbindliche Einführungszeitpunkte nach Inkrafttreten der entsprechenden Richtlinie.[15] Bis zum Inkrafttreten dieser Vereinbarung erfolgt die Vergütung auf der Grundlage der Gebührenordnungspositionen des EBM mit dem Preis der jeweiligen regionalen Euro-Gebührenordnung.

Die MGV muss um die Leistungen der ASV bereinigt werden, allerdings darf die Bereinigung nicht zulasten des hausärztlichen Vergütungsanteils und der fachärztlichen Grundversorgung gehen.

▪▪ Selektivverträge

Während die ambulante vertragsärztliche Versorgung schwerpunktmäßig kollektivvertraglich organisiert ist, gewinnen seit dem Inkrafttreten des GKV-WSG die Selektivverträge zunehmend an Bedeutung.

Kennzeichnend für die zwischen den KVen und Krankenkassen geschlossenen Gesamtverträge (Kollektivverträge) ist, dass die KV für ihren Zuständigkeitsbereich die Sicherstellung der ambulanten vertragsärztlichen Versorgung übernimmt und hierfür im Gegenzug die Gesamtvergütung von den Krankenkassen erhält, die sie auf die Leistungserbringer verteilt. Der Kollektivvertrag umfasst somit alle Leistungserbringer. Im Gegensatz hierzu ist die Teilnahme an den sog. Selektivverträgen für alle Beteiligten (Krankenkassen und deren Versicherte, Leistungserbringer) freiwilliger Natur, und es herrscht weitgehend Vertragsfreiheit bei der Ausgestaltung der Verträge.[16]

> **Merke**
> **Für den Arzt ist die Teilnahme an Selektivverträgen, abgesehen vom medizinischen Nutzen der hiervon umfassten Leistungen, deshalb so interessant, weil diese Leistungen außerhalb der Gesamtvergütung (vgl. hierzu die Ausführungen unter ▶ Abschn. 2.1.1) in der vertraglich vereinbarten Höhe vergütet werden.**

Hausarztzentrierte Versorgung (§ 73b SGB V)

Der bekannteste und auch am weitesten verbreitete Selektivvertragstypus sind die Verträge zur Hausarztzentrierten Versorgung (HZV). Dies ist auch nicht verwunderlich, da der Gesetzgeber angesichts der demographischen Entwicklungen, steigender Chronikerzahlen, Multimorbiditäten und gleichzeitig sinkender Hausarztzahlen (vor allem in ländlichen Regionen) die Krankenkassen verpflichtet hat, ihren Versicherten eine besondere hausärztliche Versorgung anzubieten (§ 73b Abs. 1 SGB V).

Durch die HZV soll der Hausarzt wieder in den Mittelpunkt der Versorgung gerückt werden und quasi alle Seile in den Händen halten; er ist es, der die gesamte Behandlung des Patienten koordiniert,

---

15 § 116b Abs. 6 Satz 2 SGB V.

16 Hartmannsgruber, 2015, Kap. 7, Rdnr. 182.

Überweisungen ausstellt und die Befunde von allen ambulanten Kollegen als auch die stationären Befunde sammelt und verwaltet. So sollen Doppeluntersuchungen, überflüssige Facharztbesuche und Krankenhausaufenthalte vermieden und die Patienten besser versorgt werden bei gleichzeitiger Entbürokratisierung der Tätigkeit für den Arzt und besserer Honorierung.[17]

Grundsätzlich ist jeder zur Teilnahme an der Hausärztlichen Versorgung berechtigte Arzt auch berechtigt, an der HZV teilzunehmen. Es müssen jedoch zusätzlich die folgenden Voraussetzungen erfüllt werden:

- Teilnahme der Hausärzte an strukturierten Qualitätszirkeln zur Arzneimitteltherapie unter Leitung entsprechend geschulter Moderatoren,
- Behandlung nach für die hausärztliche Versorgung entwickelten, evidenzbasierten, praxiserprobten Leitlinien,
- Erfüllung der Fortbildungspflicht (vorgeschrieben in § 95d SGB V) durch Teilnahme an Fortbildungen, die sich auf hausarzttypische Behandlungsprobleme konzentrieren, wie patientenzentrierte Gesprächsführung, psychosomatische Grundversorgung, Palliativmedizin, allgemeine Schmerztherapie, Geriatrie,
- Einführung eines einrichtungsinternen, auf die besonderen Bedingungen einer Hausarztpraxis zugeschnittenen, indikatorengestützten und wissenschaftlich anerkannten Qualitätsmanagements.[18]

Die Teilnahme ist für den Patienten freiwillig; er muss eine entsprechende Teilnahmeerklärung bei seiner Krankenkasse abgeben, die er binnen 2-Wochen-Frist nach Abgabe ohne Angabe von Gründen widerrufen kann. Der Patient verpflichtet sich immer zuerst seinen Hausarzt aufzusuchen und ambulante fachärztliche Behandlung nur auf dessen Überweisung in Anspruch zu nehmen. Ausnahmen hiervon bestehen nur bei

- Notfällen,
- Ärztlichem Notdienst,

- Terminen beim
  - Augenarzt,
  - Zahnarzt,
  - Frauenarzt,
  - Kinder- und Jugendarzt.

Der Versicherte ist an seine Teilnahmeerklärung für mindestens ein Jahr gebunden; die weitergehenden Einzelheiten regeln die Krankenkassen in ihren Teilnahmeerklärungen.

Die Teilnahme an der HZV ist für den Vertragsarzt verhältnismäßig einfach. Auf der Internetseite des Hausärzteverbandes (www.hausaerzteverband. de) befindet sich eine Übersicht über alle Verträge der einzelnen Bundesländer inklusive aller Unterlagen. Der Arzt braucht sich nur noch die Teilnahmeerklärungen zu den Verträgen, an denen er teilnehmen will, auszudrucken, füllt sie aus und faxt die Teilnahmeerklärung an die jeweils angegebene Nummer. Die HÄVG prüft dann die Teilnahmevoraussetzungen und übersendet bei Erfüllung der Voraussetzungen ein Bestätigungsfax an den Arzt, der mit der Post ein Starterpaket mit allen notwendigen Unterlagen erhält. Dann kann mit der Einschreibung der Patienten und ihrer Versorgung im Rahmen der HZV begonnen werden. Die Abrechnung erfolgt über eine gesicherte Onlineverbindung.

> **Merke**
> **Die Teilnahme an der HZV ist für den Arzt aus mehreren Punkten attraktiv. Zum einen erwartet den Arzt eine attraktive Vergütung mit Fallwerten, die durchschnittlich 30 bis 40 Prozent über denen der Regelversorgung liegen[19], und zum anderen eine leichtere und übersichtlichere Abrechnung durch ein klar strukturiertes Vergütungssystem.[20]**

Disease-Management-Programme (DMP)
Bei den Disease-Management-Programmen handelt es sich um strukturierte Behandlungsprogramme, die den Behandlungsablauf und die Qualität der medizinischen Versorgung für chronisch Kranke verbessern sollen.

17 HZV, Sonderbeilage in Der Hausarzt/Der Allgemeinarzt, Feb./März 2015, S. 3.

18 § 73b Abs. 2 SGB V.

19 HZV, Sonderbeilage in Der Hausarzt/Der Allgemeinarzt, Feb./März 2015, S. 3.

20 HZV, Sonderbeilage in Der Hausarzt/Der Allgemeinarzt, Feb./März 2015, S. 5.

Bis dato bestehen folgende Programme:
- Diabetes mellitus Typ 1,
- Diabetes mellitus Typ 2,
- Brustkrebs,
- Koronare Herzkrankheit (KHK) mit dem Modul Herzinsuffizienz,
- Asthma bronchiale,
- Chronisch obstruktive Lungenerkrankung (COPD).

Die Teilnahme an den DMPs ist für alle Beteiligten freiwillig. Unter der Voraussetzung einer gesicherten Diagnose muss der Patient nur schriftlich seine Einwilligung zur Teilnahme an dem Programm erklären, die er jederzeit ohne Begründung widerrufen kann. Teilnahmewillige Ärzte müssen ihren Teilnahmewillen gegenüber ihrer KV anzeigen und ggf. notwendige Qualifikationen und Ausstattungen nachweisen.

Trotz erhöhtem bürokratischem Aufwand liegt auch hier die Attraktivität der Teilnahme an DMPs in der außerhalb der MGV erfolgenden Vergütung ohne Mengenbegrenzung zu festen Euro-Preisen.

Besondere Versorgung (§ 140a SGB V)
Da die bisherigen Regelungen zum Abschluss von Einzelverträgen zwischen Krankenkassen und Leistungserbringern im SGB V wenig systematisch geregelt waren, erfolgte durch das GKV-WSG im Sommer 2015 eine Neustrukturierung in § 140a SGB V, in dem die bis dahin in den §§ 73a (Strukturverträge), 73c (Einzelverträge mit besonderem Versorgungsauftrag) und § 140a (integrierte Versorgung) enthaltenen Regelungen zusammengefasst wurden.[21] Die bisherigen, nach §§ 73a, 73c und 140a SGB V bis zum 22.07.2015 geschlossenen Verträge gelten fort.

Nach § 140a SGB V können die Krankenkassen Verträge über eine besondere Versorgung der Versicherten mit
- nach diesem Kapitel zur Versorgung der Versicherten berechtigten Leistungserbringern oder deren Gemeinschaften (Vertragsärzten, MVZ, etc.),
- Trägern von Einrichtungen, die eine besondere Versorgung durch zur Versorgung

der Versicherten nach dem Vierten Kapitel berechtigte Leistungserbringer anbieten,
- Pflegekassen und zugelassenen Pflegeeinrichtungen auf der Grundlage des § 92b des Elften Buches,
- Praxiskliniken nach § 115 Abs. 2 Satz 1 Nummer 1,
- pharmazeutischen Unternehmern,
- Herstellern von Medizinprodukten im Sinne des Gesetzes über Medizinprodukte,
- Kassenärztlichen Vereinigungen zur Unterstützung von Mitgliedern, die an der besonderen Versorgung teilnehmen, abschließen.

Die Vertragspartner haben bei der Gestaltung der Vertragsinhalte große Gestaltungsfreiheit und können über den Leistungsumfang der Regelversorgung der Gesetzlichen Krankenversicherung hinausgehende Leistungen vereinbaren.[22] So können beispielsweise Leistungen der Früherkennung nach §§ 25, 26 SGB V, Leistungen der SAPV, neue Untersuchungs- und Behandlungsmethoden, deren Anwendung nach den Regeln der ärztlichen Kunst erfolgt, und innovative Leistungen, die noch keinen Eingang in die Regelversorgung gefunden haben, Vertragsgegenstand sein.[23]

Wie bei allen Selektivverträgen müssen die Versicherten ihre freiwillige Teilnahme schriftlich gegenüber der Krankenkasse erklären; die Teilnahmeerklärung kann binnen zwei Wochen nach Abgabe schriftlich oder zur Niederschrift bei der Krankenkasse ohne Angabe von Gründen widerrufen werden. Die Einzelheiten zur Durchführung der Teilnahme, zur zeitlichen Bindung der Teilnahmeerklärung, zur Bindung an die vertraglich gebundenen Leistungserbringer und die Folgen bei Pflichtverstößen regeln die Krankenkassen in ihren Teilnahmeerklärungen.

2.1.3 Förderung kooperativer Behandlungsformen

Nach dem gesetzgeberischen Willen hat der Honorarverteilungsmaßstab (HVM) der kooperativen Behandlung von Patienten in dafür gebildeten

---

21   GKV-WSG, BT-Drs. 18/4095, zu Nummer 69.

22   GKV-WSG, BT-Drs. 18/4095, zu Nummer 69.

23   GKV-WSG, BT-Drs. 18/4095, zu Nummer 69.

Versorgungsformen angemessen Rechnung zu tragen, und es müssen für Praxisnetze, die von den KVen anerkannt sind, gesonderte Vergütungsregelungen vorgesehen werden.[24] Die KBV (Kassenärztliche Bundesvereinigung) muss hierfür Vorgaben erstellen, was sie in Teil D „Vorgaben zur Berücksichtigung kooperativer Behandlung von Patienten in dafür gebildeten Versorgungsformen" der Vorgaben der KBV gemäß § 87b Abs. 4 SGB V zur Honorarverteilung durch die Kassenärztlichen Vereinigungen getan hat. Die Vorgaben lauten wie folgt:

1. Die Kassenärztliche Vereinigung prüft, ob Tatbestände für eine angemessene Berücksichtigung der kooperativen Behandlung von Patienten in dafür vorgesehenen Versorgungsformen bei der Honorarverteilung vorliegen.

2. Liegen Tatbestände für eine Berücksichtigung vor, kann zur Förderung der gemeinsamen vertragsärztlichen Versorgung in dafür vorgesehenen Versorgungsformen das zu erwartende praxisbezogene Honorar
   a. bei nicht standortübergreifenden fach- und schwerpunktgleichen Berufsausübungsgemeinschaften und Praxen mit angestellten Ärzten der gleichen Arztgruppe um 10 % erhöht werden,
   b. bei standortübergreifenden fach- und schwerpunktgleichen Berufsausübungsgemeinschaften und Praxen mit angestellten Ärzten der gleichen Arztgruppe um 10 % erhöht werden, soweit ein Kooperationsgrad von mindestens 10% erreicht wird, und
   c. in fach- und schwerpunktübergreifenden Berufsausübungsgemeinschaften, Medizinischen Versorgungszentren und Praxen mit angestellten Ärzten, in denen mehrere Ärzte unterschiedlicher Arztgruppen tätig sind, unter Berücksichtigung des Kooperationsgrades der Einrichtung oder Praxis um die in ◻ Tab. 2.1 in Prozent ausgewiesenen Anpassungsfaktoren erhöht werden.
   d. Dabei ist der Kooperationsgrad wie folgt definiert: Kooperationsgrad (KG) je Abrechnungsquartal in Prozent = (relevante Arztfallzahl der Arztpraxis im

◻ **Tab. 2.1** Anpassungsfaktoren

Kooperationsgrad in Prozent	Anpassungsfaktor in Prozent
0 bis unter 10	0
10 bis unter 15	10
15 bis unter 20	15
20 bis unter 25	20
25 bis unter 30	25
30 bis unter 35	30
35 bis unter 40	35
40 und größer	40

Vorjahresquartal / Zahl der relevanten Behandlungsfälle im Vorjahresquartal) − 1) × 100.
   e. Die Kassenärztliche Vereinigung kann ergänzende Regelungen zur Erleichterung der Ermittlung des Kooperationsgrades, zum Beispiel durch Kennzeichnung der Arztfälle, festlegen.
   f. Die Kassenärztliche Vereinigung kann für förderungswürdige fach- und schwerpunktübergreifende Berufsausübungsgemeinschaften, Medizinische Versorgungszentren und Praxen mit angestellten Ärzten gemäß c. mit weit überwiegend fach- bzw. schwerpunktungleicher ärztlicher Besetzung einen Anpassungsfaktor in Höhe von 10 % für deren fach- bzw. schwerpunktgleiche Tätigkeit festlegen, auch wenn der Kooperationsgrad den Wert von 10 % unterschreitet.

3. Von den in dem Vorschlag gemäß 2. zur Förderung der gemeinsamen vertragsärztlichen Versorgung in dafür vorgesehenen Versorgungsformen angegebenen Werten kann nach Maßgabe der Kassenärztlichen Vereinigung abgewichen werden.

4. Die Regelung in 2. ist auch nur in einzelnen Punkten anwendbar.

5. Von den vorgeschlagenen Zuschlägen gemäß 2. kann die Kassenärztliche Vereinigung abweichende Regelungen festlegen, um der kooperativen Behandlung von Patienten in dafür vorgesehenen Versorgungsformen angemessen Rechnung zu tragen.

---

24 § 87b Abs. 2 Satz 2 und 3 SGB V.

Zusammengefasst bedeuten diese Vorgaben folgendes: In einem ersten Schritt muss die KV prüfen, ob Tatbestände für eine angemessene Berücksichtigung der kooperativen Behandlung von Patienten in dafür vorgesehenen Versorgungsformen bei der Honorarverteilung vorliegen. Und nur, wenn dies bejaht wird, kann das Honorar erhöht werden. Kann heißt aber nicht Muss und so dürfen die Kassenärztlichen Vereinigungen nach den Punkten 3 bis 5 von den Regelungen abweichen – d. h., die Entscheidung, wie die Vorgaben der KBV umgesetzt werden, steht im Ermessen der KVen und so verwundert die teils sehr unterschiedliche Umsetzung nicht.[25]

Da die KVen von den KBV-Vorgaben abweichen können, wurden teilweise sehr unterschiedliche Systeme der Kooperationszuschläge entwickelt. Während sich einige KVen an die Systematik der KBV gehalten und die Zuschläge nach standortgleichen fach- und schwerpunktgleichen BAG, standortübergreifenden fach- und schwerpunktgleichen BAG und fach- und schwerpunktübergreifenden BAG differenziert haben[26], haben andere KVen zusätzlich noch nach Fachgruppen differenziert und die Hausärzte besonders gefördert[27], wieder andere differenzieren nur nach dem Standort der Kooperation[28], andere nur nach fach- und schwerpunktgleichen bzw. -übergreifenden Kooperationen.[29]

Während die Regelungen standort- und fach- und schwerpunktgleiche Kooperationen betreffend bundesweit halbwegs ähnlich sind, sind die Unterschiede bei fach- und schwerpunktübergreifenden Kooperationen erheblich. So erhalten standort- und fach- und schwerpunktgleiche Kooperationen in vielen KVen einen Zuschlag von 10 %, in Bayern, Mecklenburg-Vorpommern und Sachsen sogar einen Zuschlag in Höhe von 22,5 %, sofern es sich um eine rein hausärztliche Kooperation handelt. Hier werden die Hausärzte im Gegensatz zu den anderen Fachärzten mit einem mehr als doppelt so hohen Zuschlag bedacht. Eine fach- bzw. schwerpunktübergreifende Kooperation erhält in Bremen

einen Zuschlag von 5 % je Arztgruppe, maximal jedoch 15 %, in Baden-Württemberg abhängig vom Kooperationsgrad 10 bis 20 % und in Bayern, Berlin und Mecklenburg-Vorpommern bis zu 40 %, abhängig vom Kooperationsgrad. In Schleswig-Holstein erhalten nur die fachgleichen Teile innerhalb einer fachübergreifenden Gemeinschaftspraxis im fachärztlichen sowie im hausärztlichen Versorgungsbereich zur Ermittlung der PZV einen Aufschlag in Höhe von 10 % auf die jeweiligen Versicherten-, Grund- oder Konsiliarpauschalen.

> **Tipp**
>
> Wenn Sie beabsichtigen, sich zur kooperativen Leistungserbringung mit anderen Kollegen zusammenzuschließen, sollten Sie prüfen, für welche Konstellationen und in welchem Umfang Ihre KV Zuschläge zahlt und dies bei der Ausgestaltung Ihres Gesellschaftsvertrages mit berücksichtigen.[30]

2.1.4 Einheitlicher Bewertungsmaßstab (EBM)

Der EBM stellt die Grundlage für die Abrechnung aller vertragsärztlichen Leistungen dar und wird vom Bewertungsausschuss, dem jeweils drei Vertreter der KBV und des Spitzenverbandes der Krankenkassen angehören, beschlossen.

Er bestimmt den Inhalt der berechnungsfähigen Leistungen und ihr wertmäßiges, in Punkten ausgedrücktes Verhältnis zueinander und – soweit möglich – den zur Erbringung der Leistung notwendigen Zeitaufwand.[31] Systematisch ist der EBM in arztübergreifende Gebührenordnungspositionen und haus- und fachärztliche Leistungskapitel, die wiederum nach den einzelnen Facharztgruppen unterteilt sind, gegliedert. Jeder Leistung wird eine Gebührenordnungsposition zugeordnet, der obligate und ggf. fakultative Leistungsinhalt definiert und Hinweise zur Abrechenbarkeit bzw. dem

---

25 Eine Übersicht über die Kooperationszuschläge der KVen enthält Anlage 1.

26 z. B. Berlin, Brandenburg.

27 z. B. Bayern, Mecklenburg-Vorpommern, Sachsen.

28 z. B. Hessen und Sachsen-Anhalt.

29 z. B. Thüringen.

---

30 HZV, Sonderbeilage in Der Hausarzt/Der Allgemeinarzt, Feb./März 2015, S. 5.

31 § 87 Abs. 2 Satz 1 SGB V.

Abrechnungsausschluss bei Ansatz weiterer GOP (Gebührenordnungspositionen) gegeben. Jeder Leistung ist dann eine dem Aufwand entsprechende Punktzahl zugeordnet.

Beispiel

03230 Problemorientiertes ärztliches Gespräch, das aufgrund von Art und Schwere der Erkrankung erforderlich ist

Obligater Leistungsinhalt
Gespräch von mindestens 10 Minuten Dauer
mit einem Patienten
und/oder
einer Bezugsperson

Fakultativer Leistungsinhalt
Beratung und Erörterung zu den therapeutischen, familiären, sozialen oder beruflichen Auswirkungen und deren Bewältigung im Zusammenhang mit der/den Erkrankung(en), die aufgrund von Art und Schwere das Gespräch erforderlich macht (machen)

Abrechnungsbestimmung
Je vollendete 10 Minuten

Anmerkung
Die Gebührenordnungsposition 03230 ist im Notfall und im organisierten Not(-fall)dienst nicht berechnungsfähig. Bei der Nebeneinanderberechnung diagnostischer bzw. therapeutischer Gebührenordnungspositionen und der Gebührenordnungsposition 03230 ist eine mindestens 10 Minuten längere Arzt-Patienten-Kontaktzeit als in den entsprechenden Gebührenordnungspositionen angegeben Voraussetzung für die Berechnung der Gebührenordnungsposition 03230.

Abrechnungsausschlüsse
In derselben Sitzung: 03370, 03372, 03373, 35100, 35110
Im Behandlungsfall: 30700

Punkte: 90
Gesamt (Euro): 9,39

Prüfzeit
10 Minuten Tages- und Quartalsprofil

> **Merke**
> ▬ Die Gebührenordnungspositionen dürfen nur abgerechnet werden, wenn der obligate Leistungsinhalt auch wirklich erbracht wurde.
> ▬ Im Rahmen der Plausibilitätsprüfung wird die Honorarabrechnung auf ihre Rechtmäßigkeit hin überprüft. Bei einem vollzeitigen Versorgungsauftrag ist ein Arzt dann auffällig, wenn er:
> – bei den Tageszeitprofilen an mindestens drei Tagen mehr als zwölf Stunden oder
> – im Quartalszeitprofil mehr als 780 Stunden vertragsärztlich gearbeitet hat.
>
> Um Abrechnungsfehler rechtzeitig aufzudecken, wird empfohlen, vor Abgabe der Quartalsabrechnung die Tagesprofile und Quartalsprofile zu überprüfen und bei Überschreiten der Aufgreifkriterien kritisch zu prüfen, ob die obligaten Leistungsinhalte tatsächlich erbracht wurden.

Seit 01. Januar 2009 wird auf Bundesebene jeweils bis zum 31. August eines Jahres ein bundeseinheitlicher Punktwert als Orientierungswert in Euro beschlossen.[32] Dieser ist im Jahr 2016 um 1,6 % auf einen Betrag i. H. v. 10,4361 Cent gestiegen. Entsprechend ergibt sich in vorherigem Beispiel für die GOP 03230, der ein Punktwert von 90 zugeordnet ist, ein Orientierungswert von 9,39 € (90 Punkte × 10,4361 Cent Orientierungswert). Wie der Name bereits sagt, handelt es sich nur um einen Orientierungswert, der auf Landesebene von den regionalen Vertragspartnern erneut festgesetzt werden muss. Den regionalen Vertragspartnern wird hierdurch ein Spielraum eingeräumt, auf die tatsächlichen Gegebenheiten in ihrer KV-Region zu reagieren – sie können auf den bundeseinheitlichen Orientierungswert Zu- oder Abschläge vereinbaren.[33]

Da es sich bei dem EBM um ein abschließendes Leistungsverzeichnis handelt, sind die Vertragspartner verpflichtet, den EBM in regelmäßigen Zeitabständen daraufhin zu überprüfen, ob die Leistungsbeschreibung und ihre Bewertung auf dem aktuellen Stand der Wissenschaft und Technik ist.[34]

32 § 87 Abs. 2e SGB V.
33 § 87a Abs. 2 Satz 1 SGB V; Köhler/Hess, 2015, A2, S. 13.
34 Köhler/Hess, 2015, A2, S. 8.

> **Merke**
> Leistungen, die im EBM nicht abgebildet
> sind, sind bei Gesetzlich Krankenversicherten
> gegenüber der KV nicht liquidierbar, wenn nicht
> regionale Ausnahmegenehmigungen, wie etwa
> in Modellvorhaben, vorliegen. Der Gesetzlich
> Krankenversicherte hat außerhalb des durch
> den EBM abgesteckten Abrechnungsrahmens
> grundsätzlich keine Ansprüche.[35]

Medizinische Kooperationen sind vom Gesetzgeber
ausdrücklich gewünscht und sollen auch gefördert
werden, weshalb für die Versorgung im Rahmen von
kooperativen Versorgungsformen spezifische Fall-
pauschalen festzulegen sind, die dem fallbezoge-
nen Zusammenwirken von Ärzten unterschiedlicher Fachrichtungen in diesen Versorgungsformen
Rechnung tragen sollen.[36]

2.2 Honorarsystematik PKV (Private-Krankenversicherung)

Die Vergütung der privatärztlichen Leistungen
erfolgt nach den Vorschriften der GOÄ (Gebührenordnung für Ärzte) soweit durch Bundesgesetz nichts
anderes bestimmt ist.[37] Dies bedeutet, dass der Arzt
sein Honorar für von ihm erbrachte Leistungen nicht
nach freiem Belieben festsetzen darf. Auch Wunsch-
leistungen sind nach GOÄ abzurechnen.[38]

Obacht ist bei der privaten Liquidation gegenüber Gesetzlich Krankenversicherten zu geben!
Grundsätzlich hat der Gesetzlich Krankenversicherte
Anspruch auf Sachleistung, wenn er nicht Kosten-
erstattung gewählt hat.

> **Merke**
> „Vertragsärzte, die Versicherte zur
> Inanspruchnahme einer privatärztlichen
> Versorgung an Stelle der ihnen zustehenden
> Leistungen der gesetzlichen Krankenver-
> sicherung beeinflussen, verstoßen gegen
> ihre vertragsärztlichen Leistungspflichten."[39]

Eine Vergütung dürfen Sie nur fordern,
1. wenn die elektronische Gesundheitskarte vor
   der ersten Inanspruchnahme im Quartal nicht
   vorgelegt worden ist bzw. ein Anspruchs-
   nachweis gemäß § 19 Abs. 2 BMV-Ä nicht
   vorliegt und nicht innerhalb einer Frist von
   zehn Tagen nach der ersten Inanspruchnahme
   nachgereicht wird,
2. wenn und soweit der Versicherte vor Beginn
   der Behandlung ausdrücklich verlangt, auf
   eigene Kosten behandelt zu werden und dieses
   dem Vertragsarzt schriftlich bestätigt,
3. wenn für Leistungen, die nicht Bestandteil
   der vertragsärztlichen Versorgung sind,
   vorher die schriftliche Zustimmung des
   Versicherten eingeholt und dieser auf
   die Pflicht zur Übernahme der Kosten
   hingewiesen wurde.[40]

Der Arzt darf gemäß § 1 Abs. 2 GOÄ nur Leistungen berechnen, die nach den Regeln der ärztlichen
Kunst für eine medizinisch notwendige ärztliche
Versorgung erforderlich sind. Leistungen, die über
das Maß einer medizinisch notwendigen ärztlichen
Versorgung hinausgehen, dürfen nur berechnet
werden, wenn sie auf Verlangen des Zahlungspflich-
tigen erbracht werden. Die Vertragsbedingungen der
Privaten Krankenversicherungen sehen regelmäßig
auch eine Beschränkung der Leistungspflicht auf
medizinisch notwendige ärztliche Maßnahmen vor,
sodass der Patient auch nur diese Leistungen von
seiner Versicherung erstattet bekommt.

> **Merke**
> Wenn es sich nicht um eine medizinisch
> notwendige ärztliche Leistung handelt
> oder Sie Zweifel daran haben, müssen Sie
> den Patienten vor Erbringung der Leistung
> hierüber aufklären und dürfen die Leistung
> dann nur auf Verlangen des Patienten
> erbringen und nach GOÄ abrechnen.

Die Gebührentatbestände der GOÄ untergliedern
sich in die Grundleistungen nach Kapitel B, nicht-
gebietsbezogene Sonderleistungen nach Kapitel C
und die fachgebietsbezogenen Sonderleistungen
nach Kapitel D bis P.

---

35 Clemens, 2014, § 22 Rdnr. 8.
36 § 87 Abs. 2c Satz 5 SGB V.
37 § 1 Abs. 1 GOÄ.
38 Wenning, 2013, Rdnr. 490.
39 § 18 Abs. 8 Satz 2 BMV-Ä.

40 § 18 Abs. 8 Satz 3 BMV-Ä.

> **Merke**
>
> **Eine Privatrechnung muss die folgenden Inhalte enthalten:**
> - **Rechnungsaussteller/behandelnder Arzt**
> - **Behandelte Person**
> - **Datum der Leistungserbringung**
> - **Nummer der Gebührenordnungsposition und Bezeichnung der Leistung einschließlich der in der Leistungsbeschreibung aufgeführten Mindestdauer**
> - **Betrag**
> - **Steigerungssatz**
> - **Ggf. Art der Entschädigung/Auslage**

Im Gegensatz zu den Gesetzlich Krankenversicherten, bei denen der Vertragsarzt seine Leistungen ca. drei bis vier Monate nach Quartalsende von der KV bezahlt bekommt (Sachleistungsprinzip), schuldet der Privatpatient ihm direkt die Zahlung und kann dann seinerseits die Rechnung bei seiner PKV bzw. Beihilfe einreichen (Kostenerstattungsprinzip)[41]. Das privatärztliche Honorar ist nach Erhalt einer den Vorgaben der GOÄ entsprechenden Rechnung sofort fällig.

Seit Jahren wird die fehlende Aktualität der GOÄ bemängelt, die 1965 erstmals in Kraft trat, seit 1982 nur in Teilbereichen aktualisiert wurde[42], letztmalig 1996 mit einer Anhebung der Vergütung um 3,6 %. So ist es nicht verwunderlich, dass einige Bereiche der Medizin im Gebührenverzeichnis auf dem Stand der 1970er-Jahre abgebildet sind und es dringend einer Anpassung und Reform bedarf.[43] Zur Vorbereitung der Entwicklung eines gemeinsamen Novellierungsvorschlages haben die Bundesärztekammer und der Verband der Privaten Krankenversicherung e.V. im November 2013 eine Rahmenvereinbarung geschlossen, die die zwischen den Parteien konsentierten Positionen zusammenfasst. Hierzu gehören u. a.:

- Beibehaltung der GOÄ als Einzelleistungsvergütung, wobei im Falle der regelhaften Kombination von Einzelleistungen in der Patientenversorgung entsprechende arzt- und ablaufbezogene Leistungskomplexe gebildet werden können[44],
- Leistungsbewertungen mit nicht unterschreitbaren „robusten Einfachsätzen"[45],
- Aufnahme zeitbezogener GOP[46],
- Fortschreibung des Instrumentes zur Analogbewertung innovativer und nicht in der GOÄ abgebildeter Leistungen[47],
- Regelungen zur Wahlärztlichen Vergütung[48],
- Einrichtung einer Gemeinsamen Kommission zur Pflege und Weiterentwicklung der GOÄ.[49]

Die Delegierten des Deutschen Ärztetages haben am 23. Januar 2016 den Leitantrag des BÄK-Vorstandes angenommen, und nun hoffen alle Beteiligten, dass die so dringend erwartete GOÄ-Novelle noch in dieser Legislaturperiode verabschiedet wird.

Fazit

Die Regelungen zur vertragsärztlichen Vergütung sind äußerst komplex und für den Arzt weitgehend nicht mehr durchschaubar. Kaum ein Arzt hat jemals den für ihn geltenden Honorarverteilungsmaßstab seiner KV gelesen und so verwundert es nicht, dass die meisten Ärzte ihre Honorarbescheide nur daraufhin prüfen, ob der Auszahlungsbetrag in etwa so hinkommt, und die detaillierten Darstellungen und Berechnungen nicht weiter nachvollziehen. Die Möglichkeiten, das von der morbiditätsorientierten Gesamtvergütung umfasste Honorar zu steigern, sind aufgrund von Mengenbegrenzungen gar nicht bzw. nur in sehr geringem Umfang vorhanden. Da der Gesetzgeber kooperative Behandlungsformen stärken und fördern will, enthalten die Honorarverteilungsmaßstäbe Regelungen zur Erhöhung des Honorars für Teilnehmer kooperativer Behandlungsformen. Hier besteht für die niedergelassenen Ärzte noch die Möglichkeit, durch strategische Kooperationen außerhalb der typischen Einspar- und Synergieeffekte durch den Zusammenschluss mit Kollegen ihr Honorar zu erhöhen. Mit Spannung darf der noch für dieses Jahr erwarteten Reform der GOÄ entgegengesehen werden.

---

41   Scholz, 2013, Rdnr. 333.

42   BÄK und PKV-Verband, Rahmenvereinbarung 2013, S. 3.

43   BÄK und PKV-Verband, Rahmenvereinbarung 2013, S. 3.

44   BÄK und PKV-Verband, Rahmenvereinbarung 2013, S. 6.

45   BÄK und PKV-Verband, Rahmenvereinbarung 2013, S. 7 (bei Begründung der besonderen Schwere im Einzelfall soll der robuste Einfachsatz gesteigert werden können).

46   BÄK und PKV-Verband, Rahmenvereinbarung 2013, S. 8.

47   BÄK und PKV-Verband, Rahmenvereinbarung 2013, S. 9.

48   BÄK und PKV-Verband, Rahmenvereinbarung 2013, S. 9f.

49   BÄK und PKV-Verband, Rahmenvereinbarung 2013, S. 11.

2.3 Anlage 1: Kooperationszuschläge nach Honorarverteilungsmaßstab 1/2016

KV	Standortgleich Fach- und schwerpunktgleiche BAG und Praxen mit angestellten Ärzten der gleichen Arztgruppe	Standortübergreifend Fach- und schwerpunktgleiche BAG und Praxen mit angestellten Ärzten der gleichen Arztgruppe	Fach- und schwerpunktübergreifende BAG, MVZ und Praxen mit angestellten Ärzten, in denen mehrere Ärzte unterschiedlicher Arztgruppen tätig sind	Förderung von Praxisnetzen
KBV	10%	10%, soweit ein Kooperationsgrad von mind. 10% erreicht wird	Kooperationsgrad in % / Anpassungsfaktor in %: 0 bis unter 10 / 0* 10 bis unter 15 / 10 15 bis unter 20 / 15 20 bis unter 25 / 20 25 bis unter 30 / 25 30 bis unter 35 / 30 35 bis unter 40 / 35 40 und größer / 40 * abweichend hiervon kann auch ein Anpassungsfaktor von 10 % festgesetzt werden	
Baden-Württemberg	10 %[50]	Sofern an einem Vertragsarztsitz innerhalb einer standortübergreifenden BAG, MVZ und Praxis mit angestellten Ärzten mehrere Ärzte gleicher Arztgruppen gemäß Anlage 1b niedergelassen sind, wird das RLV eines jeden Arztes an diesem Standort um 10 % erhöht.[51]	Teilnehmer von – MVZ – BAG – Praxen mit angestellten Ärzten am gleichen Standort und bei ungleichen Fachgruppen- bzw. Schwerpunkten: Erhöhung des RLV um mindestens 10 %, maximal 20 %. Die Höhe ist abhängig vom Kooperationsgrad: – 0 bis unter 15 %: 10 % – 15 bis unter 20 %: 15 % – 20 und mehr%: 20 %[52] Sofern an einem Vertragsarztsitz innerhalb einer standortübergreifenden BAG, MVZ und Praxis mit angestellten Ärzten mehrere Ärzte unterschiedlicher Arztgruppen gemäß Anlage 1b niedergelassen sind, wird das RLV eines jeden Arztes an diesem Standort um 10 % erhöht.[53]	Teilnehmer von der KV BW anerkannten Praxisnetzen erhalten einen Aufschlag auf das RLV/QZV-Gesamtvolumen in Höhe von 100 € pro Quartal.[54]

50 KVBW Honorarverteilungsmaßstab 1. Quartal 2016, § 9 Abs. 5a.
51 KVBW Honorarverteilungsmaßstab 1. Quartal 2016, § 9 Abs. 5b.
52 KVBW Honorarverteilungsmaßstab 1. Quartal 2016, § 9 Abs. 5b.
53 KVBW Honorarverteilungsmaßstab 1. Quartal 2016, § 9 Abs. 5b.
54 KVBW Honorarverteilungsmaßstab 1. Quartal 2016, § 9 Abs. 6.

2

Fortsetzung

KV	Standortgleich Fach- und schwerpunktgleiche BAG und Praxen mit angestellten Ärzten der gleichen Arztgruppe	Standortübergreifend Fach- und schwerpunktgleiche BAG und Praxen mit angestellten Ärzten der gleichen Arztgruppe	Fach- und schwerpunktübergreifende BAG, MVZ und Praxen mit angestellten Ärzten, in denen mehrere Ärzte unterschiedlicher Arztgruppen tätig sind	Förderung von Praxisnetzen
Bayern	– In fachgleichen **hausärztlichen** (Teil-)Berufsausübungsgemeinschaften zwischen Ärzten gemäß Nr. 1 der Präambel 3.1 des EBM[55] und in fachgleichen Praxen von Ärzten gemäß Nr. 1 der Präambel 3.1 des EBM mit angestelltem Arzt/Ärzten gemäß Nr. 1 der Präambel 3.1 des EBM wird das RLV um **22,5 %** erhöht. Satz 1 gilt für Ärzte gemäß Nr. 1 der Präambel 4.1 des EBM entsprechend. Satz 1 gilt für fachgleiche hausärztliche Medizinische Versorgungszentren entsprechend.[56] – Für alle anderen: 10 %	Teilnehmer von standortübergreifenden – BAG – MVZ – Praxen mit angestellten Ärzten **einer** oder mehrerer Arztgruppen gemäß Abschnitt E, Anlage 1 Nr. 2 erhalten eine Erhöhung des RLV um 10 %, soweit ein Kooperationsgrad von mindestens 10 % erreicht wird.[57] In fachgleichen **hausärztlichen** (Teil-)Berufsausübungsgemeinschaften zwischen Ärzten gemäß Nr. 1 der Präambel 3.1 des EBM[58] und in fachgleichen Praxen von Ärzten gemäß Nr. 1 der Präambel 3.1 des EBM mit angestelltem Arzt/Ärzten gemäß Nr.1 der Präambel 3.1 des EBM wird das RLV um **22,5 %** erhöht. Satz 1 gilt für Ärzte gemäß Nr. 1 der Präambel 4.1 des EBM entsprechend. Satz 1 gilt für fachgleiche hausärztliche Medizinische Versorgungszentren entsprechend.[59]	In **standortgleichen fach- und schwerpunktübergreifenden** BAG, MVZ und Praxen mit angestellten Ärzten, in denen mehrere Ärzte unterschiedlicher Arztgruppen gemäß Abschnitt E, Anlage 1, Nr. 2 tätig sind, wird das RLV unter Berücksichtigung des Kooperationsgrades der Einrichtung oder Praxis um die in nachstehender Tabelle in Prozent ausgewiesenen Anpassungsfaktoren erhöht. | Kooperationsgrad in %	Anpassungsfaktor in %
0 bis unter 10	0[61]
10 bis unter 15	10
15 bis unter 20	15
20 bis unter 25	20
25 bis unter 30	25
30 bis unter 35	30
35 bis unter 40	35
40 und mehr	40	 Unterschreitet der Kooperationsgrad einer Praxis den Wert von 10 %, so wird bei standortgleichen fach- und schwerpunktübergreifenden Praxen ein Anpassungsfaktor in Höhe von 10 % festgelegt, soweit eine der Arztgruppen gemäß Abschnitt E, Anlage 1 Nr. 2 durch mehrere Teilnehmer in der Praxis vertreten ist. Teilnehmer von standortübergreifenden – BAG – MVZ – Praxen mit angestellten Ärzten einer oder **mehrerer** Arztgruppen gemäß Abschnitt E, Anlage 1 Nr. 2 erhalten eine Erhöhung des RLV um 10 %, soweit ein Kooperationsgrad von mindestens 10 % erreicht wird.[62]	Teilnehmer von der KVB anerkannten Ärztenetzen erhalten einen Aufschlag von 125 EUR pro Quartal bis zu einem Gesamtwert von 250.000 EUR pro Netz. Bei Netzen mit über 2000 Teilnehmern reduziert sich der Betrag entsprechend.[60]

---

55 Hierzu gehören: FÄ für Allgemeinmedizin, FÄ für Innere und Allgemeinmedizin, Praktische Ärzte, Ärzte ohne Gebietsbezeichnung, FÄ für Innere Medizin ohne Schwerpunktbezeichnung, die ihre Teilnahme an der hausärztlichen Versorgung gemäß § 73 Abs. 1a SGB V erklärt haben.
56 KVB Honorarverteilungsmaßstab 1. Quartal 2016, 7.3.6 Abs. 3 Zif. d.
57 KVB Honorarverteilungsmaßstab 1. Quartal 2016, 7.3.6 Abs. 3 Zif. a.
58 Hierzu gehören: FÄ für Allgemeinmedizin, FÄ für Innere und Allgemeinmedizin, Praktische Ärzte, Ärzte ohne Gebietsbezeichnung, FÄ für Innere Medizin ohne Schwerpunktbezeichnung, die ihre Teilnahme an der hausärztlichen Versorgung gemäß § 73 Abs. 1a SGB V erklärt haben.
59 KVB Honorarverteilungsmaßstab 1. Quartal 2016, 7.3.6 Abs. 3 Zif. d.
60 KVB Honorarverteilungsmaßstab 1. Quartal 2016, 7.3.7.
61 Wird der Kooperationsgrad von 10% unterschritten wird ein Anpassungsfaktor in Höhe von 10% festgelegt, soweit eine der Arztgruppen gemäß Abschnitt E, Anlage 1 Nr. 2 HVM durch mehrere Teilnehmer in der Praxis vertreten ist.
62 KVB Honorarverteilungsmaßstab 1. Quartal 2016, 7.3.6 Abs. 3 Zif. a.

Fortsetzung

KV	Standortgleich Fach- und schwerpunktgleiche BAG und Praxen mit angestellten Ärzten der gleichen Arztgruppe	Standortübergreifend Fach- und schwerpunktgleiche BAG und Praxen mit angestellten Ärzten der gleichen Arztgruppe	Fach- und schwerpunktübergreifende BAG, MVZ und Praxen mit angestellten Ärzten, in denen mehrere Ärzte unterschiedlicher Arztgruppen tätig sind	Förderung von Praxisnetzen
Berlin	10 %[63]	10 %, soweit ein Kooperationsgrad von mindestens 10 % erreicht wird[64]	Teilnehmer erhalten unter Berücksichtigung ihres jeweiligen Kooperationsgrades folgende Erhöhungen[65]: Kooperationsgrad in % — Anpassungsfaktor in % 0 bis unter 10 — 0 10 bis unter 15 — 10 15 bis unter 20 — 15 20 bis unter 25 — 20 25 bis unter 30 — 25 30 bis unter 35 — 30 35 bis unter 40 — 35 40 und mehr — 40	Die Vertreterversammlung beschließt gesonderte Vergütungsregelungen gemäß § 87b Abs. 2 Satz 3 SGB V auf Antrag von durch die Kassenärztlichen Vereinigung Berlin anerkannten Praxisnetzen. Hierbei berücksichtigt sie den vom Praxisnetz wahrzunehmenden Versorgungsauftrag und dessen Gewichtung in Bezug auf die hausärztliche und fachärztliche ambulante vertragsärztliche Versorgung.[66]
Brandenburg	10 %	10 %, soweit ein Kooperationsgrad von mindestens 10 % erreicht wird	Honorarerhöhung um folgende Anpassungsfaktoren: Kooperationsgrad in % — Anpassungsfaktor in % 0 bis unter 10 — 0 10 bis unter 15 — 10 15 bis unter 20 — 15 20 bis unter 25 — 20 25 bis unter 30 — 25 30 bis unter 35 — 30 35 bis unter 40 — 35 40 und mehr — 40 Zusätzlich begrenzt anhand der Anzahl der in der Praxis vertretenen Arztgruppen gemäß Anlage 1 in Höhe von 5 % je Arztgruppe für bis zu sechs Arztgruppen oder Schwerpunkte bzw. 2,5 % ab der siebten[68]	Förderung der Übermittlung elektronischer Briefe (eArztbrief) als Zuschlag zur entsprechenden EBM-Ziffer in Höhe von jeweils 5 Cent pro versendeten bzw. empfangenen eArztbrief für Ärzte in anerkannten Praxisnetzen[67]

63 KV Berlin Honorarverteilungsmaßstab 1. Quartal 2016, § 9 Abs. 5 i.V.m. Anlage 5 Nr. 4 Zif. 1.
64 KV Berlin Honorarverteilungsmaßstab 1. Quartal 2016, § 9 Abs. 5 i.V.m. Anlage 5 Nr. 4 Zif. 2.
65 KV Berlin Honorarverteilungsmaßstab 1. Quartal 2016, § 9 Abs. 5 i.V.m. Anlage 5 Nr. 4 Zif. 3.
66 KV Berlin, HVM 1/2016, § 2 Abs. 9.
67 KV Brandenburg, HVM 1/2016, Anlage 3 zum HVM.
68 KV Brandenburg, HVM 1/2016, § 10.

Fortsetzung

KV	Standortgleich Fach- und schwerpunktgleiche BAG und Praxen mit angestellten Ärzten der gleichen Arztgruppe	Standortübergreifend Fach- und schwerpunktgleiche BAG und Praxen mit angestellten Ärzten der gleichen Arztgruppe	Fach- und schwerpunktübergreifende BAG, MVZ und Praxen mit angestellten Ärzten, in denen mehrere Ärzte unterschiedlicher Arztgruppen tätig sind	Förderung von Praxisnetzen
Bremen	10 %	**Ortsübergreifende** BAG, Praxen mit angestellten Ärzten können auf Antrag einen gleichartigen Zuschlag wie ortsgleiche BAG erhalten – über die Höhe entscheidet der Vorstand der KV HB unter Berücksichtigung des Grades der Kooperation.[69]	**Ortsgleiche**, fach- bzw. schwerpunktübergreifende BAG, Praxen mit angestellten Ärzten erhalten je vertretene Arztgruppe gemäß Anlage 1 5 %, maximal 15 %. **Ortsübergreifende** BAG, Praxen mit angestellten Ärzten können auf Antrag einen gleichartigen Zuschlag erhalten –– über die Höhe entscheidet der Vorstand der KV HB unter Berücksichtigung des Grades der Kooperation.[70]	
Hamburg			Keine explizite Regelung im HVM[71]	
Hessen	Hessen differenziert nur nach dem Standort der Kooperation. Das praxisbezogene RLV wird 1. bei nicht standortübergreifender Berufsausübungsgemeinschaften, standortgleichen Teilen von Berufsausübungsgemeinschaften und Praxen mit angestellten Ärzten um 10 % erhöht[72] 2. bei ausschließlich standortübergreifenden Berufsausübungsgemeinschaften und Praxen mit angestellten Ärzten um 10 % erhöht, soweit ein Kooperationsgrad von mindestens 10 % erreicht wird.[73]		Erhöhung des RLV unter Berücksichtigung des Kooperationsgrades der Einrichtung oder Praxis um die in nachstehender Tabelle in Prozent ausgewiesenen Anpassungsfaktoren:	
Mecklenburg-Vorpommern	– im hausärztlichen Versorgungsbereich um 22,5 % und – im fachärztlichen Versorgungsbereich um 10 % erhöht[74]	– im hausärztlichen Versorgungsbereich um 22,5 % und – im fachärztlichen Versorgungsbereich um 10 % erhöht, soweit ein Kooperationsgrad von mindestens 10 % erreicht wird[75]		Zur Förderung gemäß § 87b Abs. 2 Satz 3 SGB V werden die RLV in von der KV MV anerkannten **Praxisnetzen** um 2 % erhöht. Die in d) genannten Zuschläge bleiben hiervon unberührt.[76]

Kooperationsgrad in %	Anpassungsfaktor in %
0 bis unter 10	0
10 bis unter 15	10
15 bis unter 20	15
20 bis unter 25	20
25 bis unter 30	25
30 bis unter 35	30
35 bis unter 40	35
40 und mehr	40

69 KVHB, Honorarverteilungsmaßstab 1. Quartal 2016, § 5.
70 KVHB, Honorarverteilungsmaßstab 1. Quartal 2016, § 5.
71 KV Hamburg, HVM 1/2016, § 2 Abs. 1 enthält nur die Regelung, dass die Vergütung auf der Grundlage der Vorgaben der KBV gemäß § 87b Abs. 4 SGB V erfolgt. Auf Nachfrage erklärte die KV Hamburg, der kooperative Behandlung würde über die im EBM gewährten Zuschläge auf die Versicherten- und Grundpauschalen für Ärzte in Berufsausübungsgemeinschaften, die als Bestandteil der Honoraranforderung ebenfalls ihren Niederschlag in den Budgets der Ärzte in Berufsausübungsgemeinschaften finden, Rechnung getragen. Außerdem sei die Verrechnungsfähigkeit von einzelnen Budgets innerhalb einer Berufsausübungsgemeinschaft als Instrument zur Förderung einer gemeinschaftlichen vertragsärztlichen Versorgung anzusehen.
72 KV Hessen, HVM mit Wirkung zum 1.1.2016, Zf. 1.3.1, Abs. 2 a).
73 KV Hessen, HVM mit Wirkung zum 1.1.2016, Zf. 1.3.1, Abs. 2 b).
74 KV Mecklenburg-Vorpommern, HVM 1/2016, § 6 d) a).
75 KV Mecklenburg-Vorpommern, HVM 1/2016, § 6 d) b).
76 KV Mecklenburg-Vorpommern, HVM 1/2016, § 6 e).

Fortsetzung

KV	Standortgleich Fach- und schwerpunktgleiche BAG und Praxen mit angestellten Ärzten der gleichen Arztgruppe	Standortübergreifend Fach- und schwerpunktgleiche BAG und Praxen mit angestellten Ärzten der gleichen Arztgruppe	Fach- und schwerpunktübergreifende BAG, MVZ und Praxen mit angestellten Ärzten, in denen mehrere Ärzte unterschiedlicher Arztgruppen tätig sind	Förderung von Praxisnetzen
			Analog der Förderung für fachgleiche Berufsausübungsgemeinschaften wird in fach- und schwerpunktübergreifenden Berufsausübungsgemeinschaften, Medizinischen Versorgungszentren und Praxen mit angestellten Ärzten, die überwiegend fach- bzw. schwerpunktgleich ärztlich besetzt sind, unabhängig von dem nach Satz 1 ermittelten Kooperationsgrad mindestens ein Zuschlag entsprechend a) und b) auf die fach- bzw. schwerpunktgleiche Tätigkeit gewährt.[77]	
Niedersachsen	10 %[78]	10 %, soweit ein Kooperationsgrad von mindestens 10 % erreicht wird	Erhöhung unter Berücksichtigung des Kooperationsgrades der Einrichtung oder Praxis um die in nachstehender Tabelle in Prozent ausgewiesenen Anpassungsfaktoren[79]:	Anerkannte **Praxisnetze** werden im Sinne des § 87b Abs. 2 Satz 3 SGB V wie standortübergreifende fach- und schwerpunktübergreifende Berufsausübungsgemeinschaften behandelt, soweit nicht bereits Zuschläge für Berufsausübungsgemeinschaften im Sinne von a) bis c) gewährt werden.

Kooperationsgrad in %	Anpassungsfaktor in %
0 bis unter 10	0[80]
10 bis unter 20	12,5
20 bis unter 30	15
30 bis unter 40	17,5
40 und größer	20

Nordrhein-Westfalen In **BAG, MVZ** und **Praxen mit angestellten Ärzten** ermittelt sich das RLV unter Berücksichtigung eines Aufschlages in Höhe von 10 % (Kooperationszuschlag) für alle Ärzte eines Standortes, soweit dort mindestens zwei Ärzte zugelassen sind und/oder als Angestellte an der vertragsärztlichen Versorgung im Rahmen ihrer Zulassung und/oder Genehmigung zur Anstellung teilnehmen; andere Tätigkeiten, z. B. in Zweigpraxen bleiben unberücksichtigt. Bei den Zuschlägen werden Jobsharing-Ärzte i. S. d. § 101 Abs. 1 Nr. 4 und 5 SGB V in keinem Fall berücksichtigt.[81]

77 KV Mecklenburg-Vorpommern, HVM 1/2016, § 6 d) c).

78 KV Niedersachsen, Teil B, 8.1.3 a) HVM 1/2016.

79 KV Niedersachsen, Teil B, 8.1.3 c) HVM 1/2016.

80 Fach- und schwerpunktübergreifende Berufsausübungsgemeinschaften, Medizinische Versorgungszentren und Praxen mit angestellten Ärzten gemäß Teil B Ziffer 8.4 c) mit weit überwiegend fach- bzw. schwerpunktgleicher ärztlicher Besetzung (≥ 75 % v. H. gemessen am Tätigkeitsumfang) erhalten einen Anpassungsfaktor in Höhe von 10 % für deren fach- bzw. schwerpunktgleiche Tätigkeit, wenn der Kooperationsgrad den Wert von 10 % unterschreitet (KV Niedersachsen, Teil B, 8.1.3 c) HVM 1/2016).

81 KV Nordrhein, Anlage 2 des HVM mit Wirkung ab 1.1.2016, Schritt 6 Ziff. 1) c).

Fortsetzung

KV	Standortgleich Fach- und schwerpunktgleiche BAG und Praxen mit angestellten Ärzten der gleichen Arztgruppe	Standortübergreifend Fach- und schwerpunktgleiche BAG und Praxen mit angestellten Ärzten der gleichen Arztgruppe	Fach- und schwerpunktübergreifende BAG, MVZ und Praxen mit angestellten Ärzten, in denen mehrere Ärzte unterschiedlicher Arztgruppen tätig sind	Förderung von Praxisnetzen
Rheinland-Pfalz	Berücksichtigung der Kooperation bei **BAG** und MVZ Der Leistungsbedarf des Vorjahres einer fachgleichen oder fachübergreifenden Praxis wird unter Berücksichtigung des Zuschlages im Vorjahr gemäß Ziffer 5.1 der Allgemeinen Bestimmungen des EBM ermittelt. Damit wird kooperativen Versorgungsformen gemäß § 87 b Abs. 2 SGB V bei der Mengenbegrenzung Rechnung getragen. War ein Arzt im Vorjahresquartal noch nicht in einer fachgleichen Praxis mit mehr als einem Arzt tätig, so wird sein Leistungsbedarf bezogen auf die Grund- bzw. Versichertenpauschale kalkulatorisch um 10 % bei Fachärzten und 22,5 % bei Hausärzten erhöht. Dies gilt nicht, soweit die Grund- bzw. Versichertenpauschale gemäß **Anhang C** zum HVM außerhalb der Mengenbegrenzung vergütet wird.[82]			Die gemäß Richtlinie der KV RLP anerkannten **Praxisnetze** erhalten eine Förderung je Quartal je nach Erfüllung der Kriterien nach § 4 Abs. 2 der Richtlinie zur Anerkennung von Praxisnetzen und deren Anlage 1: – Praxisnetze der Basisstufe: 10 EUR je Arzt des Praxisnetzes – Praxisnetze der Stufe I: 15 EUR je Arzt des Praxisnetzes – Praxisnetze der Stufe II: 20 EUR je Arzt des Praxisnetzes[83]

82 KV Rheinland-Pfalz, HVM ab 1.1.2016, Anlage 2, Nr. 2.1.

83 KV Rheinland-Pfalz, HVM ab 1.1.2016, Anlage 1, Nr. 10.

Fortsetzung

KV	Standortgleich Fach- und schwerpunktgleiche BAG und Praxen mit angestellten Ärzten der gleichen Arztgruppe	Standortübergreifend Fach- und schwerpunktgleiche BAG und Praxen mit angestellten Ärzten der gleichen Arztgruppe	Fach- und schwerpunktübergreifende BAG, MVZ und Praxen mit angestellten Ärzten, in denen mehrere Ärzte unterschiedlicher Arztgruppen tätig sind	Förderung von Praxisnetzen
Saarland	10 %	10 %, soweit ein Kooperationsgrad von mindestens 10 % erreicht wird	Für Ärzte am gleichen Standort bleibt der 10 %ige Zuschlag auch dann erhalten, wenn der Kooperationsgrad mit den anderen Standorten unter 10 % liegt. In diesem Fall wird der Eurobetrag des 10 %igen Zuschlages im Verhältnis der Gesamtarztfallzahlen auf die einzelnen Ärzte aufgeteilt. Der zustehende Zuschlag der Praxis ergibt sich dann aus der Summe der Anteile von Ärzten am gleichen Standort.[84]	Anerkannte **Praxisnetze** erhalten folgende Vergütungen: a) Die Mitglieder des Praxisnetzes erhalten für die Teilnahme an Sitzungen von Qualitätszirkeln eine Vergütung in Höhe von 100 Euro je Sitzung. Diese Vergütung wird gezahlt für die Teilnahme an bis zu zwei Sitzungen des jeweiligen Qualitätszirkels im Abrechnungsquartal. Die Vergütung erfolgt für maximal 15 Teilnehmer je Qualitätszirkel. b) Die Vergütung nach Nr. 1 erfolgt unter der Voraussetzung, dass in der Regel 90 % der Mitglieder des Praxisnetzes im jeweiligen Abrechnungsquartal an mindestens einer Sitzung eines Qualitätszirkels teilgenommen haben.

84 KV Saarland, HVM 1/2016, Abschnitt II, § 5 (4) h.

Fortsetzung

KV	Standortgleich Fach- und schwerpunktgleiche BAG und Praxen mit angestellten Ärzten der gleichen Arztgruppe	Standortübergreifend Fach- und schwerpunktgleiche BAG und Praxen mit angestellten Ärzten der gleichen Arztgruppe	Fach- und schwerpunktübergreifende BAG, MVZ und Praxen mit angestellten Ärzten, in denen mehrere Ärzte unterschiedlicher Arztgruppen tätig sind	Förderung von Praxisnetzen
			c) Gemäß § 5 Abs. 4 Bst. (n) steht für die Vergütungsregelung ein Volumen von maximal 70.000 EUR je Quartal zur Verfügung. Daher erfolgt die Vergütung gemäß Nr. 1 unter dem Vorbehalt einer entsprechenden Quotierung.[85]	Eine gesonderte Vergütung für in Sachsen anerkannte Praxisnetze ist über die Honorarbescheide der teilnehmenden sächsischen Vertragsärzte auf das Konto des jeweiligen Praxisnetzes in Höhe von 0,15 EUR je Vorjahresquartalsbehandlungsfall von teilnehmenden sächsischen Vertragsärzten dieses Praxisnetzes zu honorieren.[90]
Sachsen	1. Ärzte in **vergleichsgruppengleichen** Kooperationen des **hausärztlichen** Versorgungsbereiches erhalten einen Zuschlag in Höhe von 22,5 % auf das RLV.[86] 2. **Im Übrigen** erhalten andere **vergleichsgruppengleiche** Kooperationen einen Zuschlag in Höhe von 10 % auf das RLV. Die Vergleichsgruppen 004 und 005 gelten im Sinne des 1. Halbsatzes als eine Vergleichsgruppe.[87]		Ärzte in **vergleichsgruppenübergreifenden** Kooperationen erhalten grundsätzlich einen Zuschlag in Höhe von 5 % auf das RLV. Sofern der Kooperationsgrad der jeweiligen Kooperation größer als 5 % ist, entspricht der Zuschlag der Höhe des Kooperationsgrades aufgerundet auf ganze Prozentwerte. Es gilt eine Höchstgrenze von 10 %.[88] Abweichend hiervon gilt für **standortübergreifende Kooperationen,** dass sich der Zuschlag in der Höhe des Kooperationsgrades aufgerundet auf ganze Prozentwerte bis zu einer Höchstgrenze von 10 % ergibt. Für Ärzte in vergleichsgruppengleichen standortübergreifenden Kooperationen des hausärztlichen Versorgungsbereiches gilt eine Höchstgrenze in Höhe von 22,5 %. Die Vergleichsgruppen 004 und 005 gelten im Sinne von Satz 2 als eine Vergleichsgruppe.[89]	

85 KV Saarland, HVM 1/2016, Anlage 3 II. 1-3

86 KV Sachsen, HVM 1/2016, § 7 (4) a).

87 KV Sachsen, HVM 1/2016, § 7 (4) a).

88 KV Sachsen, HVM 1/2016, § 7 (4) b).

89 KV Sachsen, HVM 1/2016, § 7 (4) c).

90 KV Sachsen, HVM 1/2016, § 4 (1) e).

Fortsetzung

KV	Standortgleich Fach- und schwerpunktgleiche BAG und Praxen mit angestellten Ärzten der gleichen Arztgruppe	Standortübergreifend Fach- und schwerpunktgleiche BAG und Praxen mit angestellten Ärzten der gleichen Arztgruppe	Fach- und schwerpunktübergreifende BAG, MVZ und Praxen mit angestellten Ärzten, in denen mehrere Ärzte unterschiedlicher Arztgruppen tätig sind	Förderung von Praxisnetzen
Sachsen-Anhalt		Sachsen-Anhalt differenziert nur nach Standorten wie folgt: 1. für **standortgleich** tätige Ärzte in Berufsausübungsgemeinschaften, Medizinischen Versorgungszentren und Praxen mit angestellten Ärzten wird ein Aufschlag nur gewährt, wenn ein Kooperationsgrad (KG) der gesamten Praxis von mindestens 0,1 % erreicht wird. Bei einem Kooperationsgrad der gesamten Praxis zwischen 0,1 und 10 % oder mehr wird der Aufschlag für den/die standortübergreifend tätigen Arzt/Ärzte auf deren Gesamtvolumen entsprechend des KG gewährt, maximal in Höhe von 10 %.[92]	um 10 % erhöht[91], 2. für **standortübergreifend** tätige Ärzte wird ein Aufschlag für die	Ärzte/Praxen, die in **Praxisnetzen** zusammenarbeiten, die von der KV SA anerkannt sind, erhalten einen Betrag in Höhe von 10 Cent je Behandlungsfall gemäß § 21 Abs. 1 und 2 Bundesmantelvertrag Ärzte, in denen der/die Arzt/Ärzte des Praxisnetzes Leistungen erbracht und abgerechnet hat/haben. Nicht berücksichtigt werden Notfälle im ärztlichen Bereitschaftsdienst und Fälle, in denen ausschließlich Leistungen und Kostenerstattungen gemäß Kapitel 12, 19, 32 und 40 EBM abgerechnet werden.[93]

91 KV Sachsen-Anhalt, HVM 1/2016, 5.2.1.1 a).

92 KV Sachsen-Anhalt, HVM 1/2016, 5.2.1.1 b).

93 KV Sachsen-Anhalt, HVM 1/2016, 5.2.1.2 i.V.m. Anlage 3 III.

Fortsetzung

KV	Standortgleich Fach- und schwerpunktgleiche BAG und Praxen mit angestellten Ärzten der gleichen Arztgruppe	Standortübergreifend Fach- und schwerpunktgleiche BAG und Praxen mit angestellten Ärzten der gleichen Arztgruppe	Fach- und schwerpunktübergreifende BAG, MVZ und Praxen mit angestellten Ärzten, in denen mehrere Ärzte unterschiedlicher Arztgruppen tätig sind	Förderung von Praxisnetzen
Schleswig-Holstein			Analog der EBM-bedingten Aufschläge für fachgleiche Berufsausübungsgemeinschaften erhalten die fachgleiche Teile innerhalb einer fach-übergreifenden Gemeinschaftspraxis im fachärztlichen sowie im hausärztlichen Versorgungsbereich zur Ermittlung der PZV einen Aufschlag in Höhe von 10 % auf die jeweiligen Versicherten-, Grund- oder Konsiliarpauschalen.[94]	Hausärzte erhalten einen Aufschlag auf den Restpunktwert in Höhe von 10 %.[95] Fachärzte erhalten einen Aufschlag auf den Restpunktwert in Höhe von 10 %[96]
Thüringen	Thüringen differenziert nur zwischen fach- und schwerpunktgleichen bzw. -übergreifenden Kooperationsformen wie folgt: 1. Zur Förderung der vertragsärztlichen Versorgung in Kooperationsformen wird das individuelle Punktzahlvolumen der Ärzte von fach- und schwerpunktgleichen Berufsausübungsgemeinschaften und Praxen mit angestellten Ärzten (ohne Ärzte gemäß § 101 Abs. 1 Nr. 4 SGB V) der gleichen Arztgruppe um 10 % erhöht.[97] 2. Zur Förderung der vertragsärztlichen Versorgung in Kooperationsformen von fach- und schwerpunktübergreifenden Berufsausübungsgemeinschaften, Medizinischen Versorgungszentren und Praxen mit angestellten Ärzten (ohne Ärzte gemäß § 101 Abs. 1 Nr. 4 SGB V), in denen mehrere Ärzte gleicher Arztgruppen tätig sind, wird deren individuelles Punktzahlvolumen um 10 % erhöht.[98]			

94 KVSH, HVM 1/2016, Teil C, 1. (2).

95 KVSH, HVM 1/2016, Teil B, 2. (7).

96 KVSH, HVM 1/2016, Teil B, 3. (11).

97 KV Thüringen, HVM 1/2016, § 10 Abs. 2.

98 KV Thüringen, HVM 1/2016, § 10 Abs. 3.

Fortsetzung

KV	Standortgleich Fach- und schwerpunktgleiche BAG und Praxen mit angestellten Ärzten der gleichen Arztgruppe	Standortübergreifend Fach- und schwerpunktgleiche BAG und Praxen mit angestellten Ärzten der gleichen Arztgruppe	Fach- und schwerpunktübergreifende BAG, MVZ und Praxen mit angestellten Ärzten, in denen mehrere Ärzte unterschiedlicher Arztgruppen tätig sind	Förderung von Praxisnetzen
Westfalen-Lippe	– Für Ärzte des **hausärztlichen Bereichs** wird das RLV um **16 %** erhöht, sofern die in der Berufsausübungsgemeinschaft/Praxis tätigen Ärzte insgesamt mindestens mit dem Faktor 2 bei der Bedarfsplanung berücksichtigt werden. Für den Fall, dass die in der Berufsausübungsgemeinschaft/Praxis tätigen Ärzte insgesamt mit einem geringeren Faktor als 2 in der Bedarfsplanung berücksichtigt werden, erfolgt eine entsprechende Quotierung des Zuschlags. Ärzte in Praxen, deren Faktor von 1 oder weniger bei der Bedarfsplanung berücksichtigt werden, erhalten keinen Zuschlag auf das Regelleistungsvolumen. – Für Ärzte des **fachärztlichen Versorgungsbereichs** wird das RLV um **10 %** erhöht, sofern die in der Berufsausübungsgemeinschaft/ Praxis tätigen Ärzte insgesamt mindestens mit dem Faktor 2 bei der Bedarfsplanung berücksichtigt werden. Für den Fall, dass die in der Berufsausübungsgemeinschaft/ Praxis tätigen Ärzte insgesamt mit einem geringeren Faktor als 2 in der Bedarfsplanung berücksichtigt werden, erfolgt eine entsprechende Quotierung des Zuschlags. Ärzte in Praxen, deren Faktor von 1 oder weniger bei der Bedarfsplanung berücksichtigt werden, erhalten keinen Zuschlag auf das Regelleistungsvolumen.	– Für Ärzte des **hausärztlichen Bereichs** wird das RLV um **16 %** erhöht, sofern ein **Kooperationsgrad von mindestens 10 %** erreicht wird. – Analog zur Förderung der nicht standortübergreifenden arztgruppen- und schwerpunktgleichen Berufsausübungsgemeinschaften und Praxen mit angestellten Ärzten derselben Arztgruppe/desselben Schwerpunktes wird für Ärzte am gleichen Standort der Zuschlag in Höhe von 16 % auch dann gewährt, wenn der Kooperationsgrad den Wert von 10 % unterschreitet. – für Ärzte des **fachärztlichen Versorgungs-bereichs** wird das RLV um 10% erhöht, sofern ein Kooperationsgrad von mindestens 10% erreicht wird. – Analog zur Förderung der nicht standortübergreifenden arztgruppen- und schwerpunktgleichen Berufsausübungsgemeinschaften und Praxen mit angestellten Ärzten derselben Arztgruppe/desselben Schwerpunktes wird für Ärzte am gleichen Standort der Zuschlag in Höhe von 10 % auch dann gewährt, wenn der Kooperationsgrad den Wert von 10 % unterschreitet.	– Für Ärzte des **hausärztlichen Bereichs** in arztgruppen- und schwerpunktübergreifenden Berufsausübungsgemeinschaften, Medizinische Versorgungszentren und Praxen mit angestellten Ärzten, in denen mehrere Ärzte unterschiedlicher Arztgruppen gemäß Anlage 1a tätig sind, wird das RLV unter Berücksichtigung des Kooperationsgrades der Einrichtung oder Praxis um die in nachstehender Tabelle in Prozent ausgewiesenen Anpassungsfaktoren erhöht. **Kooperationsgrad in % — Anpassungsfaktor in %** 0 bis unter 10 — 0 10 bis unter 20 — 16 20 bis unter 40 — 24 40 und größer — 32 Analog zur Förderung der arztgruppen- und schwerpunktgleichen Berufsausübungsgemeinschaften und Praxen mit angestellten Ärzten derselben Arztgruppe/ desselben Schwerpunktes wird für Ärzte derselben Arztgruppe/desselben Schwerpunktes (am gleichen Standort) der Zuschlag in Höhe von 16% auch dann gewährt, wenn der Kooperationsgrad den Wert von 10 % unterschreitet. – für Ärzte des **fachärztlichen Versorgungsbereichs** in arztgruppen- und schwerpunktübergreifenden Berufsausübungsgemeinschaften, Medizinische Versorgungszentren und Praxen mit angestellten Ärzten, in denen mehrere Ärzte unterschiedlicher Arztgruppen gemäß Anlage 1a tätig sind, wird das RLV unter Berücksichtigung des Kooperationsgrades der Einrichtung oder Praxis um die in nachstehender Tabelle in Prozent ausgewiesenen Anpassungsfaktoren erhöht. **Kooperationsgrad in % — Anpassungsfaktor in %** 0 bis unter 10 — 0 10 bis unter 20 — 10 20 bis unter 40 — 15 40 und größer — 20 Analog zur Förderung der arztgruppen- und schwerpunktgleichen Berufsausübungsgemeinschaften und Praxen mit angestellten Ärzten derselben Arztgruppe/ desselben Schwerpunktes wird für Ärzte derselben Arztgruppe/ desselben Schwerpunktes (am gleichen Standort) der Zuschlag in Höhe von 10 % auch dann gewährt, wenn der Kooperationsgrad den Wert von 10 % unterschreitet.	

2

Literatur

BÄK und PKV-Verband, Rahmenvereinbarung zur Novellie-
    rung der Gebührenordnung für Ärzte (GOÄ), 08.11.2013
Clemens, Thomas. Honorierung und Honorarverteilung im Ver-
    tragsarztrecht, in: Wenzel, Frank, Handbuch des Fachan-
    walts Medizinrecht, 3. Auflage. C.H. Beck, München 2013
Clemens, Thomas. § 22 Die Vergütung der Leistungen in der
    vertragsärztlichen Versorgung, in: Quaas, Michael; Zuck,
    Rüdiger; Clemens, Thomas, Medizinrecht, 3. Auflage. C.H.
    Beck, München 2014
GKV Spitzenverband, Faktenblatt Thema: Ambulante Ver-
    sorgung – Systematik Arzthonorare, 28.04.2015, https://
    www.gkv-spitzenverband.de/media/dokumente/presse/
    presse_themen/bedarfsplanung_2/Faktenblatt_Bedarfs-
    planung_ohne_Karten_2014_05_16.pdf
Hartmannsgruber, Karl. Kap. 7 D. Rechtsgrundlagen des Ver-
    tragsarztrechts, in: Ratzel, Rudolf; Luxenburger, Bernd,
    Handbuch Medizinrecht, 3. Auflage. C.F. Müller, Heidel-
    berg, 2015
Köhler/Hess, Kölner Kommentar zum EBM, Stand 01.10.2015
Scholz, Karsten. A. Vergütungsrecht I. Überblick, in: Batan,
    Marus; Dann, Matthias; Errestink, Dirk, Rechtshand-
    buch für Ärzte und Zahnärzte. C.H. Beck, München
    2013
Wenning, Markus. V. Ärztliche Vergütung nach der GOÄ, in:
    Batan, Marus; Dann, Matthias; Errestink, Dirk, Rechts-
    handbuch für Ärzte und Zahnärzte. C.H. Beck, Mün-
    chen 2013

Erarbeitung eines Präferenzvergütungsmodells für Berufsausübungsgemeinschaften

© Springer-Verlag Berlin Heidelberg 2016
A. Ullmann, D. Busch, *Ärztliche Großpraxis*, Erfolgskonzepte Praxis- & Krankenhaus-Management
DOI 10.1007/978-3-662-50508-3_3

3.1 Problem der praxisinternen Gewinnverteilung als Grund des Scheiterns freiberuflicher Großpraxen

Ein freiberuflich niedergelassener allgemeinmedizinischer Vertragsarzt in Deutschland muss seinen Umsatz aus verschiedenen Einnahmequellen erwirtschaften. Die Honorareinnahmen der Praxis bzw. des Gesellschaftszwecks einer Berufsausübungsgemeinschaft (BAG) sind die aus kassenärztlicher, strukturvertragsärztlicher, berufsgenossenschaftlich(BG)-ärztlicher und privatärztlicher Tätigkeit des Arztes oder der Ärzte.

An dieser Stelle ähnelt die BAG einer Wohngemeinschaft, da alles in einen Topf fließt. Die Kassenärztliche Vereinigung (KV) möchte ein für alle Gesellschafter gültiges Konto benannt haben, egal welchen privatrechtlichen Stand einzelne Gesellschafter innehaben. In der Regel müssen dann auch alle Gesellschafter einzeln Zugang zu diesem Konto haben, außer man beschließt ein sog. „Und-Konto", bei dem grundsätzlich alle Gesellschafter gemeinsam bei Bankvorgängen unterschreiben müssen. Dies ist aber bei der Fülle der notwendigen Banktransaktionen einer Großpraxis (Überweisungen, Gehälter, etc.) schlichtweg unmöglich. Des Weiteren entfällt bei dieser Möglichkeit die Onlinefunktion. Ein bisschen Vertrauen muss also sein, noch besser ist aber eine konkrete Regelung. So kann z. B. für jeden Gesellschafter ein Onlinezugang geschaffen werden, um jedem die nötige Transparenz aller Praxisvorgänge zu gewährleisten. Den TAN-Zugang, quasi die Verfügungsgewalt über das Konto, soll dann aber z. B. nur der geschäftsführende Gesellschafter erhalten. Abhebungen und sonstige Transaktionen können per Limit geregelt werden.

Es ist ausgesprochen wichtig, für die Bankkonten eine klare Struktur einzuhalten, da dies den Ablauf wesentlich vereinfacht.

> **Merke**
> **Privatkonten und Praxiskonten sind strikt zu trennen.**

Es versteht sich von selbst, dass Privatkonten und Praxiskonten strikt getrennt sein müssen. Gerade bei mehreren Gesellschaftern ist sonst Ärger vorprogrammiert.

Es sollten insgesamt drei Praxiskonten eingerichtet werden, jeweils mit gleicher Stammnummer, aber verschiedenen Unternummern (z. B. **000**12345, **010**12345 und **020**12345).

Das **000**-Konto – ein reines Einnahmenkonto – sollte ausschließlich für KV-Einnahmen und Einnahmen aus der Hausarztzentrierten Versorgung (HZV) angegeben werden. Da mit zunehmender Praxisgröße vermehrt Verwaltungsarbeit abgegeben wird, kann dieses Konto, auf dem in der Regel die größten Geldflüsse geschehen, von dem Einblick Ihrer Mitarbeiter, Verwaltungsangestellten oder Ihrer Kauffrau sowohl im Onlineprogramm als auch in Printform ausgeschlossen werden.

Das **010**-Konto – ebenfalls ein reines Einnahmenkonto – sollte ausschließlich für Einnahmen aus Rechnungen von Privatpatienten oder Nicht-GKV-Leistungen (GKV = Gesetzliche Krankenversicherung) verwendet werden. Dies hat ebenfalls den Vorteil der selektiven Freigabe. Beispielsweise können die Rechnungseingänge separat von einer Verwaltungskraft gebucht und Mahnverfahren eingeleitet werden. Hierfür wird nur ein Onlinezugang auf dieses Unterkonto ohne Zugriff oder die Printversion der Kontoauszüge lediglich dieses speziellen Unterkontos benötigt.

Das **020**-Konto sollte nun ausschließlich als Ausgabenkonto verwendet werden. Hierdurch entsteht größtmögliche Transparenz und ebenfalls die Möglichkeit der selektiven Freigabe für z. B. eine Mitarbeiterin, die Abbuchungen kontrolliert und fällige Überweisungen vorbereitet, die dann vom geschäftsführenden Gesellschafter mit seinem privilegierten TAN-Zugang gesendet bzw. in Printform unterschrieben werden können.

> **Tipp**
>
> Drei Bankkonten einrichten.

Das Ausgabenkonto muss nun regelmäßig von den Einnahmenkonten gespeist werden. Am besten geschieht dies monatlich nach dem Eingang der KV-Abschlagszahlung. Es erfolgt hierzu eine Umbuchung der für diesen Monat benötigten Summe mit der Textlegende: **Deckung Betriebsausgaben**.

Von dem **000**-Konto erfolgt ebenfalls die monatliche Überweisung einer festgelegten Summe an alle Gesellschafter. Diese Überweisungen sind ebenfalls vor den Blicken der Mitarbeiterinnen geschützt, da sie vom **000**-Konto erfolgen. Kein Mitarbeiter muss wissen, was Sie verdienen. Als Textlegende verwenden Sie am besten: **Vorwegentnahme Praxis**.

Angestellte Ärzte erhalten ihr Gehalt vom Ausgabenkonto 020. Diese Gehälter sind Betriebsausgaben.

Durch die geeignete Auswahl der Bank und/ oder durch geschicktes Verhandeln mit der Bank müsste es möglich sein, alle Praxiskonten gebührenfrei zu bekommen. Des Weiteren sollten für alle Praxiskonten, bzw. wenigstens für die Einnahmenkonten, Tageszinskonditionen vereinbart werden, d. h., jeder Kontostand wird tagesgleich verzinst. Dies ist wichtig, da zum Teil erhebliche Zeitdifferenzen (2–3 Wochen) zwischen z. B. der monatlichen KV-Abschlagszahlung und den Gehaltszahlungen am Monatsende bestehen. Dadurch müssen oft erhebliche Summen auf den Konten bereitliegen.

Sollte die Bank keine Tageszinskonditionen gewähren, kann alternativ ein viertes Unterkonto als reines Zinskonto eröffnet werden, auf dem Liquidität verzinst „geparkt" werden kann, bis sie benötigt wird.

Strukturierte Bankkonten erleichtern zwar erheblich die Transparenz, die Zugangsberechtigungen und die Zahlungsabläufe, das eigentliche Problem und die Grundlage vieler Streitigkeiten aber ist die praxisinterne Vergütungsstruktur der Gesellschafter: Wer bekommt welche Vergütung?

 Merke

Das Problem der praxisinternen Gewinnverteilung ist einer der häufigsten Gründe für das Scheitern einer freiberuflichen Großpraxis.

Der Zusammenschluss von Ärzten, insbesondere gleicher Fachrichtung, gestaltet sich in Hinsicht auf die internen Vergütungsregelung durch die individuellen Unterschiede der beteiligten Ärzte ausgesprochen schwierig, seien es das Ungleichgewicht der eingebrachten Eigentumsanteile, der eingebrachten Patientenzahlen und des eingebrachten Privatpatientenanteils, die individuellen Arbeitsweisen, die individuellen Arbeitszeiten (auch Teilzeit) oder auch die

Fehltage (z. B. Urlaub) der beteiligten Ärzte. Diese Unterschiede sind oftmals bereits durch erfolgte Fusionen vorgegeben[1].

Heinz Welling ist der Meinung, dass es keinesfalls genügt, einen Standardkooperationsvertrag abzuschließen, da die Menschen gerade in Hinsicht auf Mentalität, Arbeitsbereitschaft, Freizeitwunsch, Streben nach materiellem Gewinn, Qualifikation, Qualität der Arbeit und eben auch der Kommunikationsfähigkeit zu unterschiedlich sind[2]. Dies alles hat eine deutliche Auswirkung auf die Umsatzstärke der einzelnen Kollegen. Erschwert wird die geeignete Leistungsabbildung dieser individuellen Unterschiede noch dadurch, dass in Deutschland ein großer Teil der Patientenvergütungen im Quartal als einmalige Pauschalvergütung der ärztlichen Leistung, unabhängig von der zu diesem Zeitpunkt erbrachten Leistung, honoriert wird. Hier bedarf es einer internen Abrechnungssystematik, die diese Unterschiede zur Zufriedenheit aller finanziell regelt.

Welling hat die Erfahrung gemacht, dass 90 % der Gemeinschaftspraxen, die nicht auf Dauer bestehen, insbesondere an der Gewinnverteilung oder an unklaren Vertragsverhältnissen scheitern. Für das Funktionieren einer Gemeinschaftspraxis oder größeren BAG ist daher eine Verteilung der Gewinne notwendig, die möglichst alle gegebenen Unterschiede erfasst und trotzdem Gerechtigkeit und Zufriedenheit für alle Beteiligten erreicht.

Es ist wichtig, den Gewinn unter Berücksichtigung der individuellen Unterschiede zu verteilen: die Leistungs- bzw. die Umsatzstärke, die Eigentumsanteile der Gesellschafter, Patientenzahlen und Privatpatientenfrequenzen sowie generell unterschiedliche Arbeitszeiten, Urlaubszeiten und anderes. Dazu bedarf es eines umfassenden internen Vergütungssystems. Eine 50-zu-50-Verteilung ist bereits der Keim des Scheiterns einer Kooperation, ebenso eine Gewinnverteilung nach aufgewandter Arbeitszeit, da diese keineswegs die Leistungs- oder Umsatzstärke widerspiegelt. Wer aber mehr Leistung oder Umsatz in die Gesellschaft einbringt, will und soll auch mehr Profit davon haben.

---

1   Ullmann 2012.

2   Welling 2005.

Das hier Aufgeführte kann nur einen Bruchteil der praxisinternen Probleme und Diskussionen wiedergeben, die aufgrund der Komplexität des internen Vergütungssystems entstehen. Gerade bei Kooperationen und Fusionen mit unterschiedlichen Gesellschaftern ist dieses Thema brandaktuell.

Die Entwicklung harter Kriterien für ein solches internes Vergütungssystem und die Befragung diverser Großpraxen mit einer Analyse und Bewertung der verwendeten Abrechnungsmodalitäten führte letztendlich zur Entwicklung eines optimierten, verfeinerten und umfassenden Systems der praxisinternen Vergütungsverteilung in einer BAG.

Nur wenn die finanzielle Verteilung zur Zufriedenheit aller geregelt ist, kann ein sich beflügelndes und funktionierendes Miteinander entstehen, das auch die Potenz hat zu florieren. Jeder Beteiligte sollte auf Dauer am meisten davon profitieren, seine Tätigkeit in den Dienst der Gesamtheit der Praxis zu stellen, wobei egoistische Vorteilsnahmen sich nicht auszahlen sollten. Der Ertrag der Gesamtheit sollte mehr einbringen, als die Summe von Einzelvorteilen.

Fazit

Bei etwa 90 % der Gemeinschaftspraxen, die nach einiger Zeit scheitern, liegt es vor allem an der internen Verteilung der Gewinne. Der Zusammenschluss von Ärzten, insbesondere gleicher Fachrichtung, gestaltet sich in Hinsicht auf die interne Vergütungsregelung ausgesprochen schwierig durch die individuellen Unterschiede der beteiligten Ärzte, seien es das Ungleichgewicht der eingebrachten Eigentumsanteile, der eingebrachten Patientenzahlen und des eingebrachten Privatpatientenanteils, die individuellen Arbeitsweisen, die individuellen Arbeitszeiten (auch Teilzeit) oder auch die Fehltage (z. B. Urlaub) der beteiligten Ärzte.

Erschwert wird die geeignete Leistungsabbildung dieser individuellen Unterschiede noch dadurch, dass in Deutschland ein großer Teil der Patientenvergütungen im Quartal als einmalige Pauschalvergütung der ärztlichen Leistung, unabhängig von der zu diesem Zeitpunkt erbrachten Leistung, honoriert wird. Hier bedarf es einer internen Abrechnungssystematik, die diese Unterschiede zur Zufriedenheit aller finanziell regelt. Ein strukturiertes Praxiskontensystem erleichtert hierbei die Durchführung.

3.2 Problematik der Abbildung nach Leistung

Nachdem alle Honorareinnahmen der Praxis bzw. des Gesellschaftszwecks einer BAG aus kassenärztlicher, strukturvertragsärztlicher, berufsgenossenschaftlich-ärztlicher und privatärztlicher Tätigkeit der Ärzte in einem Topf landen, ist für die Auszahlung der Gewinne an die einzelnen Gesellschafter eine konkrete Leistungszuordnung notwendig. Hier fangen die Probleme bereits an.

Die Haupteinnahmequelle kommt in der Regel aus der kassenärztlichen Tätigkeit, abgerechnet durch die Kassenärztliche Vereinigung. Die hierfür erforderliche kassenärztliche Zulassung wird vom Zulassungsausschuss der Kassenärztlichen Vereinigung nach bestimmten Voraussetzungen erteilt, worauf hier nicht näher eingegangen werden soll. Die Vergütung der kassenärztlichen Tätigkeit stellt bei einer durchschnittlichen Allgemeinarztpraxis erfahrungsgemäß etwa 80–90 % aller Honorareinnahmen dar.

Die berechnungsfähigen Leistungen richten sich hier nach dem Einheitlichen Bewertungsmaßstab (EBM) der Kassenärztlichen Bundesvereinigung. Im Folgenden finden Sie einen kurzen Exkurs zu den Grundlagen des EBM-Systems mit den neuralgischen Punkten, die einen Leistungsbezug ärztlicher Leistungen in einer BAG erschweren:

„Der Einheitliche Bewertungsmaßstab bestimmt den Inhalt der berechnungsfähigen Leistungen und ihr wertmäßiges, in Punkten ausgedrücktes Verhältnis zueinander. Die Begriffe Einzelleistung, Leistungskomplex, Versichertenpauschale, Grund-, Konsiliar- oder Zusatzpauschale, Strukturpauschale sowie Qualitätszuschlag beziehen sich auf berechnungsfähige Gebührenordnungspositionen. Mit Bezug auf diese Abrechnungsbestimmungen werden die Begriffe Pauschale, Versichertenpauschale, Grund-, Konsiliar- oder Zusatzpauschale mit dem Begriff Pauschale zusammengefasst. Der Katalog der berechnungsfähigen Gebührenordnungspositionen ist abschließend und einer analogen Berechnung nicht zugänglich. In Gebührenordnungspositionen enthaltene – aus der Leistungsbeschreibung ggf. nicht erkennbare – Teilleistungen sind im Verzeichnis nicht gesondert berechnungsfähiger Leistungen im Anhang

1 aufgeführt. Leistungen, die durch den Bewertungsausschuss als nicht berechnungsfähig bestimmt werden, sind im Anhang 4 zum EBM aufgeführt"[3].

Es gibt also Pauschalen, die beim Erst- oder Zweitkontakt angesetzt werden, unabhängig davon, welcher Arzt bei dem Patienten im Quartal weitere Leistungen erbringt.

> **Merke**
> **Viele Leistungen sind Pauschalvergütung unabhängig von der Leistungserbringung.**

Zur Berechnungsfähigkeit bestimmter Leistungen gehören auch entsprechende Qualitätsvoraussetzungen: „Gebührenordnungspositionen, deren Berechnung an ein Gebiet, eine Schwerpunktkompetenz (Teilgebiet), eine Zusatzweiterbildung oder sonstige Kriterien gebunden ist, setzen das Führen der Bezeichnung, die darauf basierende Zulassung oder eine genehmigte Anstellung und/oder die Erfüllung der Kriterien voraus. Die Berechnung von Leistungen, für die es vertragliche Vereinbarungen gemäß § 135 Abs. 1 oder Abs. 2 SGB V gibt, setzen die für die Berechnung der Leistungen notwendige Genehmigung durch die Kassenärztliche Vereinigung voraus."[4]

Die Berechnungsfähigkeit der Leistungen richtet sich zudem nach der Voraussetzung der vollständigen und persönlichen Leistungserbringung: „Eine Gebührenordnungsposition ist nur berechnungsfähig, wenn der Leistungsinhalt vollständig erbracht worden ist. (…) Wirken an der Behandlung mehrere Ärzte zusammen, erfolgt die Berechnung durch denjenigen Vertragsarzt (Arztnummer), von dem die Vollständigkeit des Leistungsinhalts erreicht worden ist. (…) Die Vollständigkeit der Leistungserbringung ist gegeben, wenn die obligaten Leistungsinhalte erbracht worden sind und die in den Präambeln, Leistungslegenden und Anmerkungen aufgeführten Dokumentationspflichten - auch die der Patienten- bzw. Prozedurenklassifikation (z. B. OPS, ICD 10 GM) –

erfüllt sowie die erbrachten Leistungen dokumentiert sind (…).[5]

Eine Gebührenordnungsposition ist nicht berechnungsfähig, wenn deren obligate und – sofern vorhanden – fakultative Leistungsinhalte vollständig Bestandteil einer anderen berechneten Gebührenordnungsposition sind. Sämtliche Abrechnungsbestimmungen und Ausschlüsse sind zu berücksichtigen. Diese Regelung ist auch anzuwenden, wenn die Gebührenordnungsposition in verschiedenen Abschnitten/Kapiteln des EBM aufgeführt sind. Dies gilt für Gebührenordnungspositionen mit Gesprächs- und Beratungsinhalten auch dann, wenn das Gespräch mit unterschiedlicher Zielsetzung (Diagnose/Therapie) geführt wird. Erfüllen erbrachte ärztliche Leistungen die Voraussetzungen sowohl zur Berechnung von Einzelleistungen, Komplexen oder Pauschalen, so ist statt der Einzelleistung entweder der zutreffendere Komplex bzw. die Pauschale bzw. statt des Komplexes die zutreffende Pauschale zu berechnen. Dies gilt auch für den Arztfall, jedoch nicht für Auftragsleistungen.[6]

(…) Persönliche Leistungserbringung

Eine Gebührenordnungsposition ist nur berechnungsfähig, wenn der an der vertragsärztlichen Versorgung teilnehmende Arzt die für die Abrechnung relevanten Inhalte gemäß §§ 14a, 15 und § 25 BMV-Ä bzw. §§ 14, 20a und § 28 EKV persönlich erbringt."[7].

Es erfolgt eine weitere Differenzierung der Berechnungsfähigkeit nach Behandlungsfall, Krankheitsfall, Betriebsstättenfall und Arztfall:

„Der Behandlungsfall ist definiert in § 21 Abs. 1 Bundesmantelvertrag-Ärzte (BMV-Ä) als Behandlung desselben Versicherten durch dieselbe Arztpraxis in einem Kalendervierteljahr zu Lasten derselben Krankenkasse.[8]

---

3   Kassenärztliche Bundesvereinigung KBV 2014, I.1. Allgemeine Bestimmungen.

4   Kassenärztliche Bundesvereinigung KBV 2014, I.1.3. Qualitätsvoraussetzungen.

5   Kassenärztliche Bundesvereinigung KBV 2014, I.2.1. Vollständigkeit der Leistungserbringung.

6   Kassenärztliche Bundesvereinigung KBV 2014, I.2.1.3. Inhaltsgleiche Gebührenordnungspositionen.

7   Kassenärztliche Bundesvereinigung KBV 2014, I.2.2. Persönliche Leistungserbringung.

8   Kassenärztliche Bundesvereinigung KBV 2014, I.3.1. Behandlungsfall.

Der Krankheitsfall ist definiert in § 21 Abs. 1 Bundesmantelvertrag-Ärzte (BMV-Ä) und umfasst das aktuelle sowie die drei nachfolgenden Kalendervierteljahre, die der Berechnung der krankheitsfallbezogenen Gebührenordnungsposition folgen.[9]

Der Betriebsstättenfall ist definiert in § 21 Abs. 1a Bundesmantelvertrag-Ärzte (BMV-Ä) und umfasst die Behandlung desselben Versicherten in einem Kalendervierteljahr durch einen oder mehrere Ärzte derselben Betriebsstätte oder derselben Nebenbetriebsstätte zu Lasten derselben Krankenkasse unabhängig vom behandelnden Arzt.[10]

Der Arztfall ist definiert in § 21 Abs. 1b Bundesmantelvertrag-Ärzte (BMV-Ä) und umfasst die Behandlung desselben Versicherten durch denselben an der vertragsärztlichen Versorgung teilnehmenden Arzt in einem Kalendervierteljahr zu Lasten derselben Krankenkasse unabhängig von der Betriebs- oder Nebenbetriebsstätte.“[11]

Soweit der Exkurs zu den Besonderheiten des Kassenärztlichen Vergütungssystems EBM. Vergleichbare Regelungen bestehen bei den HZV-Verträgen.

> ### Merke
> **Die Problematik der Abbildung nach Leistung muss gelöst werden.**

Die eigentliche Schwierigkeit in der internen Gewinnverteilung einer BAG besteht nun darin, dass eben viele Leistungspositionen in Pauschalen zusammengefasst sind und nicht der einzeln erbrachten Leistung eines Arztes zugeordnet werden können. Diese Komplexleistungen fallen, z. B. im Falle der Versichertenpauschalen, beim ersten Arzt-Patienten-Kontakt einmalig für das Quartal an, egal wie aufwendig dieser Kontakt für den einzelnen Arzt gestaltet war. Alle weiteren Arzt-Patienten-Kontakte und viele Einzelleistungen im Quartal sind in dieser beim ersten Kontakt fälligen Versichertenpauschale

enthalten und werden nicht weiter vergütet. Sollte also der Erstkontakt am Quartalsanfang z. B. bei einer kurzen Medikamentenverordnung am Tresen durch Arzt A entstanden sein und der Patient infolge dann weitere fünf- oder zehnmal bei Arzt B oder auch bei Arzt C in Behandlung gewesen sein, bekommen diese beiden letzteren Ärzte für ihre Arzt-Patienten-Kontakte oft keine Leistungen mehr angerechnet.

Da die Pauschalen in der Regel überwiegend am Quartalsanfang angesetzt werden können, darf die interne Verteilungssystematik nicht derart erfolgen, dass der Arzt, der am Quartalsanfang Urlaub macht, insofern wesentlich benachteiligt ist gegenüber dem Arzt, der dieselbe Fehlzeit am Quartalsende nimmt, indem er keine oder weniger Pauschalen abrechnen kann.

Weitere Pauschalziffern sind die sog. „Chronikerziffern", die nur bei Patienten mit chronischen Erkrankungen in Dauerbehandlung mit aufwendigerer Betreuung angesetzt werden können. Auch hier erfolgt die Ansetzung bei dem ersten und/oder bei dem zweiten Arztkontakt im Quartal.

Daneben gibt es noch leistungsbezogene Einzelleistungen wie z. B. Hausbesuche, Unzeitgebühren, Vorsorgeleistungen und Sonderleistungen, die teilweise an persönliche Qualitätsvoraussetzungen gebunden sind, wie z. B. Sonografie, Chirotherapie, Psychosomatik. Hier ist eine leistungsbezogene Zuordnung problemlos möglich.

Erfahrungsgemäß machen die Pauschalleistungen in einer Quartalsabrechnung aber etwa 60–70 % der Honorarzusammenstellung einer Kassenabrechnung aus.

> ### Merke
> **Pauschalleistungen machen 60–70 % der Kassenhonorare aus.**

„Die Versicherten-, Grund- oder Konsiliarpauschalen sind von den in der Präambel der entsprechenden arztgruppenspezifischen oder arztgruppenübergreifenden Kapitel genannten Leistungserbringern beim ersten kurativ-ambulanten persönlichen Arzt-Patienten-Kontakt im Behandlungsfall zu berechnen. Sie sind nur einmal im Behandlungsfall bzw. bei arztpraxisübergreifender Behandlung nur einmal im

---

9 Kassenärztliche Bundesvereinigung KBV 2014, I.3.2. Krankheitsfall.

10 Kassenärztliche Bundesvereinigung KBV 2014, I.3.3. Betriebsstättenfall.

11 Kassenärztliche Bundesvereinigung KBV 2014, I.3.4. Arztfall.

Arztfall (s. Allgemeine Bestimmung 4.3.4[12]) berechnungsfähig (kurativ-ambulant) und umfassen die in Anhang 1 aufgeführten Leistungen entsprechend der tabellarischen Gliederung.[13]

Ein persönlicher Arzt-Patienten-Kontakt setzt die räumliche und zeitgleiche Anwesenheit von Arzt und Patient und die direkte Interaktion derselben voraus.

Andere Arzt-Patienten-Kontakte setzen mindestens einen telefonischen und/oder mittelbaren Kontakt voraus, soweit dies berufsrechtlich zulässig ist. Ein mittelbarer anderer Arzt-Patienten-Kontakt setzt nicht die unmittelbare Anwesenheit von Arzt und Patient an demselben Ort voraus.

Telefonische oder andere mittelbare Arzt-Patienten-Kontakte sind Inhalt der Pauschalen und nicht gesondert berechnungsfähig. (…)

Bei Neugeborenen, Säuglingen und Kleinkindern gemäß 4.3.5[14] sowie bei krankheitsbedingt erheblich kommunikationsgestörten Kranken (z. B. Taubheit, Sprachverlust) ist ein persönlicher Arzt-Patienten-Kontakt auch dann gegeben, wenn die Interaktion des Vertragsarztes indirekt über die Bezugsperson(en) erfolgt, wobei sich Arzt, Patient und Bezugsperson(en) gleichzeitig an demselben Ort befinden müssen.[15]

Die Berechnung von Komplexen und Zusatzpauschalen ist nur möglich, wenn die apparativen, räumlichen und persönlichen Voraussetzungen – in Berufsausübungsgemeinschaften, Medizinischen Versorgungszentren bzw. Arztpraxen mit angestellten Ärzten unbeschadet der Regelung gemäß § 11 Abs. 1 Bundesmantelvertrag-Ärzte (BMV-Ä) und § 41 der Bedarfsplanungs-Richtlinie zumindest von einem an der vertragsärztlichen Versorgung teilnehmenden Arzt – zur Erbringung mindestens eines obligaten sowie aller fakultativen Leistungsinhalte im Gebiet und/oder im Schwerpunkt gegeben sind. Die apparative Ausstattung zur Erbringung

fakultativer Leistungsinhalte ist beim Vertragsarzt erfüllt, wenn er über die Möglichkeit der Erbringung der fakultativen Leistungsinhalte verfügt und diese der zuständigen Kassenärztlichen Vereinigung auf Anforderung nachweisen kann. Für Ärzte, die ausschließlich im Status eines angestellten Arztes tätig sind, gilt diese Regelung nur für die Betriebsstätten derselben Arztpraxis. Für die in den Versicherten-, Grund- bzw. Konsiliarpauschalen und die in Anhang 1 (Spalte VP/GP) genannten Leistungen findet diese Bestimmung keine Anwendung (…).[16] Gebührenordnungspositionen, die eine Mindestzahl an Arzt-Patienten-Kontakten im Behandlungsfall voraussetzen, sind auch berechnungsfähig, wenn die Mindestzahl an Arzt-Patienten-Kontakten im Arztfall stattfindet.

Behandlungs-, krankheits- oder arztfallbezogene Leistungskomplexe und Pauschalen sind nur mit mindestens einem persönlichen Arzt-Patienten-Kontakt berechnungsfähig".[17]

Einen gewissen Vorteil genießen BAGs, da aufgrund mehrerer Arztfälle bei der Behandlung von Patienten ein gewisser Aufschlag dazugerechnet wird:

„In arztgruppen- und schwerpunktgleichen (Teil-)Berufsausübungsgemeinschaften oder Arztpraxen mit angestellten Ärzten derselben Arztgruppe/desselben Schwerpunktes erfolgt ein Aufschlag in Höhe von 10% auf die jeweiligen Versicherten-, Grund- oder Konsiliarpauschalen".[18]

Bei den Strukturverträgen mit den Krankenkassen verhält es sich ähnlich wie bei den Bedingungen mit der Kassenärztlichen Vereinigung. Diese sog. „Hausarztverträge" beinhalten ebenso eine überwiegende Abrechnung der Arztleistungen nach gewissen Pauschalen.

Bei den BG-ärztlichen Leistungen und bei den Leistungen für Privatversicherte nach den für die Ärzte in Deutschland gültigen berufsrechtlichen Tarifen (z. B. der Gebührenordnung für Ärzte GoÄ) sowie auch bei den Selbstzahlerleistungen der gesetzlich Versicherten (Nicht-GKV-Leistungen) ist

---

12 Kassenärztliche Bundesvereinigung KBV 2014, I.4.3.4. Arztpraxisübergreifende Tätigkeit.

13 Kassenärztliche Bundesvereinigung KBV 2014, I.4.1. Versicherten-, Grund- oder Konsiliarpauschale.

14 Kassenärztliche Bundesvereinigung KBV 2014, I.4.3.5. Altersgruppen.

15 Kassenärztliche Bundesvereinigung KBV 2014, I.4.3.1. Arzt-Patienten-Kontakt.

16 Kassenärztliche Bundesvereinigung KBV 2014, I.4.3.2. Räumliche und persönliche Voraussetzungen.

17 Kassenärztliche Bundesvereinigung KBV 2014, I.4.3.3. Mindestkontakte.

18 Kassenärztliche Bundesvereinigung KBV 2014, I.5.1. Berechnungsfähige Gebührenordnungspositionen.

3

hingegen eine leistungsbezogene Abrechnung gut möglich, da in der Regel eine Einzelleistungsvergütung besteht.

In der internen Vergütungsstruktur zu regeln ist weiterhin, wie mit zusätzlichen Sonderleistungen, die die einzelnen Ärzte erbringen, verfahren werden soll:

- Leistungen, die einen gewissen Praxisbezug haben, aber vom einzelnen Arzt in der Regel neben seiner Praxiszeit getätigt werden, wie z. B. private Versicherungsanfragen nach Verkehrsunfällen, Schreiben für das Amt für Familie und Soziales, Schreiben an die Deutsche Rentenversicherung und Leichenschauen
- Leistungen, die neben der Praxistätigkeit erfolgen, die aber zwingend z. B. über die gemeinsame Betriebsstättennummer abgerechnet werden müssen, wie z. B. Notarzttätigkeit oder Bereitschaftsdienste
- Sonstige Leistungen, die in der Regel unmittelbar bezahlt werden, oft schwierig den einzelnen Ärzten direkt zugeordnet werden können und die z. T. auch durch das Praxispersonal erfolgen, wie z. B. Individuelle Gesundheitsleistungen (IGel-Leistungen), Gutachteraufträge, Atteste, Fahr- und Flugtauglichkeitsuntersuchungen, Sportmedizinische Untersuchungen, Tauchtauglichkeitsuntersuchungen oder Schwangerschaftsteste.

Eine weitere Schwierigkeit besteht darin, getätigte Investitionen zuzuordnen. Der Arzt, der weniger umsatzstark ist und für sich weniger erwirtschaftet als ein anderer, sollte konsequenterweise auch verhältnismäßig geringer an Neuinvestitionen beteiligt werden. Dieser Grundsatz sollte generell für alle Betriebsausgaben gelten. Bei den Betriebsausgaben ist des Weiteren zu berücksichtigen, dass nicht alle Ausgaben quartalsbezogen sind, so fallen z. B. Praxisversicherungen einmal jährlich an.

Zusammenfassend ist es also nicht möglich, eine einzelne Leistung dem jeweiligen leistungserbringenden Arzt direkt zuzuordnen. Dies beinhaltet aber erhebliches Konfliktpotenzial und erfordert Lösungen.

Fazit

Ein überwiegender Teil der Honorareinnahmen aus Kassenärztlicher Tätigkeit und aus Strukturverträgen erfolgt aus Pauschalvergütungen. Daher ist es bei vielen einzelnen Leistungen nicht möglich, sie dem jeweiligen leistungserbringenden Arzt direkt zuzuordnen. Hierfür müssen Lösungen angeboten werden, da hier zwangsläufig ein erhebliches Konfliktpotenzial besteht.

3.3 Überlegungen und Anforderungen an ein Präferenzvergütungsmodell

Nach der Befragung von Großpraxen, einer der Analyse deren interner Gewinnverteilung und der Durchführung von Workshops, das interne Vergütungssystem betreffend, konnten im Wesentlichen drei Grundkriterien herausgearbeitet werden, die für beteiligte Ärzte übereinstimmend als die wichtigsten genannt wurden. Interessanterweise waren gerade diese Kriterien in den meisten Abrechnungssystemen nur unzureichend vorhanden. Auch die Gespräche mit gescheiterten Gemeinschaftspraxen zeigten häufig die Gründe in einem mangelnden und als ungerecht empfundenen internen Abrechnungssystem.

Es waren zusammenfassend folgende drei harte Kriterien, die letztendlich in einem internen Abrechnungssystem enthalten sein sollten:

- Transparenz
- Leistungsbezogenheit
- Flexibilität.

❯ Merke

Drei Grundkriterien muss ein internes Vergütungssystem beinhalten: Transparenz, Leistungsbezogenheit, Flexibilität.

Im Folgenden sollen diese Kriterien genauer betrachtet werden.[19]

3.3.1 Transparenz

Eine interne Gewinnverteilung muss klar und für jeden verständlich sein. Alle Abrechnungsschritte sowie auch der Geldfluss müssen nachvollziehbar dargestellt sein.

---

19   Ullmann 2012.

Dies ist einer der Hauptkritikpunkte gerade von Praxen mit „Altgesellschaftern", da für neue Gesellschafter die Transparenz oft nicht genügend gegeben ist. Werden vorab Gewinne den Gründungsmitgliedern zugeordnet? Welche zu verteilenden Summen kommen überhaupt zur Auszahlung? Werden Sonderbetriebsausgaben einzelner Gesellschafter wie z. B. Auto, Bürobedarf und Versicherungen dem Betriebsergebnis belastet? Wie werden Gesellschaftsanteile ermittelt, wie verrechnet? Werden pauschale Aufwandsentschädigungen für Geschäftsführung oder sonstige Arbeiten bezahlt? Werden Ehefrauen der Gesellschafter im Angestelltenverhältnis bezahlt?

Um hier keine Missstimmung aufkommen zu lassen, ist eine größtmögliche Transparenz nicht nur in einer größeren Praxis unumgänglich. Dies bezieht sich sowohl auf alle Einnahmen als auch auf alle Ausgaben. Gesellschaftsanteile müssen für alle klar ersichtlich sein. Sicher erfordert der Punkt Transparenz und auch der Punkt Leistungsbezogenheit eine unter Umständen nicht unerhebliche statistische Leistungserfassung für alle Ärzte. Interne Statistiken, Fehltageerfassung und vieles mehr. Unter dem Strich wird sich dieser Aufwand aber in jedem Fall lohnen. Gerade das Thema Geld ist sehr sensibel. Ein dauerhaft gedeihliches Arbeiten wird nur möglich sein, wenn jeder der Gesellschafter das Gefühl einer gerechten Geldverteilung besitzt. Ein wesentlicher Punkt auf diesem Weg ist sicher die Transparenz.

3.3.2 Leistungsbezogenheit

Das System muss die erbrachten Leistungen der Einzelnen korrekt abbilden.

Jeder Gesellschafter muss das Gefühl und auch die Sicherheit haben, gerecht nach seiner erbrachten Leistung vergütet zu werden. Kein Gesellschafter darf das Gefühl haben, für den anderen mitzuarbeiten. So spielt es auch keine Rolle, ob ein Arzt später am Morgen beginnt als der andere oder ob unterschiedliche Urlaubstage genommen werden. Mit einer ausführlichen Leistungserfassung sollten alle Ungleichheiten abgebildet werden. Eine Schwierigkeit besteht hier in der Festlegung der Leistungskriterien, wenn z. B. zeitaufwendige Beratungsgespräche berücksichtigt werden sollten, die aber im Gegensatz zu anderen Leistungen wenig honoriert werden.

In zahlreichen Diskussionen kristallisierte sich letztendlich heraus, die Leistungsbezogenheit an der Umsatzstärke der Betroffenen festzumachen. Natürlich ist die sprechende Medizin wichtig, natürlich sind beratungsintensive Patienten ein wesentlicher Bestandteil einer Allgemeinarztpraxis. Auch Ärzte, die sich mit Naturheilverfahren, psychosomatischer Medizin etc. ihren Patientenstamm schaffen, sind durchaus ein „Zugpferd" für manche Praxen. Letztlich kann aber nur das Geld verteilt werden, das erwirtschaftet wird. Daher wird konsequenterweise die Leistungsvergütung der einzelnen Ärzte an deren entsprechender Umsatzstärke ausgemacht.

Auch in einer Einzelpraxis kommt letztlich bei Bevorzugung der „langsamen Medizin" kein Mehr an Umsatz herein. Warum sollten dann in einer Großpraxis andere Gesellschafter diese Arbeitsweisen subventionieren?

Der Vorteil in einem leistungsbezogenen Abrechnungssystem ist natürlich auf der anderen Seite der, dass kein Arzt gezwungen wird, seine Arbeitsweise zu ändern und dass auch kein Arzt das Gefühl haben muss, ein anderer Kollege zahle für ihn mit. Jeder kann in einer Großpraxis seine Eigenarten und seine Arbeitsweisen beibehalten, bekommt dann aber auch dementsprechend mehr oder weniger Geld. Gerade nach Fusionen kann es durchaus sein, dass in einer Großpraxis ein Kollege das Doppelte verdient wie ein anderer. Durch die Transparenz und eben die nachvollziehbare Leistungsbezogenheit kann dies in der Folge auch ansponend sein. Unzufriedenheit entwickelt sich bei grundsätzlich zufriedenem Arbeiten nur bei einem nicht nachvollziehbaren Leistungsbezug.

Eine Diskussion kann darüber geführt werden, inwieweit z. B. Fortbildungen bis zu einem bestimmten Pensum von der Allgemeinheit mitgetragen werden. Eine weitere Überlegung ist es, eine soziale Komponente dahingehend einzubauen, dass z. B. Krankheitstage von den anderen Gesellschaftern mitgetragen werden, wobei sicher eine Obergrenze vereinbart werden muss.

Wir vertreten die Meinung, dass Krankheitstage eher individuell abgesichert sein sollten und damit die Gemeinschaft nicht belasten. Grundsätzlich sollte jeder Fehltag, egal ob Urlaub, Fortbildung oder Krankheit gleich gerechnet werden. Dies ist als Anreiz zu leistungsorientiertem und auch zu wirtschaftlichem Arbeiten zu sehen. Es bietet auch die Flexibilität, die eigene Leistung in Zeit und Umsatz selbst zu steuern.

3.3.3   Flexibilität

Unter Flexibilität des Systems wird die Möglichkeit der Anpassung an sich ergebende Veränderungen verstanden. Das System darf nicht starr aufgebaut sein, sondern muss in der Lage sein, auf Veränderungen reagieren zu können, seien es externe Veränderungen von Vergütungsstrukturen, z. B. im einheitlichen Bewertungsmaßstab, oder interne Veränderungen der Arbeitsweisen. Eine Anpassungsmöglichkeit an unterschiedliche Arbeitsbelastungen der Gesellschafter oder auch Schwerpunktverlagerungen der Betroffenen sollte möglich sein.

Regelmäßig kommt es zu unterschiedlichen Änderungen des Einheitlichen Bewertungsmaßstabes (EBM), seien es neue Strukturpauschalen, weitere Komplexleistungen, zusätzliche Einzelleistungen oder der Wegfall der Praxisgebühr. Hier muss das interne Abrechnungssystem entsprechend reagieren können.

Jede Praxis und jeder Arzt entwickelt sich weiter, verändert sich im Laufe der Zeit. Gerade ältere, langsam ausscheidende oder übergabebereite Kollegen wünschen sich oft ein allmähliches Reduzieren der Arbeitsbelastung. Gerade in Großpraxen können ausscheidende Kollegen beispielsweise ideal ihre Arbeitszeiten reduzieren, freie Tage erweitern und so langsam die Patienten umgewöhnen und den übernehmenden jungen Kollegen angewöhnen. Dieses veränderte Arbeitsverhalten schlägt sich natürlich in der internen Gewinnverteilung nieder und muss entsprechend abgebildet werden können.

Oftmals führt auch Familienzuwachs zu dem Wunsch, mittelfristig die Arbeitszeit anzupassen, oder ein Hausbau dazu, mehr arbeiten zu wollen, um damit mehr Einkommen zu generieren. Individuelle Weiterentwicklungen, z. B. Zusatzstudien, Lehrtätigkeit und Auslandseinsätze, führen auch zu erheblichen Veränderungen des Einkommens und müssen adäquat in das interne Vergütungssystem eingebaut werden können.

Das interne Vergütungssystem benötigt viele Stellschrauben, an denen zur Anpassung an sich

verändernde Situationen in vielen erdenklichen Bereichen gedreht werden kann.

Fazit

Zusammenfassend lässt sich sagen, dass die Senkung des Konfliktpotentials und das Erreichen einer möglichst gerechten individuellen Vergütung in einer größeren Gemeinschaftspraxis Priorität hat. Unter Inkaufnahme der Aufgabe der Einfachheit eines Abrechnungssystems sollen hierbei übereinstimmend folgende Grundkriterien in einer solchen Gewinnverteilung beinhaltet sein: Transparenz, Leistungsbezogenheit, Flexibilität.

3.4   Präferenzvergütungsmodell[20]

Auf der Grundlage der Erarbeitung der drei Grundkriterien (Transparenz, Leistungsbezogenheit und Flexibilität) für ein praxisinternes Vergütungssystem und des Bewertens von Stärken und Schwächen der Abrechnungsmodelldaten, die anhand durchgeführter Analysen der Gewinnverteilung mehrerer Großpraxen gewonnen wurden, wurden die Anforderungen an das im Folgenden aufzuzeigende Modell erstellt. Bedingt durch die Komplexität des externen Abrechnungssystems erfordern sowohl das Kriterium der Transparenz als auch das der Leistungsbezogenheit ein umfangreiches Aufzeigen und Berechnen zahlreicher Daten, um jedem Gesellschafter individuell gerecht zu werden. Das dritte und letzte Kriterium der Flexibilität des Systems bezogen auf Anpassungen an sich ergebende Veränderungen erfordert ebenfalls transparente und auch vielfältige Stellhebel innerhalb der internen Vergütungsstruktur, die ein Eingreifen und Verändern grundsätzlich ermöglichen.

Aus diesen Überlegungen heraus wird ein Modell im Sinne einer Musterabrechnung erarbeitet (vgl. ▶ Kap. 4), das zum besseren Verständnis und zur Veranschaulichung herangezogen werden kann. Die aufwendig erscheinende Maskenerstellung erfolgt einmalig durch Verarbeitung von grundsätzlichen Daten. Für jede anschließende interne Quartalsabrechnung müssen lediglich die aktuellen Zahlen des

---

20   Ullmann 2012.

entsprechenden Quartals in die Felder eingetragen werden, die hellgrau unterlegt sind. Alle anderen Daten bleiben unverändert voreingestellt.

In diesem Präferenzvergütungssystem werden folgende Faktoren berücksichtigt:

- Berücksichtigung von eingesetztem Kapital
- Berücksichtigung von Eigentumsanteilen bzw. Gesellschafteranteilen
- Berücksichtigung zusätzlicher individueller kostenbereinigter Sonderleistungen
- Grundlegende Unterscheidung und Zuordnung von leistungs*un*abhängigen und leistungsabhängigen Leistungen
- Berücksichtigung von Fehltagen jeglicher Art und zusätzlichen Arbeitstagen
- Berücksichtigung von nichtärztlichen Zusatzarbeiten wie Geschäftsführung, Computerpflege, etc.
- Umfangreiche Berücksichtigung von individuellen Unterschieden zwischen den Gesellschaftern, wie z. B. Arbeitsweise, Umsatzleistung, Kostenbewusstsein, Wirtschaftlichkeit.

Das Präferenzmodell besteht aus einer Hauptmaske und verschiedenen Anlagen, die modulartig benutzt werden können. Diese berechnen jeweils eigene Sachverhalte, wie z. B. die Notdienstvergütung oder die Vorabverzinsung des eingesetzten Kapitals. Diese Anlagen können in ihrer Gesamtheit benutzt werden oder entsprechend den Wünschen und Anforderungen des Anwenders ausgewählt bzw. einzeln weggelassen werden.

> **Tipp**
>
> Das Präferenzvergütungsmodell ist modulartig aufgebaut und kann individuell zusammengestellt werden.

Der Einfachheit halber werden die Gesellschafter mit A, B, C, D, E, F und G bezeichnet. Idealerweise erfolgt eine identische Kennzeichnung auch bereits im Softwareprogramm der Praxis, bei der auch die korrekte lebenslange Arztnummer (LANR) des Gesellschafters hinterlegt wird. So kommt es in den erforderlichen Praxis- und Leistungsstatistiken zu keiner Verwechslung oder zu Unstimmigkeiten. Je

nachdem, wie viele Ärzte der BAG gewinnberechtigt sind, kann eine unterschiedliche Anzahl von Ärzten hierfür freigeschaltet werden. In unserer Musterrechnung sind es sieben Ärzte.

3.4.1 Erfassung der Einnahmen und der Ausgaben

Für die interne Abrechnung eines Quartals ist es zunächst notwendig, alle dem Abrechnungsquartal zugehörigen aktuellen Zahlungseingänge aus Abrechnungen der KV, aus Strukturverträgen, aus Privatabrechnungen inklusive BG-Abrechnungen und aus Integrierten Versorgungsverträgen oder sonstigen Verträgen zu erfassen und als Gesamteinnahmen darzustellen.

Herausgenommen aus der internen Gewinnverteilung werden Honorareinnahmen, wie beispielsweise durch

- private Versicherungsanfragen z. B. nach Verkehrsunfällen,
- Schreiben für das Amt für Familie und Soziales,
- Schreiben an die Deutsche Rentenversicherung und
- Leichenschau.

Diese sollen dem sie erbringenden Gesellschafter zustehen und werden von diesem über sein privates Konto abgerechnet.

Weitere Einnahmen aus dem Behandlungsvertrag und Leistungen aus Privatverträgen, die über die Praxiskonten gebucht bzw. bar an der Anmeldung bezahlt werden, werden in der vorliegenden Vergütungsregelung ohne gesonderte Zuordnung zu einem Gesellschafter im Rahmen der Gewinnermittlung allgemein verteilt, wie beispielsweise:

- Kleinatteste
- Reiseimpfungen
- Fahrtauglichkeitsuntersuchungen
- Sportmedizinische Untersuchungen
- Schwangerschaftstests
- Belehrungen nach dem Infektionsschutzgesetz
- Drogen-Screening
- Stuhluntersuchungen als Zusatzleistung.

Diese Auflistung kann beliebig erweitert oder gekürzt werden.

3

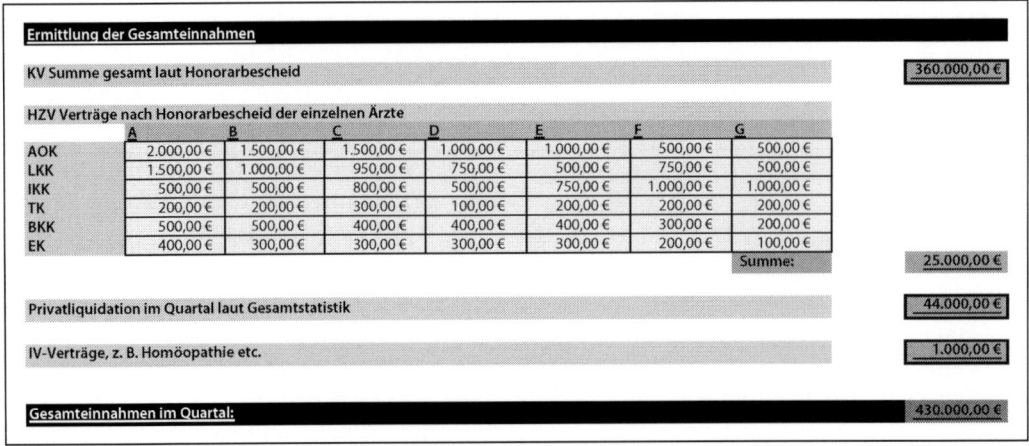

Ermittlung der Gesamteinnahmen

KV Summe gesamt laut Honorarbescheid							360.000,00 €

HZV Verträge nach Honorarbescheid der einzelnen Ärzte

	A	B	C	D	E	F	G
AOK	2.000,00 €	1.500,00 €	1.500,00 €	1.000,00 €	1.000,00 €	500,00 €	500,00 €
LKK	1.500,00 €	1.000,00 €	950,00 €	750,00 €	500,00 €	750,00 €	500,00 €
IKK	500,00 €	500,00 €	800,00 €	500,00 €	750,00 €	1.000,00 €	1.000,00 €
TK	200,00 €	200,00 €	300,00 €	100,00 €	200,00 €	200,00 €	200,00 €
BKK	500,00 €	500,00 €	400,00 €	400,00 €	400,00 €	300,00 €	200,00 €
EK	400,00 €	300,00 €	300,00 €	300,00 €	300,00 €	200,00 €	100,00 €

Summe: 25.000,00 €

Privatliquidation im Quartal laut Gesamtstatistik	44.000,00 €

IV-Verträge, z. B. Homöopathie etc.	1.000,00 €

Gesamteinnahmen im Quartal:	430.000,00 €

◻ **Abb. 3.1** Gesamteinnahmen im Abrechnungsquartal

Einnahmen aus außerhalb der Gemeinschaftspraxis ausgeführten, nach dem Gesellschaftsvertrag zulässigen bzw. genehmigten Nebentätigkeiten, aus wissenschaftlichen Veröffentlichungen und sonstiger wissenschaftlicher oder berufspolitischer Tätigkeit werden dem Gesellschafter zugerechnet, der die Leistung erbracht hat, sofern diese Einnahmen nicht im Namen der Gemeinschaftspraxis erbracht worden sind.

◻ Abb. 3.1 zeigt die tabellarische Auflistung der entsprechenden Quartalseinnahmen (Fantasiezahlen).

Das KV-Ergebnis wird in der Regel unter einer Hauptbetriebsstättennummer ausgewiesen und zusammengefasst. In der Quartalsabrechnung der KV können die Leistungen der einzelnen Betriebsstätten zwar eingesehen werden, die Auszahlung erfolgt aber in einer Summe. Alternativ kann eine Abrechnung getrennt nach Betriebsstätten vereinbart werden, dies führt aber zu mehr statistischem Erhebungs- und Berechnungsaufwand.

Die HZV-Abrechnungen erfolgen nach wie vor für jeden Arzt und für jedes Hausarztmodell der Krankenkassen separat. Ob sich der Aufwand bei der Abrechnungserstellung und bei der anschließenden Gewinnverteilung wirklich rechnet, sei zumindest in zahlreichen Modellen dahingestellt. Es ist sicher hilfreich, sich für einige Quartale die entsprechenden Scheindurchschnitte pro Patient zu betrachten, um „unrentable" HZV-Modelle entsprechend aussondern zu können.

Die Privateinnahmen des Quartals werden anhand einer Privatstatistik des entsprechenden Zeitraums ermittelt, unabhängig von der Rechnungsstellung. Aus Gründen der Liquidität können Privatrechnungen natürlich nach jeder Behandlung, ab einem bestimmten Rechnungsbetrag oder monatlich gestellt werden. Bei Großpraxen und v. a. bei Allgemeinarztpraxen mit vergleichsweise niedrigen Rechnungsbeträgen kann dies oft einen erheblichen Verwaltungs- und Buchungsaufwand bedeuten, der – falls die Liquidität nicht zeitnah benötigt wird – hinterfragt werden sollte. Eine Rechnungsstellung zusammen mit der Quartalsabrechnung ist oft weniger aufwendig. Nachdem in der Gewinnverteilung des Quartals die Rechnungsstellung aber keine Rolle spielt, bleibt deren Zeitpunkt jedem selbst überlassen.

Sollten Integrierte Versorgungsverträge bestehen, müssen auch diese Einnahmen im Quartal herangezogen werden.

Durch Erfassung aller einzelnen Einnahmen im Quartal werden die tatsächlichen Gesamteinnahmen des abgerechneten Quartals ermittelt.

Um die im Quartal zu verteilende und tatsächlich zur Verfügung stehende Geldmenge zu berechnen, müssen auch die **Gesamtausgaben** des Quartals ermittelt werden. ◻ Abb. 3.2 veranschaulicht die diesbezüglichen Positionen.

Zunächst fallen die Verwaltungsgebühren der KV sowie der Hausärztlichen Vertragsgemeinschaft (HAEVG), die in den einzelnen Honorarbescheiden ausgewiesen sind, an.

Des Weiteren müssen alle Betriebsausgaben (z. B. Löhne und Gehälter, Versicherungen, Miete mit

Ermittlung der Gesamtausgaben

Verwaltungsgebühr KV laut Honorarbescheid							9.000,00 €

Verwaltungsgebühr HZV laut Einzelbescheiden

	A	B	C	D	E	F	G
AOK	60,00 €	45,00 €	45,00 €	30,00 €	30,00 €	15,00 €	15,00 €
LKK	45,00 €	30,00 €	28,50 €	22,50 €	15,00 €	22,50 €	15,00 €
IKK	15,00 €	15,00 €	24,00 €	15,00 €	22,50 €	30,00 €	30,00 €
TK	6,00 €	6,00 €	9,00 €	3,00 €	6,00 €	6,00 €	6,00 €
BKK	15,00 €	15,00 €	12,00 €	12,00 €	12,00 €	9,00 €	6,00 €
EK	12,00 €	9,00 €	9,00 €	9,00 €	9,00 €	6,00 €	3,00 €
						Summe:	750,00 €

Betriebsausgaben Quartalsmonat 1	50.000,00 €	10.000,00 €		60.000,00 €
Betriebsausgaben Quartalsmonat 2	50.000,00 €	10.000,00 €		60.000,00 €
Betriebsausgaben Quartalsmonat 3	50.000,00 €	10.000,00 €		60.000,00 €

Sonstiges (z. B. Regresse, Prüfungsgebühren etc.)	500,00 €

Gesamtausgaben im Quartal	190.250,00 €
Tilgung Praxiskredit im Quartal	6.000,00 €

Gesamtausgaben mit Tilgung im Quartal:	196.250,00 €

Abb. 3.2 Gesamtausgaben im Abrechnungsquartal

Nebenkosten sowie alle praxisrelevanten Ausgaben und Unkosten) der entsprechenden Quartalsmonate herangezogen werden. Durch das Einrichten eines reinen Ausgabenunterkontos auf der Bank, so wie in ▶ Abschn. 3.1 besprochen, ist die Ermittlung der Ausgaben der jeweiligen Monate einfach. Die entsprechende Summe ergibt sich aus der benötigten Deckung des Ausgabenkontos, die durch die Summierung der entsprechenden Umbuchungen von den Einnahmenkonten mit der vereinbarten Legende „Deckung Betriebsausgaben" ermittelt wird. So kann der Monatssaldo leicht ermittelt werden.

Es folgen noch etwaige Berichtigungen und Rückforderungen der KV aus der Quartalsabrechnung und sonstige außergewöhnliche Zahlungen im jeweiligen Quartal. Abschließend können in Übereinstimmung mit den Gesellschaftern hier noch Reserven oder Tilgungen aus Kreditverbindlichkeiten mit angesetzt und in die Ausgaben einbezogen werden. Die Tilgung ist im eigentlichen Sinne zwar keine Betriebsausgabe, schmälert aber die zu verteilende Liquidität im Quartal.

Durch Addition der angesetzten Ausgaben werden die Gesamtausgaben des abgerechneten Quartals erfasst.

Werden diese nun von den **Gesamteinnahmen** des Quartals abgezogen, so erhält man, wie ◻ Abb. 3.3

veranschaulicht, die im Quartal zu verteilende und tatsächlich zur Verfügung stehende Geldmenge, die im Folgenden **Gewinn** genannt wird.

Das Kernstück der jetzt anstehenden Verteilung des Gewinnes ist die Aufspaltung in leistungs*un*abhängige und leistungsabhängige Anteile.

> **Merke**
> **Kernstück der Verteilung des Gewinnes ist die Aufspaltung in leistungs*un*abhängige und leistungsabhängige Leistungen**

Wie bereits beschrieben setzen sich die Einnahmen und damit konsekutiv der Gewinn in der Gesamtheit aus abgerechneten leistungs*un*abhängigen Pauschalen (KV, HAEVG; ▶ Abschn. 3.2), die weitgehend patientenzahlabhängig sind und nicht direkt den einzelnen Ärzten zugeordnet werden können, sowie aus leistungsabhängigen Einzelleistungen (KV, HAEVG, BG, Privat), die direkt dem Leistungserbringer zugeordnet werden können, zusammen.

Vor der entsprechenden Aufspaltung des Gewinns sind zunächst die Gelder, die den einzelnen Gesellschaftern nach separaten Verteilungsvereinbarungen zustehen, abzuziehen. Es sind dies die vereinbarte Vorabverzinsung des

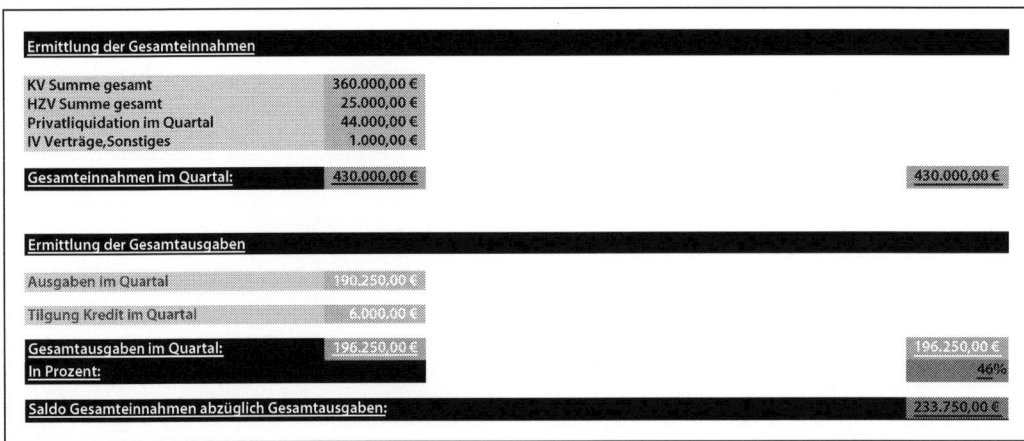

Ermittlung der Gesamteinnahmen

KV Summe gesamt	360.000,00 €
HZV Summe gesamt	25.000,00 €
Privatliquidation im Quartal	44.000,00 €
IV Verträge,Sonstiges	1.000,00 €

| Gesamteinnahmen im Quartal: | 430.000,00 € | | 430.000,00 € |

Ermittlung der Gesamtausgaben

Ausgaben im Quartal	190.250,00 €
Tilgung Kredit im Quartal	6.000,00 €
Gesamtausgaben im Quartal:	196.250,00 €		196.250,00 €
In Prozent:			46%
Saldo Gesamteinnahmen abzüglich Gesamtausgaben:			233.750,00 €

■ Abb. 3.3   Ermittlung der zur Aufteilung zur Verfügung stehenden Geldmenge

eingebrachten Praxiswertes sowie die individuellen Sonderleistungen.

> **Merke**
> Gelder, die den einzelnen Gesellschaftern nach separaten Verteilungsvereinbarungen zustehen, müssen vorab ermittelt werden.

3.4.2 Berücksichtigung des eingebrachten Kapitals und der Eigentumsanteile

Dieses Modul beschäftigt sich mit der Berücksichtigung von Kapitaleinsatz oder anders ausgedrückt von Eigentumsanteilen.

Nachdem sich grundsätzlich die interne Gewinnverteilung an der Leistungsbezogenheit orientiert, kann der Fall eintreten, dass ein Gesellschafter, gleich aus welchem Grunde (z. B. Krankheit, Urlaub, Auslandseinsatz), ein ganzes Quartal lang keine Arbeitstätigkeit innerhalb der Praxis ausüben kann oder will. In diesem Falle würde er keinerlei Vergütung aus der Praxis generieren können, obwohl sein Eigentum, sein Kapital, in der BAG steckt und damit gewissermaßen, wie bei anderen Investitionen auch, an der Entstehung von Gewinn beteiligt ist. Hierfür und auch um eine gewisse Grundabsicherung etwaiger Verbindlichkeiten, wie z. B. eventuell bestehender Praxiskredite zu garantieren, wird eine Vorabverzinsung des eingebrachten Praxiswertes

bzw. des individuellen Gesellschaftsanteils von z. B. 5% vereinbart. In diesem Fall hätte der Gesellschafter nämlich wenigstens die garantierte Vorabverzinsung von 5 % seines Praxisanteils.

Die Vorabverzinsung fällt für jeden Gesellschafter bei jeder Quartalsabrechnung anteilsmäßig an. Sie wird vor einer Aufspaltung des Gewinns nach leistungs*un*abhängigen und leistungsabhängigen Anteilen quasi „gesichert".

> **Merke**
> Vorabverzinsung berücksichtigt das eingebrachte Kapital.

Um zu einer Bewertung des Eigentumsanteils der einzelnen Gesellschafter zu kommen, müssen, was bei einem Zusammenschluss oder einer Neugründung ohnehin zwangsläufig erfolgen sollte, die Gesellschaftsanteile der einzelnen Gesellschafter berechnet werden, die die unterschiedlichen, in der Gesellschaft gehaltenen oder in die Gesellschaft eingebrachten, materiellen und vorab erarbeiteten immateriellen Anteile der einzelnen Ärzte widerspiegeln.

Die Bewertung von Arztpraxen ist ein viel diskutiertes Thema und soll hier nur am Rande gestreift werden. Richtet man sich an die Empfehlungen der KV von 2008, so wird, vereinfacht gesprochen, die Unterscheidung zwischen materiellem und immateriellem Wert der Praxis getroffen.

Der materielle Wert richtet sich im Wesentlichen nach dem Anlagevermögen und den wirklichen

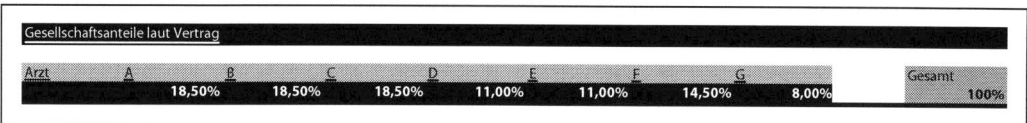

◘ Abb. 3.4 Beispielhafte Verteilung der Gesellschaftsanteile innerhalb einer BAG

Sachwerten in der Praxis. Im steuerlichen Anlagevermögen findet sich letztlich nur noch der aktuelle Buchwert aller Anlagen nach bereits erfolgter Abschreibung. Dieser ist oft nicht mehr sehr hoch. Für eine Bewertung besser wäre der aktuelle Verkehrswert, der zwischen Buchwert und Anlagewert der Investitionen steht und realistischer den aktuellen Wert der Sachanlagen angibt, da eine Neubeschaffung vieler Gegenstände sicher teurer wäre als deren Buchwert. Letztlich benötigt man auch hierfür eine einvernehmliche Schätzung.

Bei dem immateriellen Wert wird der vermutete weiter zu erwirtschaftende Gewinn errechnet, den die Praxis mit dem Patientenstamm und den Ressourcen weiterhin erwirtschaften kann, auch bei einem Wechsel des Arztsitzinhabers. Hierfür wird – vereinfacht betrachtet – der Gesamtumsatz der Praxis herangezogen und davon die jährlichen Betriebsausgaben saldiert. Dies entspricht im Wesentlichen den Steuerunterlagen in der Gewinn- und Verlustrechnung. Jetzt wird aber noch ein Arbeitsentgelt abgezogen, das ein Arzt in einer vergleichbaren Stelle erarbeiten kann. Dies ist gestaffelt und beträgt im Durchschnitt ca. 76.000 Euro pro Jahr. Wenn diese „Arztarbeit" abgezogen ist, verbleit der erwirtschaftete Zusatzgewinn der Praxis, den ein freiberuflicher im Gegensatz zu einem angestellten Arzt für sich vereinnahmen kann. Für BAGs gilt dies entsprechend für einen Teil der Praxis oder für einen Arztsitz.

Diese Berechnung wird für die letzten drei Jahre durchgeführt. Der durchschnittliche Jahresgewinn nach Abzug des Arztgehaltes wird dann mit einem Bewertungsfaktor multipliziert. Dieser beinhaltet einen Erfahrungswert, inwieweit und wie lange eine Praxis nach einer Übergabe noch in der althergebrachten Form weiterläuft und entsprechend verlässliche Gewinne abwirft. Der Bewertungsfaktor beträgt bei Einzelpraxen 2, bei BAGs 2,5.

Das Ergebnis dieser Berechnungsschritte ist dann ein entsprechender Verkehrswert der Praxis oder des Praxissitzes. Ob dieser Wert auf dem freien Markt erzielt werden kann, sei dahingestellt. In der momentanen Situation zumindest für Allgemeinmediziner wohl eher nicht.

Eine alternative Bewertungsmethode eignet sich gerade bei Fusionen. Hier ist lediglich das Verhältnis der eingebrachten Werte von Bedeutung, da kein Verkaufserlös erzielt werden muss. Ein einfacher Vergleich zunächst der Umsätze der letzten drei Jahre, dann des Praxisgewinns der letzten drei Jahre, des Privatumsatzes und letztlich noch der Patientenzahlen, aufgeschlüsselt nach Kasse und Privatpatienten, genügt meistens und kann ohne teuren Gutachter selbst bestimmt werden. Erfahrungsgemäß liegen diese Zahlengruppenvergleiche nur unwesentlich auseinander, es sei denn, eine Praxis läuft extrem unwirtschaftlich die Betriebsausgaben betreffend oder hat einen unverhältnismäßig hohen oder niedrigen Privatpatientenanteil. Dann könnte es zu größeren Verschiebungen der Gesamtbewertung kommen.

Letztlich spielt die Art der Bewertung für das interne Vergütungssystem nur eine untergeordnete Rolle, solange bei allen Gesellschaftern gleich bewertet wird. Da im Wesentlichen eine Verhältniszahl in Prozent vom Ganzen entscheidend ist, macht man auch bei einer nur groben Schätzung verschiedener Gesellschaftsanteile keine großen Fehler.

Eine beispielhafte Aufteilung der Gesellschaftsanteile, berechnet aus den jeweils eingebrachten oder erwirtschafteten materiellen und immateriellen Werten im Verhältnis zueinander, zeigt ◘ Abb. 3.4.

Nach der Aufteilung dieser Anteile im Beispiel kann vermutet werden, dass die BAG aus einer Fusion einer Dreierpraxis mit den Gesellschaftern A, B und C mit einer Doppelpraxis der Gesellschafter D und E entstanden ist, der sich dann zusätzlich noch eine mittlere Praxis F und eine kleinere Praxis G angeschlossen hat.

Jede künftige Änderung der Beteiligungsverhältnisse kann durch einstimmigen Gesellschafterbeschluss nach einer Neuberechnung bei Veränderungen geregelt werden.

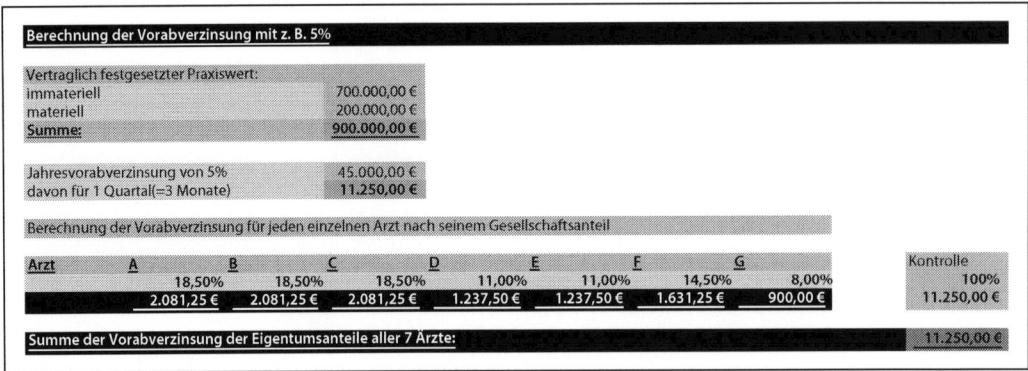

◘ **Abb. 3.5**   Garantieverzinsung der individuellen Eigentumsanteile

In ◘ Abb. 3.5 wird die Berechnung der Vorab-verzinsung des individuellen Praxiswertes von z. B. 5 % nach den ermittelten Gesellschaftsanteilen veranschaulicht.

Fazit

Kapitaleinsatz oder erworbene Eigentumsanteile an einer Praxis stellen eine Investition dar. Wie bei anderen Investitionen auch sollte ein Kapitaleinsatz eine gewisse Verzinsung abwerfen, zusätzlich und auch unabhängig von der persönlichen Arbeits-leistung. Hierfür wird eine Vorabverzinsung des eingebrachten Praxiswertes bzw. des individuellen Gesellschaftsanteils vereinbart. Diese Vorabverzin-sung ist garantiert und wird auch bei längerem Aus-fall der Arbeitstätigkeit fällig. Die Vorabverzinsung fällt für jeden Gesellschafter bei jeder Quartalsab-rechnung anteilsmäßig an.

3.4.3 Berücksichtigung individueller ärztlicher Sonderleistungen

Individuelle ärztliche Sonderleistungen, also Leis-tungen, die jeder Gesellschafter persönlich, aber außerhalb der Praxisroutine erbringt, sind eben-falls Leistungen, die den einzelnen Gesellschaf-tern nach separaten Verteilungsvereinbarungen zustehen. Klassische individuelle ärztliche Son-derleistungen sind z. B. Notarzttätigkeit oder Palliativdienste.

Es besteht auch die Möglichkeit, hier zusätz-liche Verwaltungsarbeiten zu verrechnen (siehe

auch ► Abschn. 3.4.8). In manchen Praxen hat es sich bewährt, die kassenärztlichen Bereitschaftsdienste ebenfalls unter den Begriff der Sonderleistungen zu fassen. Ärztliche Notdienste sind zunehmend unbe-liebt und werden von vielen Kollegen eher gemie-den als gesucht. Um hier einen praxisinternen Anreiz durch eine höhere Vergütung zu schaffen, können nach Vereinbarung solche ärztlichen Notdienste als Sonderleistungen gerechnet werden. Dies bringt den Notdienstärzten mehr, da die Umsätze direkt, ohne anteilsmäßigen Abzug von Betriebsausgaben durch-gereicht werden. Die Einnahmen sind damit nahezu doppelt so hoch, was den einen oder anderen Kolle-gen vielleicht doch dazu animiert, wieder verstärkt am Notdienst mitzuwirken.

Es besteht dann wahlweise die Möglichkeit, hier für den Einzelfall gesonderte Betriebsausgaben anzu-setzen. So zeigt sich z. B. bei Notdiensten mit Not-fallsprechstunden, dass je nach Arbeitsweise des dienstthabenden Arztes eine zeitlich und mengen-mäßig unterschiedliche Beanspruchung von Perso-nal erfolgt. So könnten in diesem Falle beispielsweise nur die benötigten Arzthelferinnenkosten angesetzt werden. Damit erfolgt eine Berücksichtigung der Wirtschaftlichkeit der einzelnen Ärzte. In unserem Beispiel werden Stundensätze von 20,- Euro je Medi-zinischer Fachangestellten (MFA) am Wochenende bzw. an Feiertagen angesetzt.

Der individuelle Wirtschaftlichkeitsbonus, der arztbezogen je nach wirtschaftlicher Einset-zung des Budgets von der KV gewährt oder abge-zogen wird, kann sinnvollerweise ebenfalls unter dem Begriff Sonderleistungen geführt werden. So

Berechnung der individuellen Sonderleistungen der einzelnen Ärzte

	A	B	C	D	E	F	G
Notdienst GKV	810,00 €	890,00 €	800,00 €	500,00 €	900,00 €	900,00 €	900,00 €
Notdienst Privatliquidation	200,00 €	800,00 €	1.000,00 €	1.500,00 €	1.000,00 €	600,00 €	500,00 €
Sonstiges, z. B. Notarzt, Gutachten, Palliativ	- €	- €	500,00 €	- €	- €	1.000,00 €	- €
Wirtschaftlichkeitsbonus	1.400,00 €	1.600,00 €	2.000,00 €	800,00 €	900,00 €	800,00 €	800,00 €
Tätigkeitsvergütung lt. Anlage L/2	- €	- €	- €	- €	- €	- €	- €
Zwischensumme	2.410,00 €	3.290,00 €	4.300,00 €	2.800,00 €	2.800,00 €	3.300,00 €	2.200,00 €
Abzug spezieller Kosten, z. B. Arzthelferinnenkosten während des Notdienstes	260,00 €	290,00 €	200,00 €	150,00 €	200,00 €	200,00 €	200,00 €
Summe:	**2.150,00 €**	**3.000,00 €**	**4.100,00 €**	**2.650,00**	**2.600,00 €**	**3.100,00 €**	**2.000,00 €**	Gesamt:	19.600,00 €

▪ **Abb. 3.6** Individuell ansetzbare Sonderleistungen mit separater Verrechnung

bekommt jeder Gesellschafter unmittelbar sein Wirtschaftlichkeitsverhalten bei Laboranordnungen zu spüren. Sparsame Kollegen müssen so nicht unwirtschaftlicher arbeitende Kollegen mitfinanzieren. Erfahrungsgemäß passiert meist erst dann ein Umdenken oder Achtgeben auf die Budgetgrenzen, wenn es merkbar die eigene Tasche trifft.

Die Ansetzung individueller ärztlicher Sonderleistungen als separate Verrechnung ist fakultativ und kann einzeln oder gesamt weggelassen werden. Bei entsprechenden Anforderungen können die Gesellschafter durch Beschluss hier aber auch zusätzliche Bereiche inkludieren.

▪ Abb. 3.6 veranschaulicht die Verrechnung der individuellen Sonderleistungen.

Die Vorabverzinsung aus ▶ Abschn. 3.4.2 und die individuellen Sonderleistungen stehen den einzelnen Gesellschaftern nach separaten Verteilungsvereinbarungen zu. Sie unterliegen also nicht der anteilsmäßigen Gewinnverteilung und werden daher, wie ▪ Abb. 3.7 zeigt, vor der Aufspaltung des Gewinns nach leistungsunabhängigen und leistungsabhängigen Anteilen abgezogen und den entsprechenden Ärzten bei der Ermittlung der Gesamtsumme ihrer Quartalsleistungen separat zugewiesen (▶ Kap. 4).

Mit der verbleibenden Geldmenge erfolgt jetzt die eigentliche Verteilung des Gewinns.

Fazit

Die individuellen ärztlichen Sonderleistungen gehören wie die Vorabverzinsung zu den Leistungen, die den einzelnen Gesellschaftern nach separaten Verteilungsvereinbarungen zustehen. Sie werden daher den jeweiligen Ärzten bei der Ermittlung der Gesamtsumme ihrer Quartalsleistungen separat zugewiesen. Der verbleibende Gewinn muss jetzt aufgespalten werden in einen leistungsunabhängigen und einen leistungsabhängigen Anteil.

3.4.4 Grundlegende Unterscheidung zwischen leistungsunabhängigen und leistungsabhängigen Leistungen

Nach Abzug der Vorabverzinsung und der individuellen ärztlichen Sonderleistungen erfolgt jetzt als Kernstück der weiteren Verteilung des Gewinns die grundlegende Unterscheidung zwischen leistungsunabhängigen und leistungsabhängigen Leistungen.

Auch wenn diese Begriffsbezeichnung verwirrend klingt, so ist sie doch schlecht ersetzbar, da sie den Sachverhalt am zutreffendsten bezeichnet. Wie bereits in ▶ Abschn. 3.2 beschrieben, besteht die eigentliche Schwierigkeit in der internen Vergütungsverteilung einer BAG darin, dass eben viele Leistungspositionen in Komplexen bzw. Pauschalen zusammengefasst sind und nicht der einzeln erbrachten Leistung eines Arztes direkt zugeordnet werden können. Diese Leistungen fallen auch vermehrt am Quartalsanfang an. Hier gilt es, eine Lösung zu finden, die zu einer gerechten Zuordnung

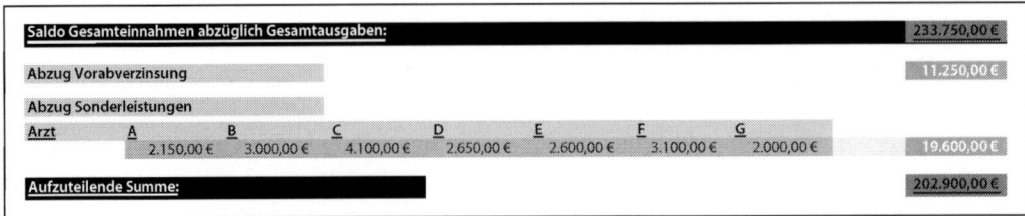

3

□ **Abb. 3.7**   Ermittlung der aufzuteilenden Summe nach Anteilen und Leistung

der Komplexleistungen führt. Diese Pauschalen fallen in der Regel beim ersten oder zweiten Patientenkontakt in der Praxis an und sind unabhängig von den weiteren tatsächlich im Quartal anfallenden Leistungen eines Arztes. Daher werden sie als leistungs*un*abhängige Leistungen bezeichnet. Andere Einzelleistungen oder auch Privatleistungen sind von der Leistung des erbringenden Arztes direkt abhängig und werden daher als leistungsabhängige Leistungen bezeichnet.

Im vorangegangenen Abschnitt wurde nach Abzug der Vorabverzinsung und der individuellen ärztlichen Sonderleistungen ein verbleibender Gewinn ermittelt. Diese Geldsumme besteht aus einer Mischung aus Zahlungen, die leistungs*un*abhängig erfolgen (sog. Komplexvergütungen pro Patient), und aus Zahlungen, die leistungsabhängig erfolgen. Um eine gerechte und leistungsbezogene Verteilung zu erreichen, muss diese zu verteilende Summe aufgespalten werden in einen leistungs*un*abhängigen und einen leistungsabhängigen Block.

Hierzu wird zunächst ermittelt, welche Einnahmen überhaupt leistungs*un*abhängig oder leistungsabhängig sind. Es werden alle in den Honorarbescheiden ausgewiesenen Geldmengen aus Komplexvergütungen ermittelt und addiert. Dies sind die Versichertenpauschalen, die Chronikerkomplexe und die Strukturpauschalen bei der KV-Abrechnung und entsprechende Pauschalen bei den HZV-Abrechnungen. □ Abb. 3.8 zeigt dieses Vorgehen.

Wird diese so ermittelte Summe jetzt ins Verhältnis gesetzt zu der Gesamtsumme der Einnahmen, so ergibt sich daraus der *prozentuale* leistungs*un*abhängige Anteil an der Gesamtabrechnung. Dieser soll in Prozent ausgedrückt werden. Der konsekutive Anteil des *prozentualen* leistungsabhängigen Anteils aus der Gesamtabrechnung ergibt sich dann automatisch als Differenz zu 100 %.

Es wurde jetzt der prozentuale Anteil der pauschal vergüteten Leistungen einer Quartalsabrechnung bestimmt. Dieser so ermittelte Prozentsatz muss nun für den verbleibenden Gewinn, also die Summe, die nach Abzug der Ausgaben, der Vorabverzinsung und der Sonderleistungen tatsächlich weiter zu verteilen ist, herangezogen werden, um diesen verbleibenden Gewinn, wie □ Abb. 3.9 zeigt, in den darin enthaltenen leistungs*un*abhängigen und leistungsabhängigen Block aufzuteilen.

Nach der grundlegenden Unterscheidung zwischen leistungs*un*abhängigen und leistungsabhängigen Leistungen und deren Aufteilung in entsprechende Blöcke, können anschließend beide Blöcke nach unterschiedlichen Verteilungsmaßstäben weiter aufgeteilt werden. Dadurch und nur dadurch ist eine gerechte Verteilung insbesondere der leistungs*un*abhängigen Leistungen zu erreichen.

Fazit
Kernstück einer internen Gewinnverteilung ist die Unterscheidung zwischen leistungs*un*abhängigen und leistungsabhängigen Leistungen und deren Ermittlung. Nur dadurch können unterschiedliche Verteilungsmaßstäbe angewendet und die leistungs*un*abhängigen Leistungen gerecht verteilt werden.

3.4.5   Verteilung der leistungs*un*abhängigen Leistungen

Nachdem die leistungs*un*abhängigen Leistungen nicht einzeln steuerbar sind und nicht direkt der erbrachten Leistung des entsprechenden Arztes folgen, muss betrachtet werden, von welchen Faktoren diese eigentlich abhängen. In welchen Fällen und unter welchen Bedingungen können

Ermittlung der leistungsunabhängigen Einnahmen			
In den Honorarbescheiden ausgewiesene Gelder der Pauschalleistungen			
KV			
Versichertenpauschalen	03001		385,53 €
	03002		42.455,17 €
	03003		43.680,14 €
	03004		31.748,94 €
	03005		21.967,98 €
Chronikerkomplexe	03220		36.714,25 €
	03221		5.554,17 €
Strukturpauschalen	03040		41.431,15 €
	Summe:		**223.937,33 €**
HZV			
z.B. LKK	GP 0000		9.214,87 €
	BBP		2.314,26 €
	Summe:		**11.529,13 €**
z.B. IKK	P1		2.707,50 €
	BBP		250,00 €
	Summe:		**2.957,50 €**
Gesamt:			**238.423,96 €**

Abb. 3.8 Gesamtsumme der leistungs*un*abhängigen Einnahmen

Leistungsunabhängiger Geldanteil an Gesamtabrechnung:	238.423,96 €
Gesamteinnahmen des Quartals (Wiederholung):	430.000,00 €
Berechnung des leistungsunabhängigen Anteils an der Gesamtabrechnung:	55,45%
Berechnung des leistungsabhängigen Anteils an der Gesamtabrechnung:	44,55%

Abb. 3.9 Ermittlung des Anteils der leistungs*un*abhängigen und -abhängigen Einnahmen

die Pauschalleistungen bzw. Komplexe angesetzt werden? Hier fällt auf, dass diese in der Regel pro Patient anfallen. Wenn man davon ausgeht, dass nahezu alle Patienten im Quartal die Strukturpauschale, eine entsprechende Versichertenpauschale und je nach Morbidität und entsprechendem Alter auch die zugehörigen Chronikerpauschalen bekommen, so sieht man, dass diese leistungs*un*abhängigen Komplexzahlungen den Patientenzahlen folgen, also patientenabhängig und nicht arztleistungsabhängig sind. Somit folgen sie den eingebrachten Scheinen, die den Ärzten als „Eigentum" bereits zugeordnet wurden. So gesehen ist es sinnvoll und notwendig, den ermittelten leistungs*un*abhängigen Block (aus KV und HZV) nach den vertraglich festgelegten Gesellschaftsanteilen aufzuteilen, die den in die Gesellschaft eingebrachten materiellen und vorab erarbeiteten immateriellen Anteil der einzelnen Ärzte wiedergeben. Vor allem die vorab

erarbeitete und jedem Arzt zugewiesene Patientenzahl spiegelt dadurch die entsprechende Arbeitskraft wider. Durch die Verteilung nach den errechneten Gesellschafteranteilen, die der grundsätzlichen Arbeitskraft der jeweiligen Ärzte entsprechen, kann es hier nicht zu einem konkurrierenden Handeln kommen. So wird es völlig unerheblich, welcher Arzt als erster am Patienten „dran" war und damit die Versichertenpauschale generieren konnte, und es ist ebenso unerheblich, zu welcher Quartalszeit ein Gesellschafter Urlaub macht. Damit wird sämtliches Konfliktpotenzial vermieden (■ Abb. 3.10).

Fazit

Die leistungs*un*abhängigen Komplexzahlungen werden in der Regel pro Patient einmalig angesetzt. Sie sind folglich patientenabhängig und nicht arztleistungsabhängig. Somit folgen sie den eingebrachten Scheinen, die den Ärzten als „Eigentum"

3

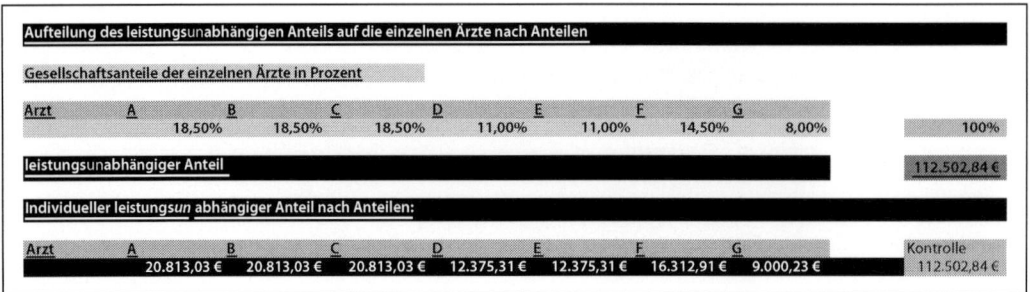

□ **Abb. 3.10**   Verteilung leistungs*un*abhängiger Anteile

bereits zugeordnet wurden. Der ermittelte leistungs*un*abhängige Block wird demnach nach den vertraglich festgelegten Gesellschaftsanteilen aufgeteilt, die der grundsätzlichen Arbeitskraft des entsprechenden Arztes entspricht.

3.4.6 Berücksichtigung von unterschiedlichen Arbeitszeiten und Fehltagen

Der so ermittelte individuelle leistungs*un*abhängige Anteil eines jeden Gesellschafters entspricht seiner vollzeitigen Tätigkeit für ein Quartal verglichen mit der vollzeitigen Tätigkeit seiner Kollegen.

Nun kommt es aber regelmäßig zu diversen Fehltagen im Quartal. Darunter fallen z. B. alle Urlaubstage, Fortbildungstage und auch Krankheitstage. Auch ein berufsbegleitendes Nebenstudium oder ein humanitärer Auslandsaufenthalt gehören hier dazu. Des Weiteren kommt es gerade bei älteren Gesellschaftern bzw. bei eingebundenen Abgeberpraxen zunehmend zu dem Wunsch, die Arbeitszeit zu reduzieren bzw. zusätzlich freie Tage zu nehmen. An dieser Stelle sei noch einmal betont, dass dieses System keine grundsätzlich regulierten Urlaubstage vorsieht. Jeder abwesende Tag, egal ob Urlaub oder Krankheit, ist ein Fehltag und wird so gewertet. Fehltage müssen gerechterweise das individuelle Einkommen reduzieren. Grundsätzlich gewährt diese Regelung aber, freie Tage freiberuflich selbstbestimmend zu gestalten und in Absprache mit den Praxisbelangen mehr oder weniger Urlaub zu machen. Dies alles, ohne dass ein anderer Kollege hier finanziell auch nur irgendetwas mitzutragen hat. Dasselbe gilt für unterschiedliche Arbeitszeiten oder Arbeitsbeginne. Da gerade Großpraxen oft durchgehende

Sprechstunden anbieten, sollte ohnedies eine Veranschlagung nach Stunden der Sprechstundentätigkeit erfolgen.

Im Umkehrschluss muss auch die Möglichkeit, mehr zu arbeiten, um damit sein Einkommen positiv zu verändern, erfasst werden. Andere Gesellschafter werden vertreten, oder es wird bewusst mehr gearbeitet. Ein junger Kollege, der aufgrund eines Hausbaus gerade mehr Einnahmen benötigt, kann dies durch Mehrarbeit erreichen. All dies soll problemlos möglich und letztlich abbildbar sein.

Einen weiteren wesentlichen Punkt gilt es zu berücksichtigen. Für die Gesellschaft sind nichtärztliche Sondertätigkeiten zu leisten, die als solche nicht extra vergütet werden (z. B. Geschäftsführungstätigkeit, Privatabrechnung, Buchung, Mahnverfahren, Computerextraarbeit wie Updates etc., Marketing, Buchhaltung, Finanzen, Strategiemaßnahmen, Steuerangelegenheiten). Diese Sondertätigkeitstage sind folgerichtig auch eine Art Mehrarbeit, sodass hierfür in der internen Gewinnverteilung ebenfalls eine Vergütungsregelung gefunden werden muss. Da der Arzt, der sich um diese Sondertätigkeiten kümmert, in dieser Zeit ebenfalls arbeitet, wenngleich nicht ärztlich, doch praxisbezogen, wird diese Zeit als normale Mehrarbeit gerechnet.

Für die interne Gewinnverteilung werden jetzt am Quartalsende die Fehltage saldiert mit evtl. zusätzlich geleisteten Arbeitstagen. Mit diesem Saldo erfolgt nun eine entsprechende Bereinigung des ermittelten individuellen leistungs*un*abhängigen Anteils eines jeden Gesellschafters.

Bei der anteilsmäßigen Fehl- und Zusatztageberechnung wird von folgender Überlegung ausgegangen: Bei einer 5-Tage-Woche bestehen bei 13 Quartalswochen $5 \times 13 = 65$ Arbeitstage. Da die Gesamtmenge der Arbeitstage eines jeden

Gesellschafters für diesen 100 % entspricht, entfallen auf jeden Tag (egal ob Fehltag oder Zusatztag) 1,5385 %. Damit ergäbe sich bei einem Quartal von 13 Wochen bei Abwesenheit im ganzen Quartal eine Reduzierung der aufzuteilenden Summe um bis zu 100 % für den entsprechenden Partner. Ihm würde in diesem Fall für dieses Quartal lediglich die Vorabverzinsung des eingesetzten Kapitals zustehen, da er ja weiter nichts „erarbeitet" hat.

Wenn wir jetzt eine Fehltagebereinigung der bereits berechneten leistungsunabhängigen Anteile eines jeden Gesellschafters vornehmen, so reduziert/erhöht sich dieser Anteil in Höhe des Anteils der genommenen Fehl-/Zusatztage multipliziert mit dem Tagesprozentsatz von 1,5385 % bezogen auf den individuellen leistungsunabhängigen Anteil eines jeden Gesellschafters (siehe ❏ Abb. 3.13).

Wenn ein Gesellschafter einen Fehltag hat, wird von der Überlegung ausgegangen, dass ihn alle übrigen Gesellschafter vertreten. Da die Gesellschafter aber verschiedene Arbeitsweisen und damit unterschiedliche Umsatzleistungen innehaben, darf der Gesellschafter, der den Fehltag hat, auch nur entsprechend seiner eigenen Leistungsfähigkeit den Fehltageswert verlieren, der ihm entspricht. Daher wird nicht jeder Fehltag der verschiedenen Gesellschafter gleich bewertet, sondern nur entsprechend seines persönlichen Anteils am Ertrag, d. h. ein Gesellschafter mit hohem Anteil und hohem Umsatz hat einen entsprechend „teureren" Fehltag als ein Gesellschafter mit niedrigerem Anteil und niedrigerem Umsatz.

Auf der anderen Seite wird bei einem Fehltag eines Gesellschafters dieser wiederum von allen übrigen Gesellschaftern nur mit deren eigener Leistungsfähigkeit vertreten. Daher müssen diese Gesellschafter quasi einen „Mehrarbeitszuschlag" für die Vertretung des fehlenden Gesellschafters zugeschlagen bekommen, aber auch wiederum nur entsprechend ihrer eigenen Leistungsfähigkeit und Umsatzstärke.

Es muss also berechnet werden, mit welcher Arbeitskraft und zu welchem Anteil jeder Gesellschafter einen anderen Gesellschafter vertreten kann und dies bei Fehltagen unterschiedlicher Gesellschafter. Hierzu müssen zur Berechnung der Anteil des zu vertretenden Gesellschafters herausgenommen und alle vertretenden Gesellschafter neu zu 100 % zusammengefasst werden. Damit kommt es zu ganz unterschiedlichen Ergebnissen und Prozentanteilen, je nachdem, welcher Gesellschafter fehlt und durch wen dieser vertreten wird. Dies ist richtig und notwendig, da es sonst zu einer Verzerrung der Gesamtsumme käme.

Fehlt also z. B. Gesellschafter A, so verteilt sich sein Fehltageswert auf die unterschiedlichen Anteile der Gesellschafter B bis G, entsprechend ihrer eigenen Fähigkeit und Leistungsstärke, den Gesellschafter A zu vertreten. Fehlt Gesellschafter B, so verteilt sich sein individueller Fehltageswert entsprechend der Leistungsfähigkeit der anderen auf die Gesellschafter A und C bis G. ❏ Abb. 3.11 zeigt die Bewertung aller Fehltage der betroffenen Gesellschafter und aller betroffenen Vertreter.

Am Ende der Berechnung wird dann die Summe des Mehrwertes für jeden Gesellschafter aus der Vertretung aller anderen Gesellschafter ermittelt (❏ Abb. 3.12).

Wird jetzt zusammenfassend der Anteil der Fehltage eines jeden Gesellschafters saldiert mit dem „Mehrarbeitszuschlag" durch seine Vertretungstätigkeit der fehlenden anderen Kollegen (❏ Abb. 3.13), so ergibt sich jetzt der Wert der Fehltagebereinigung des leistungsunabhängigen Anteils eines jeden Kollegen im Quartal.

Die Summe des leistungsunabhängigen Gesamtblocks wird hierdurch nicht verändert, sie muss in der Kontrolle identisch sein, da es nur zu einer Verschiebung innerhalb der Gesellschafter kommt, die sich aus deren entsprechenden Fehltagen und damit reduzierter oder vermehrter Arbeitsleistung ergibt.

All diese Überlegungen können in einem Kalkulationsprogramm einmalig voreingestellt werden. Die theoretische Vorstellung dieser Berechnungsweise dient insbesondere dem tieferen Verständnis dieses Vergütungssystems mit seinen vielfältigen, aber umfassenden Stellschrauben.

Fazit

Nachdem für jeden Arzt der Anteil des leistungsunabhängigen Blocks für seine volle Arbeitskraft berechnet wurde, bedarf es einer entsprechenden Korrektur dieses Anteils sowohl bei Fehltagen als auch bei Mehrarbeit. Diese Korrektur gelingt nicht nur zeitbezogen, sondern auch mit einem individuellen Bezug, da jeder Arzt auch nur entsprechend seiner Arbeitsleistung fehlen oder mehr arbeiten kann.

3

Berechnung des Mehrarbeitszuschlages für die individuelle Vertretung des fehlenden Gesellschafters								
Wiederholung der festgelegten Gesellschaftsanteile zur Verteilung der leistungsunabhängigen Anteile:								
18,5%	18,5%	18,5%	11,0%	11,0%	14,5%	8,0%		100%
Gesellschaftsanteile ohne jeweiligen Fehlgesellschafter								Kontrolle
A	fehlt	23%	23%	13%	13%	18%	10%	100%
B	23%	fehlt	23%	13%	13%	18%	10%	100%
C	23%	23%	fehlt	13%	13%	18%	10%	100%
D	21%	21%	21%	fehlt	12%	16%	9%	100%
E	21%	21%	21%	12%	fehlt	16%	9%	100%
F	22%	22%	22%	13%	13%	fehlt	9%	100%
G	20%	20%	20%	12%	12%	16%	fehlt	100%

Abb. 3.11   Individueller Anteil der Vertretung anderer Gesellschafter

Mehrarbeitszuschläge für die Vertretung der unterschiedlichen Gesellschafter im Quartal							Kontrolle
A	- €	- €	- €	- €	- €	- €	- €
B	363,43 €		363,43 €	216,09 €	216,09 €	284,85 €	157,16 €	1.601,04 €
C	508,80 €	508,80 €		302,53 €	302,53 €	398,79 €	220,02 €	2.241,46 €
D	79,15 €	79,15 €	79,15 €		47,06 €	62,04 €	34,23 €	380,79 €
E	395,76 €	395,76 €	395,76 €	235,32 €		310,19 €	171,14 €	1.903,94 €
F	217,22 €	217,22 €	217,22 €	129,16 €	129,16 €		93,93 €	1.003,90 €
G	111,38 €	111,38 €	111,38 €	66,22 €	66,22 €	87,30 €		553,87 €
								Kontrolle
Gesamt:	1.675,73 €	1.312,31 €	1.166,94 €	949,32 €	761,06 €	1.143,16 €	676,48 €	7.685,00 €

Abb. 3.12   Beispielhafte Mehrarbeitszuschläge

Fehl- und Zusatztagebereinigung für die leistungsunabhängigen Anteile							
Prozentsatz pro Tag	1,5385%						
multipliziert mit							
Saldo Fehl-, Zusatz- und Tätigkeitstage							
A	B	C	D	E	F	G	
0	5	7	2	10	4	4	
multipliziert mit							
Individueller leistungs**un**abhängiger Anteil nach Gesellschafteranteilen							
20.813,03 €	20.813,03 €	20.813,03 €	12.375,31 €	12.375,31 €	16.312,91 €	9.000,23 €	
ergibt							
Fehltageabzug der einzelnen Ärzte							Kontrolle
- €	1.601,04 €	2.241,46 €	380,79 €	1.903,94 €	1.003,90 €	553,87 €	7.685,00 €
zusätzlich							
Mehrarbeitszuschlag für die individuelle Vertretung des fehlenden Gesellschafters							
1.675,73 €	1.312,31 €	1.166,94 €	949,32 €	761,06 €	1.143,16 €	676,48 €	7.685,00 €
Fehltagebereinigung der jeweiligen leistungsunabhängigen Anteilssumme (Saldo Fehltage und Mehrarbeitszuschlag)							
Saldo:	1.675,73 € -	288,73 € -	1.074,52 €	568,53 € -	1.142,88 €	139,27 €	122,60 €	0 €

Abb. 3.13   Bereinigung des leistungsunabhängigen Anteils nach Fehl- und Zusatztagen

3.4.7 Ermittlung der leistungsabhängigen Anteile

Die leistungsabhängigen Leistungen sind, wie der Name schon sagt, rein von der unmittelbar erbrachten Leistung eines Arztes abhängig. Hierzu zählen beispielsweise Ultraschalluntersuchungen, Vorsorgeleistungen, Hausbesuche, Sonderleistungen wie Chirotherapie, Psychosomatik, aber auch delegierbare Leistungen wie z. B. Spirometrie und Belastungs-EKG.

Da alle selbsterbrachten und alle delegierten Leistungen in der Abrechnung mit entsprechenden Kürzeln markiert werden müssen, hinter denen die lebenslange Arztnummer (LANR) der einzelnen Partner hinterlegt ist, ist es ein leichtes,

Ermittlung und Aufteilung des leistungsabhängigen Anteils auf die einzelnen Ärzte

Leistungsstatistik der nach LANR markierten GKV-Leistungen im Quartal							
	A	B	C	D	E	F	G
KV	30.510,26 €	28.301,56 €	27.457,35 €	25.287,99 €	23.312,82 €	22.891,96 €	16.584,32 €
Herausrechnen markierter Komplexziffern							
KV	Komplexziffern						
03001	0	0	2	0	3	1	0
03002	188	115	161	100	101	98	117
03003	105	101	71	101	75	80	55
03004	117	175	167	215	148	180	140
03005	115	116	100	201	144	115	133
03220	214	201	199	234	154	188	177
03221	187	198	170	201	130	167	143
dazugehörige Eurobeträge							
38,55 €	- €	- €	77,10 €	- €	115,65 €	38,55 €	- €
34,70 €	6.523,60 €	3.990,50 €	5.586,70 €	3.470,00 €	3.504,70 €	3.400,60 €	4.059,90 €
39,32 €	4.128,60 €	3.971,32 €	2.791,72 €	3.971,32 €	2.949,00 €	3.145,60 €	2.162,60 €
17,35 €	2.029,95 €	3.036,25 €	2.897,45 €	3.730,25 €	2.567,80 €	3.123,00 €	2.429,00 €
16,00 €	1.840,00 €	1.856,00 €	1.600,00 €	3.216,00 €	2.304,00 €	1.840,00 €	2.128,00 €
20,00 €	4.280,00 €	4.020,00 €	3.980,00 €	4.680,00 €	3.080,00 €	3.760,00 €	3.540,00 €
4,00 €	748,00 €	792,00 €	680,00 €	804,00 €	520,00 €	668,00 €	572,00 €
Abzug	19.550,15 €	17.666,07 €	17.612,97 €	19.871,57 €	15.041,15 €	15.975,75 €	14.891,50 €
Summe KV:	10.960,11 €	10.635,49 €	9.844,38 €	5.416,42 €	8.271,67 €	6.916,21 €	1.692,82 €

Abb. 3.14 Neutralisierung der bereits verrechneten Pauschalleistungen

die entsprechenden Leistungen dem Arzt, der sie erbracht hat, statistisch zuzuordnen.

Hierzu werden die Statistiken der markierten und abgerechneten Leistungen der einzelnen Ärzte herangezogen. Von Grund auf rein leistungsabhängig sind die entsprechenden Leistungen aus der gesamten privatärztlichen und der BG-ärztlichen Abrechnung. Die in der Statistik markierten Leistungen aus der KV und den Selektivverträgen müssen noch um die jeweiligen Pauschalleistungen neutralisiert werden. Da die Pauschalen ja nicht leistungsabhängig sind, wurden sie bereits im ▶ Abschn. 3.4.5 separat betrachtet und verteilt. Da sie gegenüber der KV aber ebenso nach LANR markiert sein müssen, erscheinen sie in den Statistiken über die Leistungen einzelner Ärzte erneut. Daher werden diese in den Statistiken der Leistungsbezogenheit neutralisiert, also abgezogen. ◘ Abb. 3.14 veranschaulicht diese Vorgehensweise am Beispiel der Statistik der KV-Leistungen.

Die Berechnung der leistungsabhängigen HZV-Leistungen erfolgt analog. Bei der Statistik der Privatleistungen entfällt dieser Schritt, da er nicht benötigt wird.

Je nach Wunsch und Erfordernis kann auch noch die erfolgte Bereinigung durch sachliche und rechnerische Richtigstellung durch die KV individuell zugeordnet werden. Die gesamte Berechnung kann im ▶ Kap. 4 „Tabellenkalkulation" eingesehen werden.

Werden abschließend alle leistungsbezogenen Kategorien für alle Gesellschafter einzeln zusammengefasst, so ergibt sich wiederum eine prozentuale Aufschlüsselung des Anteils jeden Gesellschafters. Dieser prozentuale Anteil kann jetzt auf den zuvor ermittelten leistungsabhängigen Block angewendet werden. Das Ergebnis, das ◘ Abb. 3.15 zeigt, ist der Anteil der leistungsabhängigen Leistungen eines jeden Gesellschafters an der Gesamtabrechnung.

Eine Fehl- oder Zusatztagebereinigung wie bei den leistungsunabhängigen Leistungen wird hier nicht benötigt, da an Fehltagen sowieso keine leistungsabhängigen Leistungen generiert werden können und an Zusatztagen die erwirtschafteten Zahlen hier automatisch eingeschlossen sind.

Was an dieser Stelle aber in ähnlicher Weise berücksichtigt werden muss, ist eine sog. Tätigkeitsbereinigung, wie sie im nachfolgenden Kapitel beschrieben wird.

Fazit

Leistungsabhängige Leistungen aus KV, HZV und Privatbehandlungen können statistisch direkt dem entsprechenden Behandler zugeordnet werden. Durch Zusammenfassung dieser Leistungen ergibt sich der Gesamtanteil eines Arztes an allen leistungsabhängigen Leistungen der Praxis.

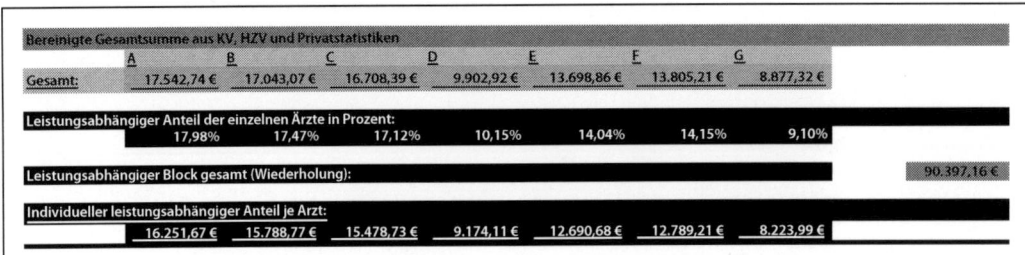

Bereinigte Gesamtsumme aus KV, HZV und Privatstatistiken							
	A	B	C	D	E	F	G
Gesamt:	17.542,74 €	17.043,07 €	16.708,39 €	9.902,92 €	13.698,86 €	13.805,21 €	8.877,32 €

Leistungsabhängiger Anteil der einzelnen Ärzte in Prozent:							
	17,98%	17,47%	17,12%	10,15%	14,04%	14,15%	9,10%

Leistungsabhängiger Block gesamt (Wiederholung):							
							90.397,16 €

Individueller leistungsabhängiger Anteil je Arzt:							
	16.251,67 €	15.788,77 €	15.478,73 €	9.174,11 €	12.690,68 €	12.789,21 €	8.223,99 €

◻ **Abb. 3.15**   Zusammenfassung der leistungsabhängigen Anteile

3.4.8 Berücksichtigung von nichtärztlichen, jedoch praxisbezogenen Tätigkeiten

In jeder Praxis fallen eine Reihe von nichtärztlichen, aber notwendigen Sondertätigkeiten an. Diese sind z. B. Geschäftsführungstätigkeiten, Privatabrechnungen, Mahnverfahren, Computerextraarbeiten wie Updates etc., Marketingmaßnahmen, Buchhaltung, Finanzen, Strategiemaßnahmen und Steuerangelegenheiten.

Für diese Tätigkeiten fallen keine externen Vergütungen an. Daher wird von folgender Überlegung ausgegangen: Da für die Gesellschaft nichtärztliche Sondertätigkeiten zu leisten sind, die als solche nicht vergütet werden, sollten diese Tätigkeiten im Innenverhältnis honoriert werden, da sie für die Praxis unabdingbar sind, oft erst ein reibungsloses Arbeiten gewähren und für alle anderen Gesellschafter von Vorteil sind. Bei der Aufteilung der leistungs*un*abhängigen Leistungen wurde dieser Aufwand bei der Zusatztagebereinigung bereits berücksichtigt. Dies reicht aber nicht aus. Die nichtärztlichen Sondertätigkeiten benötigen einen weiteren Aufschlag bei der Einnahmenverteilung auch der leistungsabhängigen Leistungen. In der Zeit nämlich, in der diese Sondertätigkeiten von einem Gesellschafter durchgeführt werden, kann sich dieser nicht an der Erwirtschaftung von direkten Einnahmen aus ärztlicher Tätigkeit beteiligen und daher für sich keine ärztlich messbaren Leistungen erbringen. Ohne Tätigkeitstagebereinigung würde er hier also benachteiligt werden, obwohl er für die Praxis und für die anderen Gesellschafter tätig ist. Deshalb muss hier – analog der Zusatztageberechnung – eine geldwerte Zuweisung berechnet werden.

Es gibt zwei Möglichkeiten zur Berechnung, die alternativ gewählt werden können.

▪▪ Variante 1

Es wird analog der Fehl- und Zusatztagebereinigung vorgegangen. Dafür wird wieder der ermittelte prozentuale Ausgleich für einen Tag von 1,5385 % herangezogen. Dieser muss wiederum auf den individuellen leistungs*un*abhängigen Anteil eines jeden Gesellschafters bezogen werden, der den vertraglich festgelegten Gesellschaftsanteilen, die den in die Gesellschaft eingebrachten materiellen und vorab erarbeiteten immateriellen Anteil der einzelnen Ärzte wiedergeben, folgt. Die Bezugsgröße des leistungs*un*abhängigen Anteils bei der Berechnung der leistungsabhängigen Größe kann kontrovers diskutiert werden. Für Fälle, in denen die leistungsabhängigen Leistungen eines Gesellschafters sich erheblich von seinen gesellschaftsanteilbezogenen Leistungen unterscheiden, wäre hier eine ungerechtfertigte Verschiebung zu erwarten. Nach langjähriger Beobachtung der individuellen Leistungen aus diesen beiden Kernbereichen lässt sich allerdings feststellen, dass es hier, insbesondere, wenn die Gesellschaftsanteile richtig berechnet wurden, nur zu marginalen Verschiebungen kommt. Leider findet sich keine andere Bezugsgröße bei den leistungsabhängigen Werten. Der leistungsabhängige Anteil kann als Bezugsgröße nicht fungieren, da dieser ja, wie der Name schon sagt, leistungsabhängig ist und damit bei weniger Patientenarbeit absinkt, mit der Folge, dass derjenige Gesellschafter, der zusätzlich Praxisarbeiten leistet und damit selbst weniger ärztliche Leistungen generieren kann, benachteiligt würde. Folglich bleibt, wie ◻ Abb. 3.16 zeigt, nur die Möglichkeit, als feste Bezugsgröße ebenfalls den konstanten

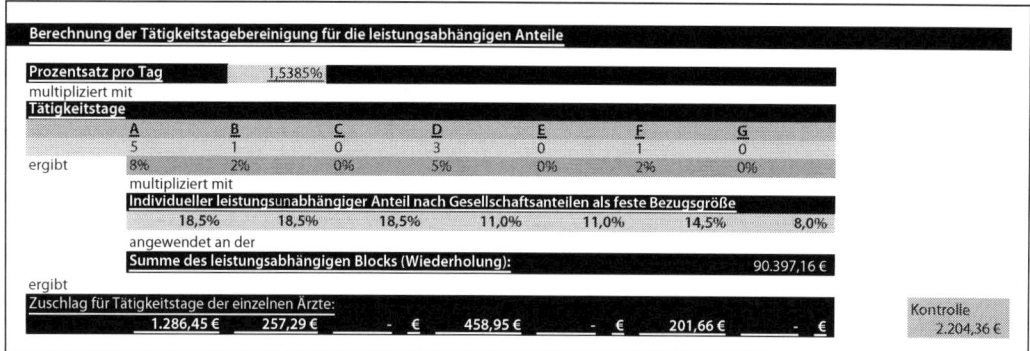

Abb. 3.16 Zuschlagsberechnung für nichtärztliche Sondertätigkeiten

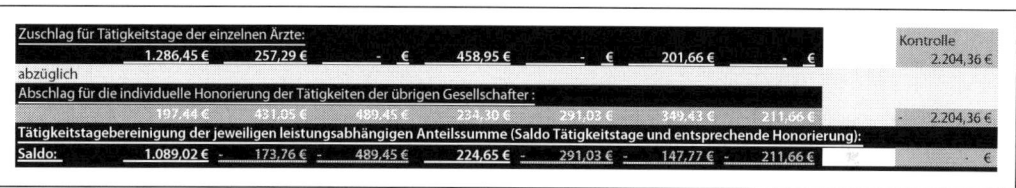

Abb. 3.17 Tätigkeitstagebereinigung

gesellschaftsteilabhängigen leistungs*un*abhängigen Anteil heranziehen. Wer sich hiermit nicht wohlfühlt, sollte die einfachere Variante 2 der Berechnung verwenden.

Bei der Tätigkeitstagebereinigung würde also jetzt für jeden Gesellschafter ein Aufschlag in Höhe des Anteils der geleisteten Tätigkeitstage multipliziert mit dem ermittelten Tagesprozentsatz von 1,5385 % bezogen auf den individuellen leistungs*un*abhängigen Anteil eines jeden Gesellschafters anfallen.

Wenn ein Gesellschafter einen zusätzlichen Tätigkeitstag hat, der allen anderen Gesellschaftern zugutekommt, wird von der Überlegung ausgegangen, dass ihn die übrigen Gesellschafter dafür honorieren. Da die Gesellschafter aber verschiedene Umsatzleistungen innehaben, bekommt der Gesellschafter, der den Tätigkeitstag hat, in dieser Variante der Berechnung den Tätigkeitstag zusätzlich wiederum entsprechend seines persönlichen Anteils am Ertrag honoriert.

Auf der anderen Seite wird bei einem Tätigkeitstag eines Gesellschafters dieser wiederum von allen übrigen Gesellschaftern nur mit deren eigener Leistungsfähigkeit und Umsatzstärke honoriert. Daher

bekommen diese Gesellschafter für die Honorierung des zusätzlich tätigen Gesellschafters einen entsprechenden individuellen Abschlag.

Es muss also berechnet werden, welchen Anteil jeder Gesellschafter einem anderen Gesellschafter zusätzlich für Sondertätigkeiten honorieren muss, und dies wiederum bei Sondertätigkeiten unterschiedlicher Gesellschafter. Dieses Vorgehen ist analog zu dem Vorgehen bei der Fehl- und Zusatztagebereinigung und kann in der Tabellenkalkulation im ▸ Kap. 4 eingesehen werden. Es kommt dabei wieder zu ganz unterschiedlichen Ergebnissen und Prozentanteilen, je nachdem, welcher Gesellschafter zusätzlich tätig ist und durch wen dieser honoriert wird.

Hat also z. B. Gesellschafter A einen zusätzlichen Tätigkeitstag, so verteilt sich sein Tätigkeitstageswert auf die unterschiedlichen Anteile der Gesellschafter B bis G, entsprechend ihrer eigenen Fähigkeit und Leistungsstärke usw. So werden alle Tätigkeitstage aller betroffenen Gesellschafter individuell bewertet und allen nichttätigen Gesellschaftern entsprechend belastet. Am Ende der Berechnung wird dann die Summe des Mehrwertes der zusätzlichen Tätigkeit für jeden Gesellschafter ermittelt. Danach kann der Saldo der Tätigkeitstage eines jeden Gesellschafters mit dem entsprechenden Abzug für die Honorierung der anderen zusätzlich tätigen Gesellschafter berechnet werden. Dadurch ergibt sich, wie ◘ Abb. 3.17 zeigt, die entsprechende Tätigkeitstagebereinigung des leistungsabhängigen Anteils jedes Kollegen.

Die Summe des leistungsabhängigen Gesamtblocks wird hierdurch nicht verändert, da es wiederum nur zu einer Verschiebung innerhalb der Gesellschafter kommt, die sich aus entsprechenden Tätigkeitstagen und damit erhöhter Arbeitsleistung ergibt. Dies ist ein spiegelbildliches Vorgehen zur Fehltagebereinigung (siehe ◘ Abb. 3.13).

▪ ▪ Variante 2

Das Vorgehen bei der Berechnung mit Variante 1 ist für viele Praxismodelle gut anzuwenden, insbesondere, wenn sich **ein** Gesellschafter um diese zusätzlichen Tätigkeiten kümmert. Probleme können dann auftreten, wenn diese unterschiedlich verteilt sind. Ein Beispiel soll dies verdeutlichen:

Es soll ein neues Ultraschallgerät gekauft werden. Gesellschafter A, ein sehr umsatzstarker Gesellschafter, der sich gleichzeitig um die Finanzen kümmert und Gesellschafter D, der sehr technisch erfahren ist, sich sehr belesen hat und sich bereits im Vorfeld mit vielen Gerätevergleichen beschäftigt hat, fahren zusammen auf die Medizingerätemesse um vor Ort zu entscheiden, welches Gerät gekauft wird.

Da sie hierzu einen ganzen Tag veranschlagen müssen und dieser Tag eine Tätigkeit für die Praxis bedeutet, wird er als Tätigkeitstag gerechnet. Da aber Gesellschafter D, ein besorgter und reizender Kollege, aufgrund seiner Arbeitsweise nicht zu den umsatzstarken Kollegen gehört, würde jetzt der Fall eintreten, dass beide Gesellschafter, A und D, dieselbe zeitgleiche Sondertätigkeit leisten, aber aufgrund des Bezuges zum Gesellschafteranteil diesen gemeinsamen Tag völlig unterschiedlich honoriert bekämen. Zu Recht wird Gesellschafter D darüber nicht erfreut sein.

Daher bietet diese Variante 2 der Berechnung die Möglichkeit, für die Tätigkeitstage eine feste, für alle Kollegen gleiche Bezugsgröße heranzuziehen, um hier für nichtärztliche Tätigkeiten Gleichheit zu schaffen. Dies gelingt am besten mit einem festen Stundensatz. Dieser wird erfahrungsgemäß zwischen 50 und 60 Euro liegen. Letztlich muss er innerhalb der Praxis beschlossen werden. Einen schnell zu ermittelnden groben Schätzwert kann man sich dadurch errechnen, dass man den gesamten Block der leistungsabhängigen Leistungen durch die Anzahl der Quartalarbeitsstunden aller Gesellschafter teilt.

In der ◘ Abb. 3.18 wird mit einem Stundenwert von 60,- Euro gerechnet.

Im Falle der Variante 2 mit festem Stundenvergütungssatz erfolgt der Ausgleich nicht über den Anteil der leistungsabhängigen Zahlen, da er hier wieder prozentual verändert würde, sondern unverändert als fester Wert im Bereich der individuellen Sonderleistungen (siehe ◘ Abb. 3.6). Nur so ist gewährleistet, dass diese Vergütung in der angestrebten Höhe auch zur Auszahlung kommt.

Fazit

Nichtärztliche Sondertätigkeiten innerhalb der Praxis, wie z. B. Geschäftsführungstätigkeiten und Computerpflege, die als solche extern nicht vergütet werden, sollen im Innenverhältnis ebenfalls honoriert werden. Die nichtärztlichen Sondertätigkeiten benötigen einen Aufschlag bei der Einnahmenverteilung auch der leistungsabhängigen Leistungen, da in dieser Zeit keine Erwirtschaftung von direkten Einnahmen aus ärztlicher Tätigkeit möglich ist. Um hier einer Benachteiligung entgegenzuwirken, werden zwei verschiedene Berechnungsvarianten vorgestellt.

3.4.9 Gesamtergebnis des Quartals und des Geschäftsjahres

In den vorstehenden Abschnitten wurden ausführlich die Bedeutung und die Anwendung der einzelnen Module besprochen. Jetzt gilt es, zu einem Gesamtergebnis des Quartals zu kommen. Jeder Gesellschafter möchte ja am Ende der Berechnung wissen, was er erarbeitet hat und mit welchem Geld er rechnen kann.

Um zu dem individuellen Quartalsergebnis eines jeden Gesellschafters zu kommen, werden jetzt alle verwendeten Module, wie ◘ Abb. 3.19 zeigt, zu einer Summe zusammengefasst.

Es beginnt mit dem ermittelten leistungs*unab*hängigen Anteil (fehltagebereinigt), danach

Jeder Gesellschafter bekommt für seine zusätzlichen Tätigkeiten für die Praxis einen festgesetzten Stundensatz, z. B. 60,- Euro bei einem 7-Stunden Tag ergäbe sich ein Tagessatz von 420,- Euro							
Ermittlung Zuschlag Tätigkeitstage als Sondereinnahme							
Tätigkeitstage							
A	B	C	D	E	F	G	
5	1	0	3	0	1	0	
multipliziert mit festem Tagessatz							
Summe: 2.100,00 €	420,00 €	- €	1.260,00 €	- €	420,00 €	- €	4.200,00 €

Abb. 3.18 Alternative Berechnung mit gleichem festem Stundensatz

Zusammenfassung							
A	B	C	D	E	F	G	Kontrolle
Leistungs*un*abhängig							
22.488,76 €	20.524,29 €	19.738,50 €	12.943,84 €	11.232,43 €	16.452,18 €	9.122,83 €	112.502,84 €
Leistungsabhängig							
17.340,69 €	15.615,01 €	14.989,27 €	9.398,76 €	12.399,66 €	12.641,44 €	8.012,33 €	90.397,16 €
Zusatz Vorabverzinsung							
2.081,25 €	2.081,25 €	2.081,25 €	1.237,50 €	1.237,50 €	1.631,25 €	900,00 €	11.250,00 €
Zusatz Sonderleistungen							
2.150,00 €	3.000,00 €	4.100,00 €	2.650,00 €	2.600,00 €	3.100,00 €	2.000,00 €	19.600,00 €
Gesamtsumme der Quartalsleistungen:							
Summe: 44.060,70 €	41.220,56 €	40.909,02 €	26.230,10 €	27.469,59 €	33.824,87 €	20.035,16 €	233.750,00 €
Abzug Vorwegentnahmen							
15.000,00 €	15.000,00 €	13.500,00 €	10.500,00 €	10.500,00 €	10.500,00 €	10.500,00 €	
Verbleibende Restauszahlung für das Quartal:							
29.060,70 €	26.220,56 €	27.409,02 €	15.730,10 €	16.969,59 €	23.324,87 €	9.535,16 €	

Abb. 3.19 Zusammenfassung des Quartalsergebnisses

werden der ermittelte leistungsabhängige Anteil (tätigkeitstagebereinigt bei Variante 1), der anfangs ermittelte Anteil für die Vorabverzinsung und der für die individuellen Sonderleistungen (mit Tätigkeitsbereinigung bei Variante 2) zugefügt. Somit ergibt sich die Gesamtsumme der auszahlungsfähigen Quartalsergebnisse eines jeden einzelnen Gesellschafters.

Diejenigen Vorabentnahmen, die in der Regel monatlich als Abschlag an alle Gesellschafter ausbezahlt werden, müssen hiervon abgezogen werden. Zur Restauszahlung der internen Quartalsberechnung kommt dann der Wert des Gesamtquartalsergebnisses abzüglich der bereits erfolgten Vorwegentnahmen.

Neben dem Wert dieses Gesamtquartalsergebnisses wird am Geschäftsjahresende ein Gesamtjahresgewinn benötigt. Dies zum einen aus steuerlicher Sicht, zum anderen auch aus Gründen der gerechten Betriebskostenverteilung.

Jede Praxis benötigt am Geschäftsjahresende neben der einheitlichen Gewinnfeststellung auch die gesonderte Gewinnfeststellung für jeden Gesellschafter. Hierfür wird ein steuerlicher Jahresgesamtgewinn benötigt. Aber nicht nur steuerlich ist ein Jahresergebnis nötig, auch im Praxisbetrieb ist ein solches sinnvoll. Eine hohe Betriebskostennachzahlung oder die Versicherungsprämien sind einmal jährlich zu bezahlen, betreffen aber das Gesamtjahr und dürfen deshalb Quartalsergebnisse nicht wesentlich beeinträchtigen. An dieser Stelle sei noch einmal betont, dass die Beteiligung an allen Betriebskosten und an allen Investitionen sich letztlich prozentual zum individuellen Leistungsumsatz verhält. Das heißt, dass ein umsatzstarker Gesellschafter konsekutiv einen höheren Betriebskostenanteil abdeckt

Jahresgewinn	Beispiel							
Jahresgewinn Praxis	1.000.000,00 €							
		A	B	C	D	E	F	G
./. Vorabgewinn Quartal I - IV	45.000,00 €	8.325,00 €	8.325,00 €	8.325,00 €	4.950,00 €	4.950,00 €	6.525,00 €	3.600,00 €
./. individuelle Sonderleistungen Quartal I-I	78.400,00 €	8.600,00 €	12.00,00 €	16.400,00 €	10.600,00 €	10.400,00 €	12.400,00 €	8.000,00 €
Zwischensumme vor Verteilung:	876.600,00 €							
Jahresprozentsatz der Leistungen	100%	19%	18%	18%	12%	11%	15%	7%
Summen nach Verteilung:	876.600,00 €	166.554,00 €	157.788,00 €	157.788,00 €	105.192,00 €	96.426,00 €	131.490,00 €	61.362,00 €
Summen gesamt je Arzt:	1.000.000,00 €	183.479,00 €	178.113,00 €	182.513,00 €	120.742,00 €	111.776,00 €	150.415,00 €	72.962,00 €

▢ Abb. 3.20   Errechnung des Jahresgewinns

Kapitalkonto							
Arzt	A	B	C	D	E	F	G
Stand 01.01. Geschäftsjahr	- €	- €	- €	- €	- €	- €	- €
./. Entnahmen im Geschäftsjahr	185.000,00 €	180.000,00 €	180.000,00 €	120.000,00 €	115.000,00 €	150.000,00 €	73.000,00 €
.+ Gewinnanteil im Geschäftsjahr	183.479,00 €	178.113,00 €	182.513,00 €	120.742,00 €	111.776,00 €	150.415,00 €	72.962,00 €
Stand 31.12. Geschäftsjahr	- 1.521,00 €	- 1.887,00 €	2.513,00 €	742,00 €	- 3.224,00 €	415,00 €	- 38,00 €

▢ Abb. 3.21   Kapitalkonto

als ein umsatzschwächerer. Ein „Niedrigverdiener" braucht also keine Angst zu haben, für Betriebskosten oder für Investitionen unverhältnismäßig herangezogen zu werden.

Der Gesamtjahresgewinn einer Praxis ergibt sich aus der einheitlichen Gewinnfeststellung des Steuerberaters. Um zur gesonderten Gewinnfeststellung jeden Gesellschafters zu gelangen, wird, wie ▢ Abb. 3.20 veranschaulicht, folgendermaßen verfahren: Aus der Gewinnverteilung aller vier Quartale des Geschäftsjahres wird für jeden Gesellschafter eine Summe seiner Vorverzinsungen und seiner individuellen Sonderleistungen gebildet. Diese werden für alle Gesellschafter zusammengefasst und zunächst von dem Gesamtjahresgewinn abgezogen. Was jetzt übrig bleibt, ist der zu verteilende Gewinn des Jahres nach Anteilen und Leistung.

In einem weiteren Schritt werden aus den Gewinnverteilungen der vier Quartale eines Jahres die Anteile aus leistungs*un*abhängigen und leistungsabhängigen Leistungen addiert. Werden diese Summen untereinander ins Verhältnis gesetzt, so ergibt sich ein Jahresprozentsatz der erwirtschafteten Leistungen. Dieser prozentuale Schlüssel wird jetzt auf den zu verteilenden Gewinn angewendet

und ergibt den realen Geldanteil für jeden Gesellschafter. Dieser Anteil zuzüglich seiner Jahresvorabverzinsung zuzüglich seiner jahresindividuellen Sonderleistungen ergibt das gesonderte zu versteuernde Gesamtergebnis vor Sonderbetriebsausgaben.

Unbedingt empfehlenswert ist das Führen sog. Kapitalkonten. Diese spiegeln für jeden Gesellschafter das Verhältnis aus zustehendem Gewinn und tatsächlicher Entnahmen wider. Über- oder Unterentnahmen aus den Quartalen können so im Kapitalkonto dargestellt und gegebenenfalls ausgeglichen werden (▢ Abb. 3.21).

Fazit

Die letzten Kapitel dienten insbesondere dem Verständnis und der Erkenntnis der Notwendigkeit, die interne Gewinnverteilung im Sinne der Transparenz und der Leistungsbezogenheit für jeden Gesellschafter gerecht zu regeln. Die individuellen Leistungen, aber auch die Unterschiede der einzelnen Gesellschafter gilt es herauszuarbeiten und entsprechend abzubilden. Sinn und Zweck dieser Vorgehensweise ist es, dass jeder seine Leistung und seinen Einsatz korrekt abgebildet sehen kann. Kein Gesellschafter darf das Gefühl haben, für den anderen mitzuarbeiten, zu hoch an Unkosten beteiligt zu sein oder Teile seiner Leistung zu wenig berücksichtigt zu bekommen. Es darf keine Rolle spielen, ob Gesellschafter A im Jahr zwei Wochen mehr Urlaub gemacht hat als Gesellschafter B. Auch darf es keine Differenzen geben, wenn Gesellschafter C die Zulassung für Sonografie und Chirotherapie hat, Gesellschafter D nicht.

Durch die Berücksichtigung sehr umfangreicher individueller Unterschiede ist dies kein einfaches, schnelles System, schafft aber durch die Einarbeitung der entsprechenden Daten und Statistiken den gewünschten Spagat zwischen den schwierigen Vorgaben in der deutschen Abrechnungssystematik und den geforderten harten Kriterien an ein internes Vergütungssystem. Dabei muss lediglich aktuelles Datenmaterial des jeweiligen Quartals neu eingespeist werden, die Tabellenkalkulation mit der Rechen- und der Denkarbeit kann voreingestellt werden. Das System bietet dadurch alle Voraussetzungen, die finanzielle Verteilung zur Zufriedenheit aller zu regeln, Planungssicherheit zu geben und das Zusammenarbeiten in einer BAG

zu stabilisieren. Wenn durch ein solches System die Ursache von Zwistigkeiten und Benachteiligungsgefühlen beseitigt werden kann, rechtfertigt dies den Aufwand bei weitem. Die Hauptursache für das Scheitern eine BAG kann beseitigt werden. Das Problem einer gerechten internen Gewinnverteilung darf kein Anlass mehr für das Scheitern einer BAG sein. Hierfür gibt es Lösungen!

Literatur

Ullmann, Andreas: Zentrale Großpraxis – Geschäftsmodell der Zukunft, Projektarbeit der Universität St. Gallen, Hochschule für Wirtschafts-, Rechts- und Sozialwissenschaften (HSG) zur Erlangung des Titels Executive MBA HSG, 2012

Welling, Heinz: Das Handbuch für den Praxiserfolg, 3. überarbeitete Auflage, Stuttgart: Georg Thieme Verlag KG Stuttgart, New York, 2005

Kassenärztliche Bundesvereinigung KBV, Geschäftsführung des Bewertungsausschusses nach § 87 Abs. 1 Satz 1 SGB V, Einheitlicher Bewertungsmaßstab (EBM) Stand 4/2014, erstellt am 23.9.2014

Tabellenkalkulation

© Springer-Verlag Berlin Heidelberg 2016
A. Ullmann, D. Busch, *Ärztliche Großpraxis*, Erfolgskonzepte Praxis- & Krankenhaus-Management
DOI 10.1007/978-3-662-50508-3_4

4.1   Präferenzvergütungsmodell mit Musterberechnung für ein Quartal (Fantasiezahlen)

Das Präferenzmodell besteht aus einer Hauptmaske und verschiedenen Anlagen, die modulartig benutzt werden können. Diese berechnen jeweils eigene Sachverhalte. Diese Anlagen können in ihrer Gesamtheit benutzt werden oder entsprechend den Wünschen und Anforderungen des Anwenders ausgewählt bzw. einzeln weggelassen werden. Die einzelnen Gesellschafter werden mit Buchstaben bezeichnet, hinter denen die lebenslange Arztnummer (LANR) des jeweiligen Arztes hinterlegt ist. Die nachfolgende Tabellenkalkulation erfolgt beispielhaft für sieben Ärzte. Den ausführlichen Hintergrund des Präferenzvergütungsmodells finden Sie im ► Kap. 3.

Die Aufgabe der Hauptmaske ist es, die Ergebnisse der einzelnen Anlagen zu sammeln und sie rechnerisch zu einem Gesamtergebnis zusammenzufassen. Daher sollte man sich zunächst mit den einzelnen Anlagen befassen, deren Zweck noch einmal in Kurzform vorgestellt wird.

▪ ▪ Ermittlung der Gesamteinnahmen

Lt. Anlage A:

KV Summe gesamt	360.000,00 €	
HZV Summe gesamt	25.000,00 €	
Privatliquidation im Quartal	44.000,00 €	
IV Verträge, Sonstiges	1.000,00 €	
Gesamteinnahmen im Quartal:	**430.000,00 €**	**430.000,00 €**

▪ ▪ Ermittlung der Gesamtausgaben

Lt. Anlage B:

Ausgaben im Quartal	190.250,00 €	
Tilgung Kredit im Quartal	6.000,00 €	
Gesamtausgaben im Quartal:	**196.250,00 €**	**196.250,00 €**
In Prozent:		**46%**
Saldo Gesamteinnahmen abzüglich Gesamtausgaben:		**233.750,00 €**

Lt. Anlage D:

Abzug Vorabverzinsung	**11.250,00 €**

Lt. Anlage E:

Abzug Sonderleistungen

Arzt	A	B	C	D	E	F	G	
	2.150,00 €	3.000,00 €	4.100,00 €	2.650,00 €	2.600,00 €	3.100,00 €	2.000,00 €	**19.600,00 €**

▪ ▪ Aufzuteilende Summe

Aufzuteilende Summe:	**202.900,00 €**

▪ ▪ Trennung in einen leistungs*un*abhängigen und einen leistungsabhängigen Block

Lt. Anlage F:

Der errechnete leistungs*un*abhängige Anteil

55,45%	von	202.900,00 €	**112.502,84 €**

Der errechnete leistungsabhängige Anteil

44,55%	von	202.900,00 €	**90.397,16 €**

■■ Aufteilung des leistungs*un*abhängigen Blocks auf die einzelnen Ärzte nach Gesellschaftsanteilen

	A	B	C	D	E	F	G	Kontrolle
Lt. Anlage G	20.813,03 €	20.813,03 €	20.813,03 €	12.375,31 €	12.375,31 €	16.312,91 €	9.000,23 €	112.502,84 €
Lt. Anlage K: Fehltagebereinigung	1.675,73 €	–288,73 €	–1.074,52 €	568,53 €	–1.142,88 €	139,27 €	122,60 €	– €
Leistungs*un*abhängiger Anteil je Arzt:	22.488,76 €	20.524,29 €	19.738,50 €	12.943,84 €	11.232,43 €	16.452,18 €	9.122,83 €	112.502,84 €

■■ Aufteilung des leistungsabhängigen Blocks nach individueller Leistung der einzelnen Ärzte

	A	B	C	D	E	F	G	Kontrolle
Lt. Anlage H: **individueller** leistungsabhängiger Anteil	16.251,67 €	15.788,77 €	15.478,73 €	9.174,11 €	12.690,68 €	12.789,21 €	8.223,99 €	90.397,16 €
Lt. Anlage L/1: Tätigkeitstagebereinigung	1.089,02 €	–173,76 €	–489,45 €	224,65 €	–291,03 €	–147,77 €	–211,66 €	– €
Leistungsabhängiger Anteil je Arzt:	17.340,69 €	15.615,01 €	14.989,27 €	9.398,76 €	12.399,66 €	12.641,44 €	8.012,33 €	90.397,16 €

■■ Zusammenfassung

Nach Bearbeitung der einzelnen Anlagen gilt es, zu einem Gesamtergebnis des Quartals zu kommen. Um zu dem individuellen Quartalsergebnis eines jeden Gesellschafters zu kommen, werden jetzt alle verwendeten Module zu einer Summe zusammengefasst.

Es beginnt mit dem ermittelten leistungs*un*abhängigen Anteil (fehltagebereinigt), danach werden der ermittelte leistungsabhängige Anteil (tätigkeitstagebereinigt bei Variante 1), der anfangs ermittelte Anteil für die Vorabverzinsung und der für die individuellen Sonderleistungen (mit Tätigkeitsbereinigung bei Variante 2) zugefügt. Somit ergibt sich die Gesamtsumme der auszahlungsfähigen Quartalsergebnisse eines jeden einzelnen Gesellschafters.

Zur Restauszahlung der internen Quartalsberechnung kommt dann der Wert des Gesamtquartalsergebnisses abzüglich der bereits erfolgten Vorwegentnahmen, die in der Regel monatlich als Abschlag an alle Gesellschafter ausbezahlt wurden.

	A	B	C	D	E	F	G	Kontrolle
Leistungs*un*abhängig	22.488,76 €	20.524,29 €	19.738,50 €	12.943,84 €	11.232,43 €	16.452,18 €	9.122,83 €	112.502,84 €
Leistungsabhängig	17.340,69 €	15.615,01 €	14.989,27 €	9.398,76 €	12.399,66 €	12.641,44 €	8.012,33 €	90.397,16 €
Zusatz Vorabverzinsung	2.081,25 €	2.081,25 €	2.081,25 €	1.237,50 €	1.237,50 €	1.631,25 €	900,00 €	11.250,00 €
Zusatz Sonderleistungen	2.150,00 €	3.000,00 €	4.100,00 €	2.650,00 €	2.600,00 €	3.100,00 €	2.000,00 €	19.600,00 €
Gesamtsumme der Quartalsleistungen:	**44.060,70 €**	**41.220,56 €**	**40.909,02 €**	**26.230,10 €**	**27.469,59 €**	**33.824,87 €**	**20.035,16 €**	**233.750,00 €**
Lt. Anlage I: **Abzug Vorwegentnahmen**	15.000,00 €	15.000,00 €	13.500,00 €	10.500,00 €	10.500,00 €	10.500,00 €	10.500,00 €	
Verbleibende Restauszahlung für das Quartal:	29.060,70 €	26.220,56 €	27.409,02 €	15.730,10 €	16.969,59 €	23.324,87 €	9.535,16 €	

4.2   Anlagen mit Einzelberechnungen

4.2.1   Anlage A: Ermittlung der Gesamteinnahmen

Zunächst erfolgt eine Erfassung der tatsächlichen Gesamteinnahmen im entsprechenden Quartal. Dazu gehören Zahlungseingänge aus Abrechnungen der KV, aus Strukturverträgen, aus Privatabrechnungen einschließlich BG und evtl. aus IV-Verträgen.

KV Summe gesamt laut Honorarbescheid								360.000,00 €
HZV Verträge nach Honorarbescheid der einzelnen Ärzte								
	A	B	C	D	E	F	G	
AOK	2.000,00 €	1.500,00 €	1.500,00 €	1.000,00 €	1.000,00 €	500,00 €	500,00 €	
LKK	1.500,00 €	1.000,00 €	950,00 €	750,00 €	500,00 €	750,00 €	500,00 €	
IKK	500,00 €	500,00 €	800,00 €	500,00 €	750,00 €	1.000,00 €	1.000,00 €	
TK	200,00 €	200,00 €	300,00 €	100,00 €	200,00 €	200,00 €	200,00 €	
BKK	500,00 €	500,00 €	400,00 €	400,00 €	400,00 €	300,00 €	200,00 €	
EK	400,00 €	300,00 €	300,00 €	300,00 €	300,00 €	200,00 €	100,00 €	
							Summe:	25.000,00 €
Privatliquidation im Quartal laut Gesamtstatistik								44.000,00 €
IV-Verträge, z. B. Homöopathie								1.000,00 €
Gesamteinnahmen im Quartal:								430.000,00 €

4.2.2   Anlage B: Ermittlung der Gesamtausgaben

Um die im Quartal zu verteilende und tatsächlich zur Verfügung stehende Geldmenge zu berechnen, müssen auch die Gesamtausgaben des Quartals ermittelt werden. Diese sind zunächst die Verwaltungsgebühren aus KV und HZV sowie die Betriebsausgaben der jeweiligen Quartalsmonate. Neben etwaigen Berichtigungen und Rückforderungen der KV aus der Quartalsabrechnung und sonstigen außergewöhnlichen Zahlungen können hier noch Reserven oder Tilgungen aus Kreditverbindlichkeiten mit angesetzt und in die Ausgaben einbezogen werden.

Verwaltungsgebühr KV laut Honorarbescheid								9.000,00 €
Verwaltungsgebühr HZV laut Einzelbescheiden								
	A	B	C	D	E	F	G	
AOK	60,00 €	45,00 €	45,00 €	30,00 €	30,00 €	15,00 €	15,00 €	
LKK	45,00 €	30,00 €	28,50 €	22,50 €	15,00 €	22,50 €	15,00 €	
IKK	15,00 €	15,00 €	24,00 €	15,00 €	22,50 €	30,00 €	30,00 €	
TK	6,00 €	6,00 €	9,00 €	3,00 €	6,00 €	6,00 €	6,00 €	
BKK	15,00 €	15,00 €	12,00 €	12,00 €	12,00 €	9,00 €	6,00 €	
EK	12,00 €	9,00 €	9,00 €	9,00 €	9,00 €	6,00 €	3,00 €	
							Summe:	750,00 €
Betriebsausgaben Quartalsmonat 1				50.000,00 €	10.000,00 €			60.000,00 €
Betriebsausgaben Quartalsmonat 2				50.000,00 €	10.000,00 €			60.000,00 €
Betriebsausgaben Quartalsmonat 3				50.000,00 €	10.000,00 €			60.000,00 €
Sonstiges (z. B. Regresse, Prüfungsgebühren)								500,00 €
Gesamtausgaben im Quartal								190.250,00 €
Tilgung Praxiskredit im Quartal								6.000,00 €
Gesamtausgaben mit Tilgung im Quartal:								196.250,00 €

4.2.3 Anlage C: Gesellschaftsanteile laut Vertrag

Die einzelnen Gesellschafts- und Eigentumsanteile eines jeden Gesellschafters sind ermittelt und vertraglich festgelegt worden. Sie werden für weitere Rechnungsschritte benötigt.

Arzt	A	B	C	D	E	F	G	Gesamt
	18,50%	18,50%	18,50%	11,00%	11,00%	14,50%	8,00%	100%

4.2.4 Anlage D: Berechnung der Vorabverzinsung

Kapitaleinsatz oder erworbene Eigentumsanteile an einer Praxis stellen eine Investition dar. Wie bei anderen Investitionen auch sollte ein Kapitaleinsatz eine gewisse Verzinsung abwerfen, zusätzlich und auch unabhängig von der persönlichen Arbeitsleistung. Dieses Modul berechnet eine Vorabverzinsung des eingebrachten Praxiswertes bzw. des individuellen Gesellschaftsanteils, die garantiert ist und auch bei längerem Ausfall der Arbeitstätigkeit fällig wird. Die Vorabverzinsung fällt für jeden Gesellschafter bei jeder Quartalsabrechnung anteilsmäßig an. Dies erfolgt vor einer Aufspaltung in leistungsabhängige und leistungs*un*abhängige Anteile.

Vertraglich festgesetzter Praxiswert:	Immateriell							700.000,00 €
	Materiell							200.000,00 €
							Summe:	**900.000,00 €**
Jahresvorabverzinsung von 5%								45.000,00 €
Davon für 1 Quartal (= 3 Monate)								**11.250,00 €**

Berechnung der Vorabverzinsung für jeden einzelnen Arzt nach seinem Gesellschaftsanteil

Arzt	A	B	C	D	E	F	G	Kontrolle
	18,50%	18,50%	18,50%	11,00%	11,00%	14,50%	8,00%	100%
	2.081,25 €	2.081,25 €	2.081,25 €	1.237,50 €	1.237,50 €	1.631,25 €	900,00 €	11.250,00 €

Summe der Vorabverzinsung der Eigentumsanteile aller 7 Ärzte: **11.250,00 €**

4.2.5 Anlage E: Berechnung der individuellen Sonderleistungen der einzelnen Ärzte

Individuelle ärztliche Sonderleistungen, also Leistungen, die jeder Gesellschafter persönlich, aber außerhalb der Praxisroutine erbringt, sind wie die Vorabverzinsung ebenfalls Leistungen, die den einzelnen Gesellschaftern nach separaten Verteilungsvereinbarungen zustehen und zwar ebenfalls vor einer Aufspaltung in leistungsabhängige und leistungs*un*abhängige Anteile.

Klassische individuelle ärztliche Sonderleistungen sind z. B. Notarzttätigkeit oder Palliativdienste. Im Einzelfall können hier gesonderte Betriebsausgaben angesetzt werden. Zusätzliche Sondertätigkeiten wie z. B. Geschäftsführung werden bei Wahl der Variante 2 der Tätigkeitsbereinigung hier angesetzt.

	A	B	C	D	E	F	G
Notdienst GKV	810,00 €	890,00 €	800,00 €	500,00 €	900,00 €	900,00 €	900,00 €
Notdienst Privatliquidation	200,00 €	800,00 €	1.000,00 €	1.500,00 €	1.000,00 €	600,00 €	500,00 €
Sonstiges, z. B. Notarzt, Gutachten, Palliativ	– €	– €	500,00 €	– €	– €	1.000,00 €	– €
Wirtschaftlichkeitsbonus	1.400,00 €	1.600,00 €	2.000,00 €	800,00 €	900,00 €	800,00 €	800,00 €
Tätigkeitsvergütung lt. Anlage L/2	– €	– €	– €	– €	– €	– €	– €
Zwischensumme	2.410,00 €	3.290,00 €	4.300,00 €	2.800,00 €	2.800,00 €	3.300,00 €	2.200,00 €
Abzug spezieller Kosten, z. B. Arzthelferinnenkosten während des Notdienstes	260,00 €	290,00 €	200,00 €	150,00 €	200,00 €	200,00 €	200,00 €
Summe:	2.150,00 €	3.000,00 €	4.100,00 €	2.650,00 €	2.600,00 €	3.100,00 €	2.000,00 €

Gesamt:	19.600,00 €

4.2.6 Anlage F: Berechnung des leistungs*un*abhängigen und des leistungsabhängigen Anteils an der Gesamtabrechnung

Die Einnahmen des Quartals setzen sich aus leistungs*un*abhängigen und leistungsabhängigen Anteilen zusammen. Kernstück der internen Gewinnverteilung ist die Unterscheidung dieser beiden Anteile und deren Ermittlung. Hierzu wird die eingenommene Geldmenge aller leistungs*un*abhängigen Komplexleistungen ins Verhältnis zu den Gesamteinnahmen des Quartals gesetzt. Hieraus errechnet sich der *prozentuale* leistungs*un*abhängige Anteil an der Gesamtabrechnung. Der konsekutive Anteil des *prozentualen* leistungsabhängigen Anteils aus der Gesamtabrechnung ergibt sich dann automatisch als Differenz zu 100 %.

Nur durch dieses Vorgehen können unterschiedliche Verteilungsmaßstäbe angewendet und die leistungs*un*abhängigen Leistungen gerecht verteilt werden.

In den Honorarbescheiden ausgewiesene Gelder der Komplexe				
KV	Versichertenpauschalen	03001	385,53 €	
		03002	42.455,17 €	
		03003	43.680,14 €	
		03004	31.748,94 €	
		03005	21.967,98 €	
	Chronikerkomplexe	03220	36.714,25 €	
		03221	5.554,17 €	
	Strukturpauschalen	03040	41.431,15 €	
		Summe:		223.937,33 €
HZV	z. B. LKK	GP 0000	9.214,87 €	
		BBP	2.314,26 €	
		Summe:		11.529,13 €
	z. B. IKK	P1	2.707,50 €	
		BBP	250,00 €	
		Summe:		2.957,50 €
Gesamt:				238.423,96 €
Leistungs*un*abhängiger Geldanteil an Gesamtabrechnung:				238.423,96 €
Gesamteinnahmen des Quartals (Wiederholung):				430.000,00 €
Berechnung des leistungs*un*abhängigen Anteils an der Gesamtabrechnung:				55,45 %
Berechnung des leistungsabhängigen Anteils an der Gesamtabrechnung:				44,55 %

4.2.7 Anlage G: Aufteilung des leistungsunabhängigen Anteils auf die einzelnen Ärzte nach Gesellschaftsanteilen

Der prozentuale Anteil der pauschal vergüteten leistungsunabhängigen Leistungen wurde in Anlage F bestimmt. Dieser so ermittelte Prozentsatz muss nun für den verbleibenden Gewinn, also die Summe, die nach Abzug der Ausgaben, der Vorabverzinsung und der Sonderleistungen tatsächlich weiter zu verteilen ist, herangezogen werden.

Der leistungsunabhängige Anteil setzt sich aus Pauschalleistungen (Versichertenpauschalen, Chronikerpauschalen, Strukturpauschalen) zusammen, die nicht direkt den einzelnen Ärzten zugeordnet werden können, sondern in der Regel pro Patient einmalig angesetzt werden. Da sie folglich patientenabhängig und nicht direkt arztleistungsabhängig sind, folgen sie den eingebrachten Scheinen, die den Ärzten als „Eigentum" bereits zugeordnet wurden und in den vereinbarten Gesellschaftsanteilen impliziert sind.

Das Ergebnis ist der individuelle leistungsunabhängige Anteil eines jeden Gesellschafters.

Arzt	A	B	C	D	E	F	G	
Gesellschaftsanteile der einzelnen Ärzte in Prozent lt. Anlage C	18,50 %	18,50 %	18,50 %	11,00 %	11,00 %	14,50 %	8,00 %	100 %
leistungsunabhängiger Anteil (Wiederholung)								112.502,84 €
Individueller leistungsunabhängiger Anteil nach Gesellschaftsanteilen:	20.813,03 €	20.813,03 €	20.813,03 €	12.375,31 €	12.375,31 €	16.312,91 €	9.000,23 €	Kontrolle: 112.502,84 €

4.2.8 Anlage H: Ermittlung und Aufteilung des leistungsabhängigen Anteils auf die einzelnen Ärzte

Leistungsabhängige Leistungen aus KV, HZV und Privatbehandlungen können statistisch direkt dem entsprechenden Behandler zugeordnet werden. Alle diese Leistungen sind mit der lebenslangen Arztnummer (LANR) gekennzeichnet. Hierzu werden die Statistiken der markierten und abgerechneten Leistungen der einzelnen Ärzte herangezogen. Von Grund auf rein leistungsabhängig sind die entsprechenden Leistungen aus der gesamten privatärztlichen und der BG-ärztlichen Abrechnung. Die in der Statistik markierten Leistungen aus der KV und den Selektivverträgen müssen noch um die jeweiligen Pauschalleistungen neutralisiert werden. Da die Pauschalen ja

nicht leistungsabhängig sind, wurden sie bereits vorab separat betrachtet und verteilt. Da sie gegenüber der KV aber ebenso nach LANR markiert sein müssen, erscheinen sie in den Statistiken über die Leistungen einzelner Ärzte erneut. Daher müssen sie an dieser Stelle neutralisiert, also abgezogen werden. Die Berechnung der leistungsabhängigen HZV-Leistungen erfolgt analog. Bei der Statistik der Privatleistungen entfällt dieser Schritt, da er nicht benötigt wird.

Durch Zusammenfassung aller dieser Leistungen ergibt sich der Gesamtanteil eines Arztes an allen leistungsabhängigen Leistungen der Praxis, der wiederum prozentual ausgedrückt werden kann. Dieser prozentuale Anteil wird nachfolgend auf den in Anlage F ermittelten leistungsabhängigen Block angewendet. Das Ergebnis ist der Anteil der leistungsabhängigen Leistungen eines jeden Gesellschafters an der Gesamtabrechnung.

4

▪▪ Leistungsstatistik der nach LANR markierten GKV-Leistungen im Quartal

	A	B	C	D	E	F	G
KV	30.510,26 €	28.301,56 €	27.457,35 €	25.287,99 €	23.312,82 €	22.891,96 €	16.584,32 €
Herausrechnen markierter Komplexziffern							
KV	Komplexziffern						
03001	0	0	2	0	3	1	0
03002	188	115	161	100	101	98	117
03003	105	101	71	101	75	80	55
03004	117	175	167	215	148	180	140
03005	115	116	100	201	144	115	133
03220	214	201	199	234	154	188	177
03221	187	198	170	201	130	167	143
Dazugehörige Eurobeträge							
38,55 €	– €	– €	77,10 €	– €	115,65 €	38,55 €	– €
34,70 €	6.523,60 €	3.990,50 €	5.586,70 €	3.470,00 €	3.504,70 €	3.400,60 €	4.059,90 €
39,32 €	4.128,60 €	3.971,32 €	2.791,72 €	3.971,32 €	2.949,00 €	3.145,60 €	2.162,60 €
17,35 €	2.029,95 €	3.036,25 €	2.897,45 €	3.730,25 €	2.567,80 €	3.123,00 €	2.429,00 €
16,00 €	1.840,00 €	1.856,00 €	1.600,00 €	3.216,00 €	2.304,00 €	1.840,00 €	2.128,00 €
20,00 €	4.280,00 €	4.020,00 €	3.980,00 €	4.680,00 €	3.080,00 €	3.760,00 €	3.540,00 €
4,00 €	748,00 €	792,00 €	680,00 €	804,00 €	520,00 €	668,00 €	572,00 €
Abzug	19.550,15 €	17.666,07 €	17.612,97 €	19.871,57 €	15.041,15 €	15.975,75 €	14.891,50 €
Summe KV:	**10.960,11 €**	**10.635,49 €**	**9.844,38 €**	**5.416,42 €**	**8.271,67 €**	**6.916,21 €**	**1.692,82 €**

▪▪ Leistungsstatistik der nach LANR markierten HZV-Leistungen im Quartal

HZV	4.215,00 €	3.214,00 €	4.311,00 €	1.945,00 €	4.314,00 €	3.714,00 €	4.715,00 €
Herausrechnen markierter Komplexziffern							
HZV	Komplexziffern						
0000	28	22	26	14	32	22	31
BBP	17	16	16	12	23	30	33
Dazugehörige Eurobeträge							
47,50 €	1.330,00 €	1.045,00 €	1.235,00 €	665,00 €	1.520,00 €	1.045,00 €	1.472,50 €
26,00 €	442,00 €	416,00 €	416,00 €	312,00 €	598,00 €	780,00 €	858,00 €
Abzug	1.772,00 €	1.461,00 €	1.651,00 €	977,00 €	2.118,00 €	1.825,00 €	2.330,50 €
Summe HZV:	**2.443,00 €**	**1.753,00 €**	**2.660,00 €**	**968,00 €**	**2.196,00 €**	**1.889,00 €**	**2.384,50 €**

▪▪ Leistungsstatistik der nach LANR markierten Leistungen von Privatpatienten und anderen Non-GKV Versicherten

Privat	4.139,63 €	4.654,58 €	4.204,01 €	3.518,50 €	3.231,19 €	5.000,00 €	4.800,00 €

▪▪ Optionale Korrekturen nach dem Richtigstellungsbescheid der KV

Korrektur	– €	– €	– €	– €	– €	– €	– €

	A	B	C	D	E	F	G	
Gesamt:	17.542,74 €	17.043,07 €	16.708,39 €	9.902,92 €	13.698,86 €	13.805,21 €	8.877,32 €	
Leistungsabhängiger Anteil der einzelnen Ärzte in Prozent:	17,98 %	17,47 %	17,12 %	10,15 %	14,04 %	14,15 %	9,10 %	
Leistungsabhängiger Block gesamt (Wiederholung):								90.397,16 €
Individueller leistungsabhängiger Anteil je Arzt:	16.251,67 €	15.788,77 €	15.478,73 €	9.174,11 €	12.690,68 €	12.789,21 €	8.223,99 €	

4.2.9 Anlage I: Ermittlung der bereits im laufenden Quartal erfolgten monatlichen Vorwegentnahmen (Abschlagszahlungen)

Zur Restauszahlung des Quartalsergebnisses an die Gesellschafter kommt der Wert des Gesamtquartalsergebnisses abzüglich der bereits erfolgten Vorwegentnahmen. Dazu müssen diejenigen Vorabentnahmen, die in der Regel monatlich als Abschlag an alle Gesellschafter ausbezahlt werden, ermittelt werden.

Abschlagszahlungen aus KV, HÄVG, Privat							
	A	**B**	**C**	**D**	**E**	**F**	**G**
Monat 1	5.000,00 €	5.000,00 €	4.500,00 €	3.500,00 €	3.500,00 €	3.500,00 €	3.500,00 €
Monat 2	5.000,00 €	5.000,00 €	4.500,00 €	3.500,00 €	3.500,00 €	3.500,00 €	3.500,00 €
Monat 3	5.000,00 €	5.000,00 €	4.500,00 €	3.500,00 €	3.500,00 €	3.500,00 €	3.500,00 €
Summe Vorwegentnahmen:	**15.000,00 €**	**15.000,00 €**	**13.500,00 €**	**10.500,00 €**	**10.500,00 €**	**10.500,00 €**	**10.500,00 €**

4.2.10 Anlage K: Ermittlung der Fehl- und Zusatztage im Quartal

Es kommt regelmäßig zu diversen Fehltagen im Quartal. Darunter fallen z. B. alle Urlaubstage, Fortbildungstage und auch Krankheitstage. Fehltage müssen gerechterweise das individuelle Einkommen reduzieren. Auf der anderen Seite fällt Mehrarbeit an, z. B. durch Vertretung fehlender Kollegen. Hier ist ebenfalls ein Ausgleich nötig. Des Weiteren gilt es, für die Gesellschaft nichtärztliche Sondertätigkeiten, die zu leisten sind, die als solche aber nicht extra vergütet werden (z. B. Geschäftsführungstätigkeit, Computerextraarbeit wie Updates, Marketing) entsprechend zu berücksichtigen. In Anlage K werden für die interne Gewinnverteilung am Quartalsende die Fehltage saldiert mit eventuell zusätzlich geleisteten Arbeitstagen sowie Sondertätigkeitstage ermittelt.

	A	B	C	D	E	F	G
Fehltage	06.07.	27.08.	05.07.	23.07.	30.07. – 03.08.	30.07.	17.08.
	13.07.	28.08.	06.07.	13.08. –0,5	06.08. – 10.08.	31.07.	20.08.
	20.07.	29.08.	09.07.	27.08. –0,5	17.09.	01.08.	21.08.
	27.07.	30.08.	10.07.	14.09.	18.09.	02.08.	22.08.
	03.08.	31.08.	11.07.	17.09.		03.08.	
	10.08.	07.09.	12.07.	18.09.			
	13.08.		13.07.	19.09.			
Zusatztage	15.08.			21.09.	09.08.		
	16.08.				10.08.		
Gesamt:	5	6	7	5	10	5	4

■ ■ Ermittlung der Sondertätigkeitstage

	A	B	C	D	E	F	G
Tätigkeitstage	07.07. +0,5	29.09. +1		07.07. +1		20.07. +0,5	
	21.07. +0,5			21.07. +1		21.07. +0,5	
	28.07. +0,5			22.07. +1			
	04.08. +0,5						
	20.08. +0,5						
	25.08. +0,5						
	15.09. +1,0						
	22.09. +1,0						
Tätigkeit:	5	1	0	3	0	1	0
Saldo:	0	5	7	2	10	4	4

4

Nachdem für jeden Arzt der Anteil des leistungs*un*abhängigen Blocks für seine volle Arbeitskraft berechnet wurde, bedarf es einer entsprechenden Korrektur dieses Anteils sowohl bei Fehltagen als auch bei Mehrarbeit. Eine Fehltagebereinigung der bereits berechneten leistungs*un*abhängigen Anteile eines jeden Gesellschafters reduziert/erhöht diesen Anteil in Höhe des Anteils der genommenen Fehl-/Zusatztage multipliziert mit dem Tagesprozentsatz von 1,5385 % bezogen auf den individuellen leistungs*un*abhängigen Anteil eines jeden Gesellschafters. Diese Korrektur gelingt hier nicht nur zeitbezogen, sondern auch mit einem individuellen Bezug, da jeder Arzt auch nur entsprechend seiner Arbeitsleistung fehlen oder mehr arbeiten kann.

Auf der anderen Seite kommt es zusätzlich zu einem Mehrarbeitszuschlag für die Vertretung fehlender Gesellschafter, wiederum nur entsprechend der individuellen Leistungsfähigkeit und Umsatzstärke. Es wird berechnet, mit welcher Arbeitskraft und zu welchem Anteil jeder Gesellschafter einen anderen Gesellschafter vertreten kann und dies bei Fehltagen unterschiedlicher Gesellschafter. Eine ausführliche Beschreibung dieser Rechenschritte findet sich in ▶ Kap. 3.

Wird zusammenfassend der Anteil der Fehltage eines jeden Gesellschafters saldiert mit dem „Mehrarbeitszuschlag" durch seine Vertretungstätigkeit der fehlenden anderen Kollegen, so ergibt sich der Wert der Fehltagebereinigung des leistungs*un*abhängigen Anteils eines jeden Kollegen im Quartal.

■ ■ **Fehl- und Zusatztagebereinigung für die leistungs*un*abhängigen Anteile**

	A	B	C	D	E	F	G	Kontrolle
Prozentsatz pro Tag Multipliziert mit	1,5385 %							
Saldo Fehl-, Zusatz- und Tätigkeitstage Multipliziert mit	0	5	7	2	10	4	4	
Individueller leistungs *un*abhängiger Anteil nach Gesellschafteranteilen Ergibt	20.813,03 €	20.813,03 €	20.813,03 €	12.375,31 €	12.375,31 €	16.312,91 €	9.000,23 €	
Fehltageabzug der einzelnen Ärzte Zusätzlich	– €	1.601,04 €	2.241,46 €	380,79 €	1.903,94 €	1.003,90 €	553,87 €	–7.685,00 €
Mehrarbeitszuschlag für die individuelle Vertretung des fehlenden Gesellschafters	1.675,73 €	1.312,31 €	1.166,94 €	949,32 €	761,06 €	1.143,16 €	676,48 €	7.685,00 €
Fehltagebereinigung der jeweiligen leistungs*un*abhängigen Anteilssumme (Saldo Fehltage und Mehrarbeitszuschlag):								
Saldo:	1.675,73 €	–288,73 €	–1.074,52 €	568,53 €	–1.142,88 €	139,27 €	122,60 €	0 €

■ ■ **Berechnung des Mehrarbeitszuschlages für die individuelle Vertretung des fehlenden Gesellschafters**

Wiederholung der festgelegten Gesellschaftsanteile zur Verteilung der leistungs*un*abhängigen Anteile:	18,5 %	18,5 %	18,5 %	11,0 %	11,0 %	14,5 %	8,0 %	100 %

Gesellschaftsanteile ohne jeweiligen Fehlgesellschafter							Kontrolle
A	Fehlt	23%	23%	13%	13%	18%	10%	100%
B	23%	Fehlt	23%	13%	13%	18%	10%	100%
C	23%	23%	Fehlt	13%	13%	18%	10%	100%
D	21%	21%	21%	Fehlt	12%	16%	9%	100%
E	21%	21%	21%	12%	Fehlt	16%	9%	100%
F	22%	22%	22%	13%	13%	Fehlt	9%	100%
G	20%	20%	20%	12%	12%	16%	Fehlt	100%

Mehrarbeitszuschläge für die Vertretung der unterschiedlichen Gesellschafter im Quartal							Kontrolle
A		– €	– €	– €	– €	– €	– €	– €
B	363,43 €		363,43 €	216,09 €	216,09 €	284,85 €	157,16 €	1.601,04 €
C	508,80 €	508,80 €		302,53 €	302,53 €	398,79 €	220,02 €	2.241,46 €
D	79,15 €	79,15 €	79,15 €		47,06 €	62,04 €	34,23 €	380,79 €
E	395,76 €	395,76 €	395,76 €	235,32 €		310,19 €	171,14 €	1.903,94 €
F	217,22 €	217,22 €	217,22 €	129,16 €	129,16 €		93,93 €	1.003,90 €
G	111,38 €	111,38 €	111,38 €	66,22 €	66,22 €	87,30 €		553,87 €
Gesamt:	1.675,73 €	1.312,31 €	1.166,94 €	949,32 €	761,06 €	1.143,16 €	676,48 €	7.685,00 €

4.2.11 Anlage L: Berechnung der Tätigkeitstagebereinigung für die leistungsabhängigen Anteile

Nichtärztliche Sondertätigkeiten innerhalb der Praxis, wie z. B. Geschäftsführungstätigkeiten, Computerpflege, die als solche extern nicht vergütet werden, sollen im Innenverhältnis ebenfalls honoriert werden. Bei der Aufteilung der leistungs*un*abhängigen Leistungen wurde dieser Aufwand bei der Zusatztagebereinigung bereits berücksichtigt. Um einer Benachteiligung entgegenzuwirken, benötigen die nichtärztlichen Sondertätigkeiten auch einen Aufschlag bei der Einnahmenverteilung der leistungsabhängigen Leistungen, da in dieser Zeit keine Erwirtschaftung von direkten Einnahmen aus ärztlicher Tätigkeit möglich ist. Es werden zwei verschiedene Berechnungsvarianten vorgestellt.

- **1. Variante:** Es wird analog der Fehl- und Zusatztagebereinigung vorgegangen. Bei der Tätigkeitstagebereinigung fällt für jeden Gesellschafter ein Aufschlag in Höhe des Anteils der geleisteten Tätigkeitstage multipliziert mit dem ermittelten Tagesprozentsatz von 1,5385 % bezogen auf den individuellen leistungs*un*abhängigen Anteil eines jeden Gesellschafters an. Als Bezugsgröße muss hier der individuelle leistungs*un*abhängige Anteil eines jeden Gesellschafters herangezogen werden, eine andere Bezugsgröße findet

sich nicht. Diese Korrektur gelingt hier wiederum nicht nur zeitbezogen, sondern auch individuell. Wenn ein Gesellschafter einen Sondertätigkeitstag hat, wird er von den übrigen Gesellschaftern dafür honoriert. Da die Gesellschafter aber verschiedene Umsatzleistungen innehaben, bekommt der Gesellschafter, der den Tätigkeitstag hat, in dieser Variante der Berechnung den Tätigkeitstag zusätzlich wiederum entsprechend seines persönlichen Anteils am Ertrag honoriert. Auf der anderen Seite wird bei einem Tätigkeitstag eines Gesellschafters dieser wiederum von allen übrigen Gesellschaftern nur mit deren eigener Leistungsfähigkeit und Umsatzstärke honoriert. Daher bekommen diese Gesellschafter für die Honorierung des zusätzlich tätigen Gesellschafters einen entsprechenden individuellen Abschlag entsprechend ihrer Arbeitskraft. Dies wird für Mehrarbeit unterschiedlicher Gesellschafter berechnet. Eine ausführliche Beschreibung dieser Rechenschritte findet sich in ▶ Kap. 3. Wird zusammenfassend der Zuschlag für die Tätigkeitstage eines jeden Gesellschafters saldiert mit dem Abschlag für die individuelle Honorierung der sondertätigen Kollegen, so ergibt sich der Wert der Tätigkeitsbereinigung des leistungsabhängigen Anteils eines jeden Kollegen im Quartal.

■ **2. Variante**: Diese Variante der Berechnung bietet die Möglichkeit, für die Tätigkeitstage eine feste, für alle Kollegen gleiche Bezugsgröße heranzuziehen, um hier für nichtärztliche Tätigkeiten Gleichheit zu schaffen. Dies gelingt am besten mit einem festen Stundensatz. Nachfolgend wird mit einem Stundenwert von 60,- Euro gerechnet. Im Falle der Variante 2 mit festem Stundenvergütungssatz erfolgt der Ausgleich nicht über den Anteil der leistungsabhängigen Zahlen, sondern unverändert als fester Wert im Bereich der individuellen Sonderleistungen. Nur so ist gewährleistet, dass diese Vergütung in der angestrebten Höhe auch unverändert zur Auszahlung kommt.

■ ■ **Anlage L/1: Alternative 1**

Wie bei der Fehltagebereinigung leistet wieder jeder Gesellschafter nur nach seiner individuellen Leistungskraft.

	A	B	C	D	E	F	G	Kontrolle
Prozentsatz pro Tag	1,5385 %							
Multipliziert mit								
Tätigkeitstage	5	1	0	3	0	1	0	
Ergibt	8 %	2 %	0 %	5 %	0 %	2 %	0 %	
Multipliziert mit								
Individueller leistungs*un*abhängiger Anteil nach Gesellschaftsanteilen als feste Bezugsgröße	18,5 %	18,5 %	18,5 %	11,0 %	11,0 %	14,5 %	8,0 %	
Angewendet an der Summe des leistungsabhängigen Blocks (Wiederholung):				90.397,16 €				
Ergibt Zuschlag für Tätigkeitstage der einzelnen Ärzte:	1.286,45 €	257,29 €	– €	458,95 €	– €	201,66 €	– €	2.204,36 €
Abzüglich Abschlag für die individuelle Honorierung der Tätigkeiten der übrigen Gesellschafter:	197,44 €	431,05 €	489,45 €	234,30 €	291,03 €	349,43 €	211,66 €	– 2.204,36 €
Tätigkeitstagebereinigung der jeweiligen leistungsabhängigen Anteilssumme (Saldo Tätigkeitstage und entsprechende Honorierung):								
Saldo:	1.089,02 €	– 173,76 €	– 489,45 €	224,65 €	– 291,03 €	– 147,77 €	– 211,66 €	– €

Berechnung der individuellen Honorierung der zusätzlichen Tätigkeiten

		A	B	C	D	E	F	G	
Wiederholung der festgelegten Gesellschaftsanteile zur Verteilung der leistungs*un*abhängigen Anteile:		18,5 %	18,5 %	18,5 %	11,0 %	11,0 %	14,5 %	8,0 %	100 %

Berechnung der "Gesellschaftsanteile" ohne Tätigkeitsgesellschafter							Kontrolle
A	Fehlt	23 %	23 %	13 %	13 %	18 %	10 %	100 %
B	23 %	Fehlt	23 %	13 %	13 %	18 %	10 %	100 %
C	23 %	23 %	Fehlt	13 %	13 %	18 %	10 %	100 %
D	21 %	21 %	21 %	Fehlt	12 %	16 %	9 %	100 %
E	21 %	21 %	21 %	12 %	Fehlt	16 %	9 %	100 %
F	22 %	22 %	22 %	13 %	13 %	Fehlt	9 %	100 %
G	20 %	20 %	20 %	12 %	12 %	16 %	Fehlt	100 %

Tätigkeitszuschläge für zusätzliche Tätigkeiten							Kontrolle
A		292,02 €	292,02 €	173,63 €	173,63 €	228,88 €	126,28 €	1.286,45 €
B	58,40 €		58,40 €	34,73 €	34,73 €	45,78 €	25,26 €	257,29 €
C	– €	– €		– €	– €	– €	– €	– €
D	95,40 €	95,40 €	95,40 €		56,72 €	74,77 €	41,25 €	458,95 €
E	– €	– €	– €	– €		– €	– €	– €
F	43,63 €	43,63 €	43,63 €	25,94 €	25,94 €		18,87 €	201,66 €
G	– €	– €	– €	– €	– €	– €		– €
Gesamt:	197,44 €	431,05 €	489,45 €	234,30 €	291,03 €	349,43 €	211,66 €	2.204,36 €

▪▪ Anlage L/2: Alternative 2

Jeder Gesellschafter bekommt für seine zusätzlichen Tätigkeiten für die Praxis einen festgesetzten Stundensatz, z. B. 60,- Euro bei einem 7-Stunden Tag ergäbe sich ein Tagessatz von 420,- Euro

Ermittlung Zuschlag Tätigkeitstage als Sondereinnahme

	A	B	C	D	E	F	G	
Tätigkeitstage	5	1	0	3	0	1	0	
Multipliziert mit festem Tagessatz								
Summe:	2.100,00 €	420,00 €	– €	1.260,00 €	– €	420,00 €	– €	4.200,00 €

Konfliktmanagement

© Springer-Verlag Berlin Heidelberg 2016
A. Ullmann, D. Busch, *Ärztliche Großpraxis*, Erfolgskonzepte Praxis- & Krankenhaus-Management
DOI 10.1007/978-3-662-50508-3_5

5

Es waren einmal Vertragsparteien, die schlossen einen Gesellschaftsvertrag und praktizierten seither gemeinsam und einträchtig ihren Beruf – und wenn sie nicht gestorben sind, so leben sie noch heute. So oder so ähnlich stellen sich viele Parteien ihr Gesellschaftsleben vor. Sind die Vertragsdetails erst einmal diskutiert und der Vertrag geschlossen, ist die größte Hürde genommen und die Erwartung an die gemeinsame Tätigkeit besteht darin, dass diese nicht nur erfolgreich, sondern auch harmonisch verläuft. So nachvollziehbar und verständlich dieser Anspruch an das Gesellschaftsleben auch ist, so gehört er leider für die meisten von uns in das Reich der Märchen. Jeder kennt Praxen und Gesellschaften, wenn nicht selbst erlebt, dann doch zumindest aus Erzählungen der Kollegen, die auseinandergebrochen sind und in denen sich Gesellschafter über diverse Punkte gestritten und dann entzweit haben. Umso erstaunlicher ist es, dass Parteien, wenn sie im Rahmen der Vertragsgestaltung auf mögliche Konfliktpunkte angesprochen werden, in aller Regel antworten: „Darüber werden wir uns schon einigen, wenn es soweit ist."[1] Genau hier liegt der Irrtum. Absehbare Konfliktpunkte können bei der Vertragsgestaltung, sind sie einmal identifiziert, im Vorhinein einvernehmlich gelöst werden. Lässt man diesen Zeitpunkt ungenutzt verstreichen, ist die Lösung im Konfliktfall deutlich schwieriger, geht häufig mit persönlichen Verletzungen und unschönen Auseinandersetzungen einher und kann im schlimmsten Fall zum Zerwürfnis führen.

Deshalb sollte der Störfallvorsorge bereits im Rahmen der Vertragsgestaltung ausreichend Zeit gewidmet werden.

5.1   Störfallvorsorge

Was gäben wir dafür, wenn wir eine Glaskugel hätten und schon jetzt sehen könnten, wie sich die Gesellschaft entwickelt, welche Veränderungen in den Rahmenbedingungen (privat- und vertragsärztliche Vergütung, Vertragsarztrecht, politische als auch private Veränderungen) auf uns zukommen. Wir

haben ein Prognoseproblem[2] – da wir weder eine Glaskugel noch ein Fernrohr, um in die Zukunft zu sehen, haben. Wir haben jedoch ein umfassendes Wissen über die jetzige Situation und die Entwicklungen der letzten Jahre und können aufgrund dieses Wissens Spekulationen über zukünftige Ereignisse und Entwicklungen anstellen und so etwaige Problemkreise identifizieren.

Die Anforderungen der sich hieran anschließenden Umsetzung der Störfallvorsorge hat Professor Langenfeld wie folgt auf den Punkt gebracht: „Jede ausdrückliche Störfallsorge muss ernsthaft und tauglich sein, Scheinbewältigungen sind ebenso zu vermeiden wie das Offenlassen von Problemen."[3]

Es gibt ein breites Spektrum an Techniken der Störfallvorsorge. Hierzu gehören zum Beispiel
- konkrete Regelung der Konflikte,
- Abwälzung des Risikos auf Dritte (z. B. Versicherungen oder Gutachter),
- Sanktionierung vertragsstörenden Verhaltens,
- Erschwerung vertragsstörenden Verhaltens durch Vereinbarung fester Fristen und Formen,
- Festschreibung von Sachverhalten im Vertrag,
- Bestimmung von Schiedsgutachtern und Schiedsgerichten, Mediationsklauseln etc. sowie
- Wertsicherungs- und Anpassungsklauseln.[4]

5.1.1   Sanktionierung vertragsstörenden Verhaltens durch Vertragsstrafe

Auf Vertragsstraferegelungen wird in Gesellschaftsverträgen gerne im Zusammenhang mit nachvertraglichen Wettbewerbs- und Konkurrenzschutzklauseln zurückgegriffen. Für den Fall des Ausscheidens eines Gesellschafters verpflichtet sich dieser, innerhalb eines bestimmten Zeitraums, in einem räumlich begrenzten Bereich seine ärztliche Tätigkeit nicht auszuüben. Um zu verhindern, dass der Gesellschafter dieser Verpflichtung nicht nachkommt und um einen Mindestersatz für den Fall des Verstoßes zu

---

1   Zankl 1990, Rdnr. 394.

2   Kanzleiter, NJW 1995, S. 905.
3   Langenfeld 2004, Rdnr. 198.
4   Langenfeld 2004, Rdnr. 198 m.w.N.

sichern[5], kann die Wettbewerbs- und Konkurrenz-schutzklausel mit einer Vertragsstrafeabrede versehen werden.

Beispiel

Dem ausscheidenden Gesellschafter ist es untersagt, sich innerhalb von zwei Jahren nach seinem Ausscheiden im Umkreis von 2 km Entfernung (Luftlinie) vom bisherigen Praxisstandort niederzulassen oder als Angestellter in einer Praxis oder einem MVZ hausärztlich tätig zu sein. Pro Jahr der Zuwiderhandlung wird eine Vertragsstrafe in Höhe von 50.000 Euro vereinbart.

Bei der Bemessung der Vertragsstrafe ist jedoch Vorsicht geboten. Die Vertragsstraferegelung darf zu keiner unangemessenen Beschränkung der wirtschaftlichen Bewegungsfreiheit des Versprechenden führen.[6] Ist sie zu weit gefasst, kann dies dazu führen, dass die Vertragsstrafe nach § 344 BGB unwirksam ist. Würde z. B. in einem Gesellschaftsvertrag vereinbart, dass der aus einer allgemeinmedizinischen Gemeinschaftspraxis im Zentrum von Berlin ausscheidende Gesellschafter sich verpflichtet, in einem Umkreis von 15 km nicht mehr ärztlich tätig zu sein, so wäre diese Klausel unwirksam, da sie zeitlich unbegrenzt ist, der örtliche Rahmen zu weit gesteckt ist und es an einer Einschränkung auf die allgemeinmedizinische Tätigkeit fehlt. Eine hiermit verknüpfte Vertragsstraferegelung wäre mangels Wirksamkeit des Strafversprechens unwirksam.

Ist die vereinbarte Vertragsstrafe wirksam, aber unverhältnismäßig hoch, kann sie auf Antrag des Schuldners durch Urteil auf einen angemessenen Betrag herabgesetzt werden (§ 343 Abs. 1 Satz 1 BGB). Bei der Beurteilung, ob die Vertragsstrafe unangemessen hoch ist, muss das Gericht jedes berechtigte Interesse des Gläubigers in Betracht ziehen (§ 343 Abs. 1 Satz 2 BGB). Die Angemessenheit richtet sich nach

- der Schwere und dem Ausmaß der Vertragsverletzung und der daraus resultierenden Konsequenzen für den Gläubiger,[7]

- der wirtschaftlichen Lage der Parteien[8],
- der Höhe des möglichen und eingetretenen Schadens[9],
- dem Grad des Verschuldens des Schuldners[10] und
- dem Interesse, weitere Vertragsverletzungen zu verhindern[11].

Bei der Vereinbarung der Vertragsstrafe sollten die Parteien vorgenannte Punkte berücksichtigen und die Vertragsstrafe mit Augenmaß festlegen.

5.1.2 Einschaltung Dritter

Die Einschaltung Dritter kann für die Vertragsparteien in verschiedenen Konstellationen sachgerecht sein. So können z. B. für den Fall, dass sich die Parteien nicht auf den Inhalt oder die Höhe einer Leistung einigen können, Dritte bestimmt werden, die dies verbindlich regeln (siehe hierzu nachfolgender ▶ Abschn. „Einschaltung Dritter zur Leistungsbestimmung bzw. bei streitigen Tatsachen"). Auch können einzelne Risiken dahingehend abgemildert werden, dass Dritte für diese Risiken mit einstehen müssen (siehe hierzu nachfolgender ▶ Abschn. „Einschaltung Dritter zur Abwälzung des Risikos").

▪ ▪ Einschaltung Dritter zur Leistungsbestimmung bzw. bei streitigen Tatsachen

Es wird immer wieder Punkte geben, über die sich die Vertragspartner nicht einigen können, sei es aufgrund widerstreitender Interessen oder schlicht, weil ihnen die notwendige Expertise fehlt. Die Herausforderung besteht hier darin, eine geeignete Person zu finden, die diese Rolle übernehmen kann und auf die die Parteien sich auch einigen können. Um weiteren zeitlichen Verzögerungen und emotionalen Eskalationen vorzubeugen, sollten auch immer Regelungen geschaffen werden, die eine Lösung für den Fall vorsehen, dass sich die Vertragspartner nicht auf eine dritte Person einigen können.

5   BGH NJW 2000, 2106, 2107.
6   OLG Frankfurt, MDR 2005, 226.
7   BGH NJW 1994, 45, 46f.

8   MüKO/Gottwald, § 343 Rdnr. 18.
9   Ibid.
10   BGH NJW 1983, 941, 942f.
11   BGH NJW 1994, 45.

5

Ein typisches Beispiel sind die vertraglichen Regelungen zur Berufsunfähigkeit. Während es üblich ist, dass sich die Gesellschafter bei Krankheit gegenseitig vertreten, liegt es im Interesse aller Gesellschafter, dass jeder einzelne seine ganze Arbeitskraft für die Gesellschaft einbringt und keiner von ihnen berufsunfähig ist. Da das Bestehen einer Berufsunfähigkeit für die Vertragspartner nicht immer klar erkennbar ist und an die Feststellung der Berufsunfähigkeit weitreichende Folgen für den Betroffenen geknüpft sind, nämlich das Ausscheiden aus der Gesellschaft, empfiehlt sich die Einschaltung eines Sachverständigen, der das Vorliegen einer Berufsunfähigkeit feststellen kann. Eine entsprechende Klausel könnte wie folgt aussehen:

Beispiel: Berufsunfähigkeitsklausel

War ein Gesellschafter innerhalb von zwölf aufeinanderfolgenden Monaten mehr als 120 Werktage arbeitsunfähig krank, muss er sich auf Verlangen der anderen Gesellschafter bei einem ärztlichen Sachverständigen zur Klärung des Vorliegens der Berufsunfähigkeit vorstellen. Der Sachverständige soll im Einvernehmen der Gesellschafter bestimmt werden. Kann kein Einvernehmen erzielt werden, so wird der Sachverständige auf Antrag eines Gesellschafters durch die zuständige Ärztekammer bestimmt. Die Begutachtungskosten trägt die Gesellschaft.

Auch an einer weiteren Stelle des Gesellschaftsvertrages besteht das Bedürfnis, streitige Sachverhalte durch einen Dritten, einen Experten entscheiden zu lassen, nämlich bei der Bestimmung der Abfindung des ausscheidenden Gesellschafters. Im Rahmen der Störfallvorsorge überrascht es nicht, dass sich gerade an diesem Punkt häufig die Gemüter scheiden. Der Ausscheidende wird regelmäßig seinen Anteil am immateriellen Praxiswert höher einschätzen als die verbleibenden Gesellschafter. Es bleibt nicht aus, dass gerade in diesem Punkt häufig Streit entbrennt, auch wenn die Faktoren zur Wertbestimmung noch so diffizil vertraglich niedergelegt sind. Hier bietet es sich ebenfalls an, die Entscheidung auf einen Dritten zu übertragen, auf eine Person die die notwendige Expertise zur Erstellung von Praxiswertgutachten hat.

Beispiel: Abfindungsklausel

Können sich die Vertragspartner über die Höhe der Abfindung nicht einigen, entscheidet ein Sachverständiger, der nach Möglichkeit im Einvernehmen der Gesellschafter bestimmt werden soll. Können sich die Vertragspartner nicht einigen, wird der Sachverständige auf Antrag eines Gesellschafters von der zuständigen Ärztekammer bestimmt. Die Kosten des Wertgutachtens tragen der Ausscheidende und die verbleibenden Gesellschafter zu gleichen Teilen.

Tipp

Können Sie bei der Vertragsgestaltung Situationen antizipieren, in denen Sie z. B. mangels eigener Expertise oder wegen hohen Konfliktpotenzials Schwierigkeiten erwarten, überlegen Sie, ob Sie Regelungen schaffen können, die die letztendliche Entscheidung auf einen Dritten übertragen, dem Sie die nötige Expertise zutrauen. Falls Sie jemand Bestimmtes vor Augen haben, benennen sie diese Person und wenn nicht, legen Sie fest, wer diese Person auswählt.

Wenn sich die Vertragsparteien über streitige Tatsachen nicht einigen können, kommt neben der Beauftragung eines Gutachters oder der Durchführung eines Gerichtsverfahrens die Erstellung eines verbindlichen Schiedsgutachtens in Betracht.[12]

▪▪ Einschaltung Dritter zur Abwälzung des Risikos

Zum Glück müssen wir nicht jedes Risiko alleine tragen und können das Risiko auf mehrere Schultern verteilen und uns gegen manche Risiken durch Versicherungen absichern.

Ärzte müssen gemäß § 21 MBO-Ärzte eine ausreichende Haftpflichtversicherung abschließen. Dennoch erleben wir es in Arzthaftungsprozessen immer wieder, dass Ärzte aus diversen Gründen

---

12   Hamann 2012, § 2 Rdnr. 17; für weitere Ausführungen siehe Abschn. 5.3.1.

keine Haftpflichtversicherung abgeschlossen, ihre Policen nicht bezahlt oder aus Kostengründen bestehende Versicherungen gekündigt haben. Um sicherzustellen, dass jeder Gesellschafter über eine ausreichende Haftpflichtversicherung verfügt, empfiehlt sich die Aufnahme einer entsprechenden Regelung in den Gesellschaftsvertrag, die wie folgt aussehen könnte:

Beispiel: Haftpflichtversicherungsklausel
Die Gesellschafter schließen für sich und alle ärztlichen als auch nichtärztlichen Mitarbeiter der Gesellschaft eine Berufshaftpflichtversicherung mit einer Deckungssumme von 3 Mio. Euro unter Berücksichtigung der Praxistätigkeit pro Gesellschafter und pro Schadensfall ab. Die Höhe der Deckungssummen wird jährlich auf ihre Angemessenheit hin überprüft.

Auch das Krankheits- und damit das Ausfallrisiko eines Gesellschafters kann durch den Abschluss einer Krankentagegeldversicherung gut abgesichert werden. Die Gesellschafter vereinbaren hierzu regelmäßig, dass sie sich im Krankheitsfall bis zu einer bestimmten jährlichen Höchstdauer unentgeltlich vertreten und bei länger andauernder Erkrankung ein Vertreter für den erkrankten Gesellschafter bestellt wird, der zulasten des Gewinnanteils des Erkrankten beschäftigt wird. Damit der erkrankte Gesellschafter deswegen keine finanziellen Einbußen hat, empfiehlt sich der Abschluss einer Krankentagegeldversicherung, die dieses Risiko abdeckt. Eine entsprechende Klausel könnte wie folgt aussehen:

Beispiel: Krankheitsklausel
Die Gesellschafter vertreten sich im Krankheitsfall gegenseitig bis zu einer Dauer von sechs Wochen pro Kalenderjahr. Bei längerer Erkrankung können die verbleibenden Gesellschafter einen Vertreter bestellen, dessen Kosten zulasten des Gewinnanteils des Vertretenen gehen. Die Risiken einer länger dauernden Erkrankung decken die Gesellschafter durch Abschluss einer Krankentagegeldversicherung ab.

Als Alternative zu den üblichen Vertretungs- und Kompensationsregelungen bei Krankheit verfolgt

das in Kap. 3 dargestellte Präferenzvergütungsmodell einen modifizierten Ansatz. Das Modell basiert auf der Annahme, dass die Gesellschafter ihr Krankheits- und damit ihr Ausfallrisiko individuell durch eine Krankentagegeldversicherung abdecken und so die Gemeinschaft der Gesellschafter gerade nicht mit dem Ausfallrisiko belastet wird. Somit werden Krankheitstage wie andere Fehltage (z. B. Urlaub und Fortbildung) behandelt und erfasst.[13]

Bei fachübergreifenden Berufsausübungsgemeinschaften, in denen sich die Gesellschafter nicht gegenseitig vertreten können, muss das Präferenzvergütungsmodell dann um eine, den Bedürfnissen der Gesellschafter entsprechende Vertretungsregelung ergänzt werden.

Neben diesen beiden Versicherungen, die zum Standardrepertoire der meisten Praxen gehören, empfiehlt es sich auch über den Abschluss weiterer Versicherungen, wie z. B. einer Rechtsschutzversicherung zur Deckung etwaiger Prozessrisiken bei der Auseinandersetzung mit Arbeitnehmern oder den Kassenärztlichen Vereinigungen nachzudenken. Abzuwägen ist ebenfalls der Abschluss einer Praxisausfallversicherung, die z. B. dann eintritt, wenn aufgrund von Krankheit, Unfällen, aber auch Feuer- oder Wasserschäden die Praxis nicht betrieben werden kann. Über eine derartige Versicherung könnten dann die weiter laufenden Kosten wie Miete, Personal, Bürokosten bis hin zum erzielbaren Gewinn oder den Kosten für einen Praxisvertreter abgedeckt werden.

5.1.3 Anpassungsklauseln

Nichts im Leben bleibt wie es einmal war. Um auf Veränderungen rechtlicher als auch tatsächlicher Natur, die Einfluss auf die Durchführung eines Vertrages haben, reagieren zu können, gibt es einen Strauß von Anpassungsmechanismen, die in den Vertrag aufgenommen werden können. Als Reaktionsmöglichkeit auf tatsächliche Veränderungen im Laufe der Vertragszeit bieten sich sog. Neuverhandlungsklauseln an, als Reaktion auf rechtliche Veränderungen, die sog. Salvatorischen Klauseln.

---

13 Siehe Abschn. 3.3.2.

5

5.1.4 Neuverhandlungsklauseln

Tatsächliche Veränderungen können durch externe Faktoren, wie z. B. neue Honorarregelungen, Veränderungen der Zulassungs- und Niederlassungsbedingungen, als auch parteibedingt z. B. durch Krankheit oder Ausscheiden eines Gesellschafters bedingt sein. Halten die Vertragsparteien es für möglich, dass sich Änderungen in den Umständen ergeben, die das Festhalten an der ehemals getroffenen Regelung zumindest für eine Partei unzumutbar machen, der Vertrag als solcher aber trotzdem bestehen bleiben soll, dann bietet sich die Aufnahme von Neuverhandlungsklauseln kann.

Beispiel: Neuverhandlungsklausel

Ändern sich die Bedingungen des Honorarverteilungsmaßstabes oder des EBM, sodass es zu maßgeblichen Änderungen der Vergütung kommt, so verhandeln die Vertragsparteien die Gewinn- und Verlustbeteiligung neu.

Unabhängig von dem Eintritt bestimmter Ereignisse können auch sog. periodische Neuverhandlungsklauseln[14] für die Vertragsparteien sinnvoll sein. Insbesondere bei länger dauernden Vertragsverhältnissen, wie dies bei Gesellschaftsverträgen regelmäßig der Fall ist, kann es vorteilhaft sein, wenn die Gesellschafter in gewissen zeitlichen Abständen den Vertrag auf den Prüfstand stellen und ihn dann ggf. anpassen.

5.1.5 Salvatorische Klauseln

Bei der Vertragsgestaltung und auch im späteren Verlauf kann es dazu kommen, dass einzelne Teile des Vertrages nichtig sind bzw. durch spätere Änderungen in der Gesetzgebung oder Rechtsprechung nichtig werden. Erfolgte hier keine Vorsorge, führt ein rechtswidriger Teil der vertraglichen Vereinbarungen zu einer Gesamtrechtswidrigkeit des ganzen Rechtsgeschäftes, wenn nicht anzunehmen ist, dass dieses auch ohne den nichtigen Teil vorgenommen sein würde (§ 139 BGB).

Sind Teile vertraglicher Regelungen nichtig, so gilt die Vermutung der Gesamtnichtigkeit.[15] Diese Rechtsfolge steht zur Disposition der Vertragsparteien[16], d. h., sie können vertraglich sowohl festlegen, dass bei Unwirksamkeit einer Bestimmung der ganze Vertrag unwirksam ist (Gesamtunwirksamkeitsklausel)[17] oder durch entsprechende Regelungen vereinbaren, dass die Wirksamkeit der übrigen Vereinbarungen unberührt bzw. erhalten bleiben und zur Anwendung gelangen.

Die Vertragsparteien haben die Wahl zwischen zwei Formen der Salvatorischen Klausel, der Erhaltungs- und der Ersetzungsklausel. Wollen die Parteien, dass die übrigen (nicht nichtigen) Teile des Rechtsgeschäfts gerettet werden, d. h. eine Restgültigkeit bestehen soll, dann bietet sich die Erhaltungsklausel an.

Beispiel: Erhaltungsklausel

„Sollte eine dieser Vereinbarungen unwirksam sein oder werden, so sollen die übrigen Vereinbarungen dennoch wirksam bleiben."[18]

Durch die Einbeziehung einer Erhaltungsklausel wird erreicht, dass die restlichen vertraglichen Bestimmungen erhalten bleiben. Im Ergebnis verbleibt durch den nichtigen Teil eine offene Regelungslücke, die zu schließen ist.[19] Hierbei hilft die Verwendung einer Ersetzungsklausel. Ersetzungsklauseln können entweder die Regelungen beinhalten, die anstelle der nichtigen Regelung Anwendung finden soll[20], oder festlegen, dass

- die Vertragslücke durch Auslegung zu füllen ist,
- Neuverhandlungen zwischen den Parteien stattfinden sollen oder
- einer Partei oder einem Dritten die Neuregelungsbefugnis übertragen wird.[21]

---

14 Walz/Bülow 2006, Kap. 2 Rdnr. 2.

15 MüKo/Busche, 2012, § 139 Rdnr. 1 m.w.N.
16 Staudinger/Roth, 2015, § 139 Rdnr. 22.
17 MüKo/Busche, 2012, § 139 Rdnr. 7.
18 Langenfeld 2004, § 8 Rdnr. 345.
19 Langenfeld 2004, § 8 Rdnr. 345.
20 Beyer, S. 58ff.
21 Junker/Kamanabrou 2014, § 1 Rdnr. 51.

Beispiel: Automatische Erhaltungs- und Ersetzungsklausel

„Erweist sich eine Bestimmung dieses Vertrages als unwirksam, so bleiben die übrigen Bestimmungen wirksam. Anstelle der unwirksamen Bestimmung gilt die Bestimmung als vereinbart, die dem Sinn und Zweck der weggefallenen Bestimmung in zulässiger Weise am nächsten kommt."[22]

Wird, wie hier, die automatische Ersetzung der unwirksamen Bestimmung gewählt, so wird ihr Inhalt im Streitfall durch den Richter festgestellt und entschieden, welche wirksame Regelung dem Gewollten am nächsten kommt.

Beispiel: Ersetzungsklausel mit Neuverhandlungsverpflichtung

„Sollte eine dieser vertraglichen Regelungen unwirksam sein oder werden, so ersetzen die Parteien diese Regelung im Wege der Neuverhandlung."[23]

> **Tipp**
>
> Ein fairer Vertrag mit ausgewogenen Regelungen ist die beste Konfliktprävention.

5.2 Konflikttheorie

Nachdem wir uns den Möglichkeiten der vertraglichen Konfliktprävention zugewandt haben und bevor wir uns den Möglichkeiten der alternativen Streitbeilegung widmen, richten wir kurz das Augenmerk auf den Konflikt als solchen.

Konflikte sind normal, jeder von uns kennt sie aus eigenem Erleben, sei es im privaten oder beruflichen Umfeld. Wir sind Individuen mit eigenen Wertvorstellungen, Zielen, Ideen, Interessen, Handlungsmustern etc., und so bleibt es nicht aus, dass wir mit anderen Personen Differenzen erfahren. Dies ist auch nicht schlimm, es kommt nur darauf an, wie wir mit diesen Differenzen umgehen und sie lösen, wenn es sich um einen Konflikt handelt.

Üblicherweise beginnen Konflikte mit sachlichen Differenzen, die, können sie nicht konstruktiv behoben werden, schnell auf die nächste Eskalationsstufe überschwappen, nämlich die Stufe der persönlichen Betroffenheit. Sie ist dadurch charakterisiert, dass sich die „Streithähne" persönlich angegriffen fühlen und den Streit außer auf der Sachebene auch auf der persönlichen Ebene austragen, sich ihre Positionen verhärten, extremere Positionen eingenommen werden und auch mal der eine oder andere Seitenhieb ausgeteilt wird, der mit dem sachlichen Streitgegenstand nicht zwingend etwas zu tun hat.[24] Psychologisch laufen viele spannende Phänomene ab. In einem Konflikt befindliche Personen neigen zu der Annahme, die andere Person wolle ihnen schaden, sie fühlen sich von ihr bedroht, sodass es nicht verwunderlich ist, dass die Konfliktparteien immer misstrauischer werden und eher bereit sind, negative Eigenschaften beim Streitpartner zu entdecken als positive.[25] Der Streitstoff wird immer umfangreicher und komplexer, da die Parteien unermüdlich neue Streitpunkte einbringen, z. B. weitere Verfehlungen der anderen Partei, sodass der Streit unübersichtlich wird und die Parteien in ihrer Vorstellungs- und Erwartungswelt so festgefahren sind, dass sie einen Tunnelblick entwickeln und nur noch die Dinge wahrnehmen bzw. Dinge so interpretieren, dass sie mit der (negativen) Erwartungshaltung des Gegenübers übereinstimmen.[26] Es entsteht eine pessimistische Antizipationshaltung[27] und zur Bestärkung der eigenen Position bleibt es nicht aus, dass die Parteien sich Unterstützung suchen und Dritte um Bestätigung bitten und somit in den Konflikt einbeziehen.[28] Es entsteht ein Teufelskreis der negativen Gefühle und Erwartungshaltungen, der für beide Streitparteien nur noch schwer zu durchbrechen ist, sie steigern sich gegenseitig in den Streit hinein und wiegeln sich

---

22 Langenfeld 2004, § 8 Rdnr. 346.
23 Junker/Kamanabrou 2014, § 1 Rdnr. 51.

24 Glasl, 2013, Pkt. 2.1.2, Rdnr. 4ff.
25 Glasl, 2013, Pkt. 2.1.2, Rdnr. 9.
26 Glasl, 2013, Pkt. 2.1.2, Rdnr. 10.
27 Glasl, 2013, Pkt. 2.1.2, Rdnr. 12.
28 Glasl, 2013, Pkt. 2.1.2, Rdnr. 11.

durch ihre jeweiligen pessimistischen und zum Teil auch bösartigen Reaktionen gegenseitig auf.

Konflikte zwischen Gesellschaftern stellen hier keine Ausnahme dar. Sie haben sich zusammengeschlossen, um einen gemeinsamen Gesellschaftszweck zu verfolgen. Die Individualinteressen der einzelnen Gesellschafter weichen mehr oder weniger vom Gesellschaftszweck ab, was Raum für Differenzen bietet. Im Laufe der Zeit kann es zu Spannungen zwischen den ansonsten eng verbundenen Gesellschaftern kommen, etwa durch eine Verschiebung der beruflichen und privaten Prioritäten eines Gesellschafters, Veränderungen der Rahmenbedingungen, der Vergütung oder dem Ausscheiden und Eintritt neuer Gesellschafter. Charakteristisch für Gesellschafterkonflikte ist, dass die Gesellschafter für eine nachhaltige Konfliktbeilegung häufig Entscheidungen von gesamtstrategischer Bedeutung treffen müssen.[29] Und genau an dieser Stelle kommt ein weiteres menschliches Phänomen zum Tragen. Angesichts des antizipierten Aufwands und der nicht geringen Tragweite der zu treffenden Entscheidungen ist die „Vogel-Strauß-Politik", nämlich das Verdrängen und sich erst einmal um das Tagesgeschäft kümmern, zu beobachten.[30] Wie andere Menschen auch, können Gesellschafter dazu neigen, überoptimistisch zu sein und zu hoffen, dass sich der Konflikt schon irgendwie von alleine regelt. Sie fürchten die Auseinandersetzung mit den anderen Gesellschaftern und vermeiden diese gerne so lange wie möglich, mit dem Resultat, dass der Konflikt letztendlich weiter eskaliert und eine Lösung immer schwieriger wird.[31] Im Vergleich zu anderen Konflikten zeichnen sich Konflikte zwischen Gesellschaftern dadurch aus, dass eine gesteigerte Vergleichsbereitschaft besteht, um die Gesellschaft fortzuführen und mithin auch der Anreiz zu einer gütlichen Einigung.[32] Regelmäßig besteht das Interesse an einer zügigen Lösung, um die Funktionsfähigkeit der Gesellschaft nicht zu gefährden, als auch an einer Lösung, die die Gesellschaft erhält und das Miteinander auch in der Zukunft ermöglicht. Umso

erstaunlicher ist es, dass angesichts der verheerenden Folgen im Konfliktfall vielen Gesellschaftsverträgen bis heute maßgeschneiderte klare Regeln zu einer Streitprävention fehlen.[33]

Ein Konflikt entsteht weder aus dem Nichts, noch entwickelt er sich linear, sondern stufenweise. Professor Glasl beschreibt die Konfliktentwicklung in neun Eskalationsstufen (◻ Abb. 5.1).[34]

Auf der ersten Stufe verhärten sich die Standpunkte sukzessive zu schwer veränderbaren Positionen, jede Partei hört nur noch selektiv zu, gegenseitige Verärgerungen können noch aufgelöst werden, und es herrscht allgemein eine kooperative Grundtendenz.[35] In der nächsten Stufe steigern sich die ehemals schwer veränderbaren Positionen zu starren Positionen, die Parteien können sich nicht mehr unvoreingenommen zuhören, Argumente werden mit Gegenargumenten gekontert, um der Gegenseite die eigene Überlegenheit zu beweisen.[36] In der dritten Stufe ersetzen dann Taten Worte. Dort wo die Parteien mit Worten nicht mehr weiter kommen, setzten sie die Gegenseite vor vollendete Tatsachen, Misstrauen und Missverständnisse nehmen zu und gegenseitige Empathie ab.[37] Während die drei ersten Phasen noch davon gekennzeichnet sind, dass jede Streitpartei der Meinung ist, es gäbe eine Lösung des Konflikts, die für beide Seiten vorteilhaft wäre, sind die Parteien am Ende von Stufe 3 überzeugt, dass sie den Konflikt nicht mehr miteinander lösen können, sondern es vielmehr nur noch ums Gewinnen oder Verlieren geht.[38] In Stufe 4 wird das eigene positive Bild bestärkt und die Gegenseite nur noch negativ betrachtet, wobei gegenteilige Fakten zu keinem Umdenken mehr führen; beide Seiten sind in ihrer Welt der Urteile und Vorurteile gefangen, suchen Verbündete und bekämpfen sich gegenseitig.[39] In der fünften Stufe wird der Gegner öffentlich angegriffen, alle sollen erfahren, um was für eine Person es sich hier handelt, welche Verfehlungen

---

29   Schwartz/Wendenburg, 2013, Pkt. 5.5.1.2, Rdnr. 5.

30   Schwartz/Wendenburg, 2013, Pkt. 5.5.1.2, Rdnr. 5.

31   Schwartz/Wendenburg, 2013, Pkt. 5.5.1.2, Rdnr. 5.

32   Schröder-Frerkes, 1998, S. 77.

33   Ewig, 2016, § 42 Rdnr. 26.

34   Glasl, 2013, Pkt. 2.1.5, Rdnr. 15ff.

35   Glasl, 2013, Pkt. 2.1.5.1, Rdnr. 22.

36   Glasl, 2013, Pkt. 2.1.5.2, Rdnr. 23.

37   Glasl, 2013, Pkt. 2.1.5.3, Rdnr. 24.

38   Glasl, 2013, Pkt. 2.1.5. und 2.1.5.4, Rdnr. 19, 25.

39   Glasl, 2013, Pkt. 2.1.5.4, Rdnr. 26.

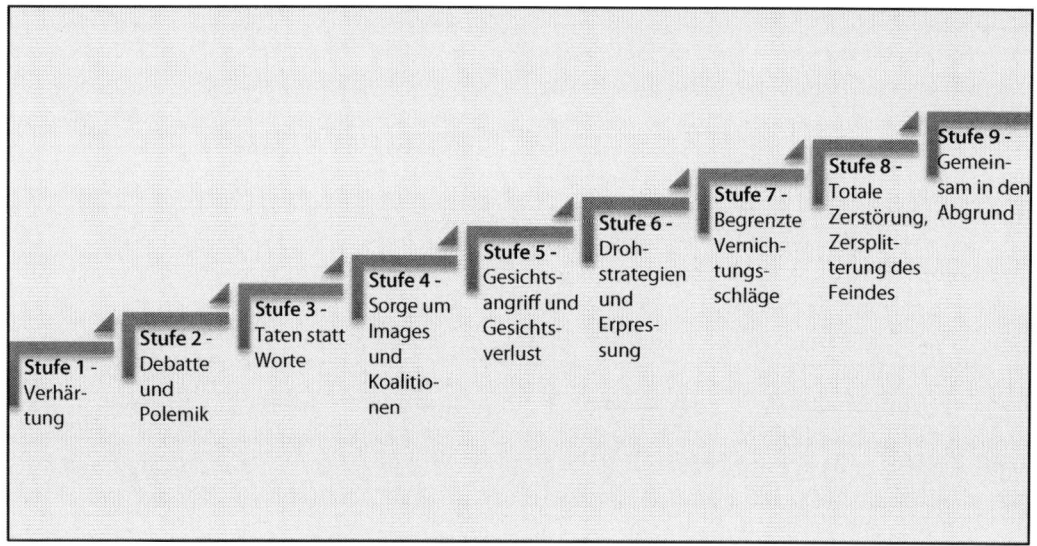

Abb. 5.1   Schema zur Konfliktentwicklung nach Professor Glasl

sie begangen hat, und gleichzeitig wird das eigene Selbstbildnis überhöht, die eigene Position nur noch positiv dargestellt.[40] In der nächsten Stufe versuchen sich die Parteien unter Androhung gewaltsamer Sanktionen zum Nachgeben zu zwingen, es folgt dann ein „Pingpong" an gegenseitigen Drohungen und der Erhöhung des Drucks aufeinander.[41] In den letzten drei Stufen geht es nur noch um das Verlieren, zu gewinnen gibt es für keine Seite mehr etwas.[42] In Stufe 7 treten die eigentlichen Forderungen in den Hintergrund, dem Gegner wird gezielt Schaden zugefügt, um ihn zur Umkehr zu zwingen, wobei moralische Werte sich in ihr Gegenteil verkehren.[43] In der nächsten Stufe geht es nur noch um die systematische Zerstörung des Gegners, egal auf welchem Gebiet, jegliches Agieren ist von Hass geprägt.[44] In der letzten Stufe gibt es keinen Weg mehr zurück bis der Gegner vernichtet ist und zwar egal um welchen Preis, also auch auf die Gefahr des eigenen Untergangs hin.[45]

Abhängig von der Eskalationsstufe und den Möglichkeiten der Parteien, wieder einen konstruktiven Problemlösungsweg zu beschreiten, kommen verschiedene Interventionstypen infrage, die im Folgenden dargestellt werden.

> **Tipp**
>
> Lassen Sie Streitigkeiten nicht eskalieren, sondern suchen Sie frühzeitig das Gespräch mit der Person, mit der Sie Differenzen haben. Die Chance, Differenzen einvernehmlich zu lösen und eine tragfähige Beziehung zu erhalten, nehmen mit jeder Eskalationsstufe weiter ab.

5.3   Außergerichtliche Streitbeilegung

Wenn die Parteien ihre Konflikte nicht miteinander lösen und keine einvernehmliche Einigung erzielen können, ist der Rechtsweg häufig das Mittel der Wahl und man versucht, die (mutmaßlichen) eigenen Ansprüche vor Gericht durchzusetzen. Die Beschreitung des Gerichtsweges hat viele Vorteile. Es handelt

40 Glasl, 2013, Pkt. 2.1.5.5, Rdnr. 27.
41 Glasl, 2013, Pkt. 2.1.5.6, Rdnr. 28.
42 Glasl, 2013, Pkt. 2.1.5.6, Rdnr. 29.
43 Glasl, 2013, Pkt. 2.1.5.7, Rdnr. 30.
44 Glasl, 2013, Pkt. 2.1.5.8, Rdnr. 31.
45 Glasl, 2013, Pkt. 2.1.5.9, Rdnr. 32.

sich um ein bewährtes, bekannten Regelungen und Normen unterworfenes Verfahren, und die Konfliktparteien können durch die Beauftragung von Rechtsanwälten mit ihrer Vertretung eine neue Sachebene in den Konflikt einziehen, da die weitere Korrespondenz zwischen den Anwälten stattfindet und damit regelmäßig sachlich und nicht von den Emotionen der Parteien getragen geführt wird. Anderseits geben die Parteien durch die Einschaltung des Gerichts das Zepter weitgehend aus der Hand und können auf den weiteren Verfahrensverlauf nur bedingt Einfluss nehmen. Hinzu kommen häufig sehr lange Verfahrensdauern, die Öffentlichkeit des Prozesses, die Ungewissheit, wer der Richter in dem Verfahren sein wird, welche über das Richteramt als solches hinausgehenden Kompetenzen und auch Erfahrungen der Richter auf dem Streitgebiet der Parteien hat und nicht zuletzt der ungewisse Ausgang des Prozesses. Der Überoptimismus der Streitparteien ist ein bekanntes Phänomen. Werden beide Seiten über die Wahrscheinlichkeit befragt, den Prozess zu gewinnen, so werden erfahrungsgemäß die Chancen auf beiden Seiten mit über 50 % angegeben – ein Ergebnis, welches mathematisch unmöglich ist.

In Kenntnis der Vor- und Nachteile des gerichtlichen Verfahrens stellt sich für die Parteien die Frage nach Alternativen, wie zum Beispiel die Wahl eines Verfahrens der alternativen Streitbeilegung anstelle eines Gerichtsverfahrens oder als vorgeschaltetes Verfahren. In Betracht kommen hier:

- Schiedsgutachten,
- Schiedsverfahren,
- Schlichtungsverfahren,
- Mediation.

Der große Vorteil der Vertragsparteien besteht darin, dass sie sich bereits im Rahmen der Vertragserstellung, also zu einem Zeitpunkt, in dem sich alle noch gut gesonnen sind und ein gemeinsames Ziel erreichen wollen, Gedanken darüber machen können, wie sie im Konfliktfall miteinander umgehen, welche Verfahren sie hierfür beschreiten wollen. Hierbei gilt es, u. a. folgende Punkte zu bedenken:

1. **Art des Konflikts und Eskalationsstufe**[46]
   Die Art des Konflikts wird nach Kriterien wie etwa Anzahl und sozialen Beziehungen der

Konfliktparteien, Umständen, Reichweite und Eskalationsstufe des Konflikts im Wege einer Konfliktanalyse bestimmt.[47]

2. **Welche Möglichkeiten, Chancen, Regularien kann und soll das Verfahren bieten?**

   a. *Kostengesichtspunkte*
   Hierzu gehören sowohl Verfahrenskosten als auch indirekte Kosten, die aus möglichen Zeitvorteilen bzw. Zeitnachteilen folgen.[48]

   b. *Vertraulichkeit vs. Öffentlichkeit*
   Der Vorteil nicht öffentlicher Verfahren liegt darin, dass die Parteien eher gewillt sind, vertrauliche Informationen preiszugeben, die für die Lösung des Konflikts relevant sind[49], und insgesamt eher eine Atmosphäre des „Miteinander" anstelle des „Gegeneinander" geschaffen werden kann.

   c. *Verfahrensdauer*

   d. *Auswirkungen des Verfahrens auf die Geschäftsbeziehung*

   e. *Mitwirkungsrechte und -pflichten der Streitparteien*
   So lebt beispielsweise die Mediation davon, dass alle Parteien sich hierauf einlassen und aktiv teilnehmen. Entsprechend muss aber auch von allen Parteien die Bereitschaft hierzu bestehen und der Mediation die notwendige Zeit eingeräumt werden. Die Mediation setzt somit im Gegensatz zum Schiedsverfahren eine hohe Verfahrenstreue der Beteiligten voraus.

   f. *Basis für Verhaltensmodifikation schaffen*
   So besteht die Chance in Mediationsverfahren, dass Parteien, die sich bisher sehr positionsorientiert verhalten haben, zu einem interessengeleiteten und damit kooperativen Verhandlungsstil finden und so die Basis für die Schaffung von Kooperationsgewinnen und einer einvernehmlichen Lösung geschaffen wird.[50]

---

46   Walz, 2006, Kap. 1. Rdnr. 24, 25.

47   Haaß, 2016, § 7, Rdnr. 4.
48   Walz, 2006, Kap. 1, Rdnr. 13.
49   Walz, 2006, Kap. 1, Rdnr. 17.
50   Walz, 2006, Kap. 1, Rdnr. 15.

3. Einigungshindernisse
4. Wer darf das Verfahren initiieren?
5. Welche Fristen sind einzuhalten?

5.3.1 Schiedsgutachten

Die vertragliche Einbeziehung von Schiedsgutachtenklauseln bietet sich immer dann an, wenn sich die Parteien grundsätzlich über den Vertrag einig sind, einzelne Punkte aber noch nicht festlegen können oder wollen, wie z. B. die Höhe der Abfindung bei Ausscheiden eines Gesellschafters und die Berechnung des Gewinns der Gesellschafter. In diesen Fällen bietet es sich an, wenn die Parteien sich nicht entscheiden bzw. nicht einigen können, die Klärung und Festlegung des offenen Punktes einem Dritten zu übertragen, der das Vertrauen aller Parteien genießt.[51]

Im Unterschied zum Schiedsgerichtsverfahren[52], in dem ein Schiedsgericht an die Stelle der ordentlichen Gerichtsbarkeit tritt und den gesamten Rechtsstreit entscheidet, stellt der Schiedsgutachter für die Parteien einzelne rechtliche oder tatsächliche Punkte fest.[53]

Der Vorteil in der einvernehmlichen Beauftragung eines Schiedsgutachtens gegenüber einem gerichtlichen Verfahren liegt in der zügigen Konfliktlösung[54], da die Verfahrensdauer um ein Vielfaches kürzer ist. Dem steht der Nachteil gegenüber, dass das Schiedsgutachten auch dann zu akzeptieren ist, wenn eine Partei erhebliche Zweifel an der Richtigkeit hat, der Nachweis der offenbaren Unbilligkeit (§ 319 BGB) aber nicht geführt werden kann[55], während bei Zweifeln an der Richtigkeit eines Urteils die nächste Instanz angerufen werden kann. Allerdings können die Parteien hiervon abweichend auch bestimmen, dass ein Rechtsstreit so zu führen wäre, als wenn die Schiedsgutachtenabrede nicht getroffen worden wäre.[56] Das Schiedsgutachten ist selbst nicht

vollstreckbar, sodass Ansprüche, die auf ein Schiedsgutachten gestützt werden, gerichtlich durchgesetzt werden müssen.

Schiedsklauseln können einfach gehalten oder so gestaltet werden, dass beispielsweise bestimmte Qualifikationen des Gutachters als auch Verfahrensregelungen und Bewertungsmethoden bestimmt und ein zusätzlicher Mitwirkungs- und Einigungsanreiz für die Parteien geschaffen werden kann.

Beispiel: Einfache Schiedsgutachtenvereinbarung zur Abfindungsregelung im Gesellschaftsvertrag

Können sich die Parteien über die Höhe der Abfindung nicht einigen, wird diese durch ein Schiedsgutachten festgelegt. Können sich die Parteien auf keinen Schiedsgutachter einigen, wird ein unabhängiger Sachverständiger von der zuständigen Ärztekammer auf Antrag einer Partei als Schiedsgutachter bestellt. Der Schiedsgutachter entscheidet nach billigem Ermessen schiedsgutachterlich. Die Kosten für das Gutachten und ggf. für die Benennung durch den Dritten tragen die Parteien nach Köpfen. Der Rechtsweg wird nicht ausgeschlossen; das Schiedsgutachten kann in einem gerichtlichen Verfahren einer begrenzten Kontrolle wegen offenbarer Unbilligkeit unterzogen und für unverbindlich, d. h. nicht anwendbar erklärt werden, da der Gesetzgeber davon ausgeht, dass die Bestimmungen durch einen Dritten eine größere Richtigkeitsgewähr haben als die durch eine Partei. Die Entscheidung soll nur aus wichtigem Grund angreifbar sein.[57]

Beispiel: Ausführliche Schiedsgutachtenvereinbarung[58]

1. Können sich die Parteien über die Höhe der Abfindung nicht einigen, so entscheidet das Schiedsgutachten eines amtlich vereidigten oder gerichtlich anerkannten Schätzgutachters, der von den Parteien unabhängig und unparteiisch ist.
2. Können sich die Beteiligten nicht innerhalb eines Monats über die Bestellung des Gutachters einigen, so ist dieser von der zuständigen Ärztekammer zu bestimmen. Jede Partei kann

---

51 Walz/Schwarzmann, Kap. 8, Rdnr. 6.

52 Siehe hierzu die Ausführungen unter ▶ Abschn. 5.3.1

53 Walz/Schwarzmann, Kap. 8, Rdnr. 3.

54 Hamann 2012, § 2 Rdnr. 17.

55 Hamann 2012, § 2 Rdnr. 17,

56 Walz/Schwarzmann, Kap. 8, Rdnr. 30.

57 Grüneberg, 2015, § 319, Rn.1.

58 Muster nach Walz/Schwarzmann, Kap. 8, Rdnr. 21.

5

den Antrag auf Benennung des Gutachters stellen.

3. Der zu benennende Schiedsgutachter muss folgende Qualifikationen erfüllen: …
4. Der Schiedsgutachter entscheidet nach billigem Ermessen. Er hat bei der Bestimmung jedoch folgende Bewertungsmethoden anzuwenden: …
5. Den Parteien ist vor Niederlegung des Schiedsgutachtens rechtliches Gehör zu gewähren. Der Schiedsgutachter gibt den Parteien bei einer mündlichen Anhörung Gelegenheit zur Stellungnahme. Den Zeitpunkt der Erörterung bestimmt der Schiedsgutachter nach billigem Ermessen.

   Die Beteiligten können jederzeit vom Schiedsgutachter Auskunft über den Stand des Verfahrens, die entstandenen und zu erwartenden Aufwendungen und den Fertigstellungstermin des Schiedsgutachtens verlangen.

   Das Schiedsgutachten ist schriftlich bis spätestens zum … abzufassen, zu begründen und vom Schiedsgutachter zu unterzeichnen. Den Beteiligten sind Abschriften zu übersenden.
6. Jeder Beteiligte hat dem Schiedsgutachter einen schriftlichen Wertvorschlag zu unterbreiten, der beim Schiedsgutachter innerhalb von zwei Wochen nach Aufforderung durch den Schiedsgutachter eingehen muss. Der Schiedsgutachter teilt den Beteiligten sodann die Wertvorschläge mit. Einigen sich die Beteiligten innerhalb einer weiteren Frist von vier Wochen, gerechnet ab der Mitteilung des Schiedsgutachters über die Wertvorschläge, nicht einvernehmlich, entscheidet der Schiedsgutachter ohne Bindung an die Wertvorschläge.
7. Durch die Schiedsgutachtenvereinbarung wird der Rechtsweg nicht ausgeschlossen. Im gerichtlichen Verfahren ist das Schiedsgutachten, begrenzt auf eine Billigkeitskontrolle, überprüfbar.
8. Die Kosten des Schiedsgutachtens, einschließlich der Kosten für die Benennung des Schiedsgutachters, trägt die Partei, deren Wertvorschlag weiter vom durch den Schiedsgutachter festgesetzten Wert abweicht. Gibt nur eine Partei keinen Wertvorschlag ab, hat sie die Kosten ebenfalls allein zu tragen.

Weichen die Wertvorschläge der Parteien im Verhältnis zum durch den Schiedsgutachter festgesetzten Wert nur um jeweils 10 % ab, so tragen die Beteiligten die Kosten je zur Hälfte. Das Gleiche gilt, wenn keiner der Beteiligten innerhalb der Frist einen Wertvorschlag abgibt.

5.3.2   Schiedsverfahren

Die Vertragsparteien können vereinbaren, alle oder einzelne Streitigkeiten, die zwischen ihnen in Bezug auf ein bestimmtes Rechtsverhältnis vertraglicher oder nichtvertraglicher Art entstanden sind oder künftig entstehen, der Entscheidung durch ein Schiedsgericht zu unterwerfen (§ 1029 Abs. 1 ZPO [Zivilprozessordnung], Schiedsvereinbarung). Gemäß § 1039 Abs. 1 ZPO hat ein Gericht, vor welchem Klage in einer Angelegenheit erhoben wird, die Gegenstand einer Schiedsvereinbarung ist, die Klage als unzulässig abzuweisen, sofern der Beklagte dies vor Beginn der mündlichen Verhandlung zur Hauptsache rügt, es sei denn, das Gericht stellt fest, dass die Schiedsvereinbarung nichtig, unwirksam oder undurchführbar ist.

Es ist allgemein anerkannt, dass Streitigkeiten aus dem Gesellschaftsverhältnis bei Personengesellschaften nach allgemeinen Grundsätzen schiedsfähig sind.[59]

Die Schiedsvereinbarung unterliegt dem Formerfordernis des § 1031 ZPO, wonach sie entweder in einem von den Parteien unterzeichneten Dokument oder in zwischen ihnen gewechselten Schreiben, Fernkopien, Telegrammen oder anderen Formen der Nachrichtenübermittlung, die einen Nachweis der Vereinbarung sicherstellen, enthalten sein muss.

Die Verfahrensregelungen für das Schiedsverfahren können die Parteien, vorbehaltlich der zwingenden Regelungen in der ZPO, selbst oder durch Bezugnahme auf eine schiedsrichterliche Verfahrensordnung bestimmen (§ 1042 Abs. 3 ZPO).

Der Schiedsspruch hat gemäß § 1055 ZPO unter den Parteien die Wirkungen eines rechtskräftigen gerichtlichen Urteils.

---

59   Westermann, 1996, S. 31 (42f.).

Vorteile eines Schiedsverfahrens sind
- Ausschluss der Öffentlichkeit und damit Vertraulichkeit,
- im Vergleich zum Gerichtsverfahren kurze Verfahrensdauer,
- im Vergleich zum Gerichtsverfahren geringere Kosten und
- besondere Spezialisierung und hohe Kompetenz der Schiedsrichter.

2011 wurde der Verein „med.iatori – Deutsche Schiedsstelle für das Medizinrecht e.V." gegründet, um die Schlichtung, Mediation und Schiedsgerichtsbarkeit im gesamten medizinrechtlichen Bereich zu fördern. Der Verein benennt auf Anfrage bzw. bei entsprechender vertraglicher Vereinbarung schnell kompetente Schiedsrichter, Schlichter und Mediatoren, die über die notwendige Expertise[60] verfügen. Die folgenden Musterklauseln und Verfahrensordnungen wurden von med.iatori Deutsche Schiedsstelle im Medizinrecht e.V. entworfen und werden vom Verein regelmäßig überprüft, angepasst und online gestellt. Die Klauseln und Verfahrensordnungen können in Gesellschaftsverträgen verwandt werden, um das Verfahren nach den Regularien des Vereins und mit dessen Unterstützung durchführen zu lassen.

Beispiel: Schiedsabrede

Für alle Streitigkeiten aus diesem Vertrag ist der ordentliche Rechtsweg ausgeschlossen. Über diese Streitigkeiten entscheidet abschließend ein vom Verein med.iatori Deutsche Schiedsstelle im Medizinrecht e.V., Frankfurt a.M., zu bildendes Schiedsgericht. Dies gilt auch für Rechtsstreitigkeiten über die Gültigkeit der betroffenen Bestimmungen dieses Vertrags und dieser Schiedsvereinbarung selbst. Ausgenommen sind Angelegenheiten des vorläufigen Rechtsschutzes.

---

60 Mitglieder des Vereins können nur approbierte/r Arzt/ Ärztin, approbierte/r Zahnarzt/-ärztin, approbierte/r Apotheker/in, Fachanwalt/-wältin für Medizinrecht, Fachanwalt/-wältin für Sozialrecht oder Steuerberater/-in sein oder müssen durch andere geeignete Unterlagen die entsprechende Fachkenntnis im Medizin- und/oder Sozialrecht in theoretischer und praktischer Hinsicht nachweisen, die sie dazu befähigen als Schiedsrichter/-in, Schlichter/-in und/oder Mediator/-in tätig zu werden.

Für die Bildung des Schiedsgerichtes und die Durchführung des Verfahrens gilt die Verfahrensordnung des Vereines med.iatori Deutsche Schiedsstelle im Medizinrecht e.V., Frankfurt a.M., veröffentlicht unter www.med-iatori.de, in der zum Zeitpunkt der Einleitung des Verfahrens gültigen Fassung.

Ein Muster der aktuellen Schiedsordnung von med. iatori findet sich in ▶ Abschn. 5.4

5.3.3 Schlichtungsverfahren

Schlichtungsverfahren sind dadurch geprägt, dass sich die Streitparteien auf einen neutralen Dritten mit der notwendigen Expertise einigen, der dann die Sachlage und den Streitstand würdigt und, wenn die Parteien sich nicht einigen können, ihnen einen Lösungsvorschlag für ihren Konflikt unterbreitet. Im Gegensatz zum Schiedsspruch handelt es sich nicht um eine die Parteien bindende Entscheidung, sondern lediglich um einen Vorschlag, den die Parteien nicht annehmen müssen, der ihnen aber als Entscheidungshilfe für die weitere Konfliktlösung dienen kann.[61] Ihnen steht weiterhin der Rechtsweg zur Klärung der Streitfrage offen bzw. je nach Parteivereinbarung ein anderes Verfahren der alternativen Streitbeilegung.

Ein Vorteil der Durchführung eines Schlichtungsverfahrens liegt darin, dass die Parteien erfahren, welche Lösung ein neutraler Dritter als fair erachtet und so ihre eigenen Positionen, Ansprüche und Wertungen vor diesem Hintergrund erneut überprüfen und ggf. alte Positionen ohne Gesichtsverlust aufgeben können.[62] Ein offensichtlicher Nachteil liegt darin begründet, dass keine verbindliche Entscheidung getroffen wird und der Konflikt somit auch nach Ende der Schlichtung noch ungelöst sein kann. Trotz dieser Gefahr ist die Durchführung eines Schlichtungsverfahrens keine Zeitverschwendung, da im Rahmen des Verfahrens, die Parteien ihre Argumente austauschen,

---

61 Greger, 2013, Pkt. 2.19.3.1, Rdnr. 14.
62 Greger, 2013, Pkt. 2.19.3.1, Rdnr. 15.

miteinander kommunizieren und zumindest einen Lösungsansatz unterbreitet bekommen, der jedenfalls nach Ansicht des Schlichters als fair zu bezeichnen ist. Sie haben somit eine gute Grundlage, um entweder selbst aufgrund der neu gewonnenen Erkenntnisse eine Lösung zu finden oder unter Einschaltung Dritter.

Beispiel: Schlichtungsklausel

1. Für alle Meinungsverschiedenheiten und Rechtsstreitigkeiten aus diesem Vertrag muss vor Beschreiten des ordentlichen Rechtswegs ein Schlichtungsverfahren durchgeführt werden. Dies gilt auch für Rechtsstreitigkeiten über die Gültigkeit dieses Vertrages und dieser Schlichtungsvereinbarung selbst.
2. Der Schlichter soll einschlägige Erfahrungen mit den strittigen Sach- und/oder Rechtsfragen haben, die den Meinungsverschiedenheiten und/oder Rechtsstreitigkeiten zugrunde liegen. Einigen sich die Parteien nicht innerhalb von zwei Wochen nach Zugang einer entsprechenden Aufforderung des einen Teils beim anderen Teil auf die Person des Schlichters, ist der Schlichter auf Antrag einer Vertragspartei mit verbindlicher Wirkung vom Vorstand des Vereins med.iatori Deutsche Schiedsstelle für Medizinrecht e.V., Frankfurt a.M., zu benennen.
3. Für das Schlichtungsverfahren gelten die unter www.med.iatori.de veröffentlichte Schlichtungsordnung und die Gebührenordnung.
4. Die Parteien sind verpflichtet, mit dem Schlichter einen Dienstvertrag abzuschließen, dessen Bestandteil die unter www.med-iatori.de veröffentlichte Gebührenordnung ist, soweit die Parteien keine davon abweichende Vergütungsregelung treffen.

5.3.4 Mediation

Ziel der Mediation ist die Erarbeitung einer nachhaltigen, interessengerechten Lösung des Konfliktes durch die Streitparteien unter Mithilfe eines Mediators.

■ ■ **Was ist Mediation?**

> **Definition**
>
> Die Mediation ist in § 1 Abs. 1 MediationsG definiert als ein vertrauliches und strukturiertes Verfahren, bei dem Parteien mithilfe eines oder mehrerer Mediatoren freiwillig und eigenverantwortlich eine einvernehmliche Beilegung ihres Konflikts anstreben.

Vertraulichkeit   Die Verschwiegenheitspflicht des Mediators ist in § 4 MediationsG geregelt, wonach der Mediator und die in die Durchführung des Mediationsverfahrens eingebundenen Personen zur Verschwiegenheit über alles, was sie in Ausübung ihrer Tätigkeit erfahren haben, verpflichtet sind, soweit gesetzlich nichts anderes geregelt ist. Entsprechend hat der Mediator in einem etwaig nachfolgenden Prozess ein Zeugnisverweigerungsrecht.[63] Die Parteien haben jedoch die Möglichkeit, den Vertraulichkeitsschutz nicht nur zu erweitern, sondern auch auf ihn zu verzichten.[64]

Ein weiterer Aspekt der Vertraulichkeit der Mediation besteht darin, dass die Mediation nicht – wie z. B. Gerichtsverfahren – öffentlich ist.[65]

Strukturiertes Verfahren   Die Mediation hat bestimmten Regeln zu folgen, wobei diese nach sachlichem Kontext und dem vom Mediator gewählten Mediationsstil variieren können.[66] Allen Mediationen ist gemein, dass sie bestimmte Phasen durchlaufen, die im Einzelfall jedoch nicht alle durchlaufen werden müssen bzw. auch einzelne Phasen zusammengelegt werden können.[67]

Mithilfe eines Mediators   Die Mediation erfolgt mithilfe eines neutralen Dritten, dem sog. Mediator. Dieser ist gemäß § 1 Abs. 2 MediationsG eine

---

63   Rabe/Wode, 2014, S. 18.

64   Wagner/Eidenmüller, 2015, Kap. 1, Rdnr. 13.

65   Hagel, 2014, § 1 Rdnr. 7.

66   Hagel, 2014, § 1 Rdnr. 10; Wagner/Eidenmüller, 2015, Kap. 1, Rdnr. 12.

67   Hagel, 2014, § 1 Rdnr. 10; zu den einzelnen Phasen der Mediation siehe Abschnitt „Ablauf der Mediation".

unabhängige und neutrale Person ohne Entscheidungsbefugnis, die die Parteien durch die Mediation führt. Die Parteien haben somit weiterhin Herrschaft über den Konflikt, der Mediator unterstützt sie (nur) bei der Regelung ihres Konflikts und unterbreitet im Gegensatz zum Schlichter keinen Vergleichsvorschlag.[68] Die Parteien können sich auch entscheiden, anstelle eines Mediators, mehrere Mediatoren zu beauftragen, sodass sog. Co-Mediationen durchgeführt werden können.

Freiwillig   Die Parteien zu einer Mediation müssen selbst und ohne äußeren Zwang entscheiden, ob sie ihren Konflikt mittels Mediation beilegen wollen.[69] Ausdruck der Freiwilligkeit ist auch, dass die Parteien die Teilnahme an der Mediation jederzeit beenden können.[70]

Eigenverantwortlich   Die Autonomie der Parteien steht im Zentrum der Mediation. Sie entscheiden über den Inhalt, Beginn und Ende der Mediation, wählen ihren Mediator, bestimmen den Verfahrensablauf und treffen schließlich auch die Entscheidung.[71]

▪▪ Ablauf der Mediation

Trotz verschiedener Mediationsstile und -techniken ist allen Mediationen gemein, dass in ihnen bestimmte Phasen absolviert werden.[72] Allerdings gibt es auch das Phasenmodell in vielen Varianten, wobei der Ablauf jedoch bei allen Modellen ähnlich ist.[73] Nachfolgend soll exemplarisch das 6-Phasen-Modell vorgestellt werden, welches sich in die folgenden Phasen unterteilen lässt:

1. Vorbereitende Phase
2. Themensammlung
3. Interessenklärung
4. Kreative Ideensuche
5. Bewertung und Auswahl der Lösungsoptionen
6. Vereinbarung und Umsetzung

---

68   Wagner/Eidenmüller, 2015, Kap. 1, Rdnr. 11.
69   Fritz, 2013, § 1 Rdnr. 19.
70   § 2 Abs. 5 Satz 1 MediationsG.
71   Hagel, 2014, § 1 Rdnr. 15.
72   Hagel, 2014, § 1 Rdnr. 10.
73   Kessen/Troja, 2016, § 14 Rdnr. 4.

Durch den strukturierten phasenweisen Aufbau der Mediation soll die Kommunikation der Teilnehmer strukturiert und die Möglichkeit für eine Veränderung der Konflikt- und Kommunikationsmuster geschaffen werden.[74]

Vorbereitung   In dieser ersten Phase prüft der Mediator, ob der Konflikt für eine Mediation geeignet ist,[75] welche Personen an der Mediation zu beteiligen sind,[76] klärt die Parteien über das Verfahren und die Inhalte der Mediation auf[77] und bespricht die jeweiligen Erwartungen mit den Parteien und macht sich ferner ein Bild vom Konfliktstatus.[78] Die vorbereitenden Gespräche dienen dabei lediglich der Klärung des Verfahrensablaufs, die inhaltlichen Aspekte werden in der Mediation mit den Parteien besprochen.[79] Bei der ersten gemeinsamen Sitzung mit den Parteien versucht der Mediator, den „fruchtbaren" Boden für die Mediation zu bereiten, eine Atmosphäre des Vertrauens zu schaffen und die Parteien in der Durchführung der Mediation zu bestärken.[80] Die Vorbereitungsphase endet dann mit der Unterzeichnung des Mediationsvertrages.[81] Eine Beispielsmediationsvereinbarung von med.iatori ist in ▶ Abschn. 5.5 niedergelegt.

Themensammlung   In dieser Phase schildern die Parteien den Konflikt aus ihrer Sicht, und es ist die Aufgabe des Mediators, die geschilderten Positionen, Anliegen, Sichtweisen und Vorwürfe zu filtern und neutral zu Themenkomplexen umzuformulieren.[82] Üblicherweise arbeitet der Mediator mit einem Flipchart, auf welchem er die Themen, die ihm von den Parteien mitgeteilt werden, sammelt, sodass alle Beteiligten sie sehen können. Nachdem alle Parteien umfassend Gelegenheit hatten, den Streit aus ihrer

---

74   Kessen/Troja, 2016, § 14 Rdnr. 1.
75   Greger/Unberath, 2012, § 2 Rdnr. 50.
76   Kessen/Troja, 2016, § 14 Rdnr. 11.
77   Greger/Unberath, 2012, § 2 Rdnr. 50.
78   Kessen/Troja, 2016, § 14 Rdnr. 11.
79   Kessen/Troja, 2016, § 14 Rdnr. 12.
80   Kessen/Troja, 2016, § 14 Rdnr. 14.
81   Greger/Unberath, 2012, § 2 Rdnr. 50; Kessen/Troja, 2016, § 14 Rdnr. 19.
82   Kessen/Troja, 2016, § 14 Rdnr. 21.

Sicht darzustellen und alle Themen auf dem Flipchart sind, ist es an den Parteien, sich darüber zu einigen, welche Themen sie in der Mediation besprechen wollen und in welcher Reihenfolge.[83]

Interessenklärung Nachdem die Themen festgelegt sind, besteht das Ziel dieser Phase darin, die Interessen und Beweggründe der Parteien herauszufinden. Üblicherweise sind bis zu diesem Punkt nur die Positionen der Parteien bekannt. Zum Beispiel könnte die Position eines Gesellschafters sein: „Ich will donnerstags und freitags keine Nachmittagssprechstunde mehr machen." Der andere Gesellschafter ist hierüber empört, da es immer Usus war, dass alle Ärzte jeden Nachmittag Sprechstunden anbieten, um sich so von den anderen Ärzten abzusetzen. Nun ist es die Aufgabe des Mediators herauszufinden, warum der Gesellschafter an diesen Tagen nicht mehr nachmittags arbeiten möchte. Durch offene Fragen, wie „Warum möchten Sie an diesen Tagen nicht mehr nachmittags arbeiten?", erhält der Gesellschafter die Chance, seine Beweggründe und Interessen darzulegen. So könnte er zum Beispiel offenbaren, dass er an einer Fortbildung teilnimmt, die an diesen Nachmittagen stattfindet oder dass seine Frau ihre Arbeit umgestalten musste und er jetzt an diesen Tagen nachmittags seine Kinder betreuen muss oder, oder, oder.

Das Aufzeigen der Interessen und Beweggründe hat mehrere wichtige Konsequenzen. Zum einen muss der Gefragte zunächst selbst seine geäußerte Position reflektieren und sich bewusst machen, warum er das eine oder andere fordert. Zum anderen gibt die Aufdeckung der Interessen der anderen Partei die Möglichkeit, die Beweggründe des anderen nachzuvollziehen und sie zu respektieren. Erst wenn jede Seite weiß, warum sie selbst und die andere Seite sich so verhält und die bekannten Forderungen aufstellt, sind die Parteien in der Lage, in der nächsten Phase der Mediation Lösungen zu entwickeln, die die Interessen aller Parteien befriedigen.

Kreative Ideensuche Diese Phase ist erfahrungsgemäß für die Parteien zunächst schwierig, da sie häufig gehemmt sind, eingetretene Denkpfade verlassen und sich auf neue Experimente einlassen zu müssen. In dieser Phase regt der Mediator die Parteien an, Lösungsoptionen für ihre Probleme zu entwickeln und ermutigt die Parteien hierbei, so kreativ wie möglich zu sein.[84] Alle nur denkbaren Optionen, egal wie verrückt sie sein mögen, werden zunächst gesammelt.

Bewertung und Auswahl der Lösungsoptionen Nachdem alle Möglichkeiten auf dem Tisch liegen, ist es nun an den Parteien, die einzelnen Optionen gemeinsam zu bewerten und zu konkreten Lösungen weiter zu entwickeln.[85] Hierbei werden die einzelnen Optionen betrachtet und daraufhin überprüft, ob und wenn ja, welche Interessen der Parteien hierdurch befriedigt werden. So nähern sich die Parteien der Lösung, die für alle am interessengerechtesten ist.

Vereinbarung und Umsetzung Nachdem sich die Parteien geeinigt haben, wie sie ihren Konflikt beilegen und welche Regelungen in der Zukunft zwischen ihnen gelten sollen, wird zur gegenseitigen Absicherung empfohlen, diese Vereinbarung schriftlich, z. B. in einem verbindlichen Vertrag, niederzulegen.

■ ■ Mediationsklausel

Haben sich die Vertragsparteien darüber verständigt, dass sie im Konfliktfall eine Mediation durchführen wollen, sollte, um Missverständnisse auszuräumen, eine entsprechende Klausel in den Vertrag aufgenommen werden.

Nachfolgend ist eine kombinierte Schlichtungs- und Mediationsmusterklausel von med.iatori abgebildet. Bei Verwendung einer derartigen Klausel haben die Parteien im Streitfall die Möglichkeit, sich zwischen beiden Verfahren zu entscheiden. Dies bietet ihnen einen größeren Spielraum, beinhaltet aber auch wieder die Gefahr eines weiteren Disputes, falls sich die Parteien auf kein Verfahren einigen können. Es steht den Parteien selbstverständlich frei, nur eine Mediationsklausel aufzunehmen.

---

83 Kessen/Troja, 2016, § 14 Rdnr. 22f.

84 Kessen/Troja, 2016, § 14 Rdnr. 45ff. mit Ausführungen zu den verschiedenen Techniken.

85 Kessen/Troja, 2016, § 14 Rdnr. 65ff.

Beispiel: Schlichtungs- und Mediationsklausel med.iatori

1. Die Parteien verpflichten sich, im Falle von Meinungsverschiedenheiten und Auseinandersetzungen über die Auslegung, Geltung oder sonstigen Inhalte dieses Vertrages, vor Inanspruchnahme des zuständigen Gerichts eine Schlichtung oder alternativ eine Mediation von mindestens jeweils zwei Sitzungen durchzuführen, falls nicht schon zuvor eine gemeinsame und einvernehmliche Lösung gefunden und verbindlich schriftlich vereinbart wurde. Diese Verpflichtung gilt sowohl während der Dauer der Gesellschaft als auch bei Auseinandersetzungen aufgrund der Beendigung der Gesellschaft. Verstößt ein Gesellschafter gegen diese „Friedenspflicht", hat er dem anderen Gesellschafter als Vertragsstrafe einen Betrag von 10.000,- € (in Worten: zehntausend) zu zahlen.

2. Als Schlichter oder Mediator ist eine von beiden Parteien einvernehmlich ausgewählte und in der Schlichtung bzw. Mediation nachweislich spezialisierte Person zu beauftragen. Können sich die Parteien nicht innerhalb von spätestens drei Wochen seit dem ersten schriftlichen Vorschlag eines Schlichters oder Mediators durch eine Partei gemeinsam auf eine Person einigen, sind beide Parteien schon jetzt ausdrücklich damit einverstanden, dass der Schlichter oder Mediator von mediatori - Deutsche Schiedsstelle im Medizinrecht" zu den dort genannten Konditionen ausgewählt wird. Med. iatori entscheidet in diesem Fall verbindlich darüber, welches Verfahren für die konkrete Auseinandersetzung am besten geeignet ist. Übereinstimmende Wünsche der Gesellschafter sollen hierbei berücksichtigt werden.

3. Anwälte oder Berater, die die Gesellschaft oder einen der Gesellschafter beraten oder beraten haben, kommen als Schlichter oder Mediator nicht in Betracht.

4. Die Kosten des Verfahrens werden von der Gesellschaft bzw., falls diese nicht mehr existiert, von den Gesellschaftern entsprechend ihrem jeweiligen durchschnittlichen Gewinnanteil der vergangenen drei Jahre getragen, falls die Parteien nicht vor Beginn des Verfahrens einvernehmlich eine anderweitige, insbesondere eine Kostenübernahme nach gleichen Anteilen vereinbaren.

5. Endet das Schlichtungs- oder Mediationsverfahren erfolglos nach Ablauf von drei Monaten ab der ersten Sitzung, ist der Weg zu den ordentlichen Gerichten eröffnet.

6. Haben sich die Parteien anstelle oder nach einer Schlichtung oder einer Mediation für die Durchführung eines Schiedsverfahrens entschieden, so ist das Schiedsergebnis für beide Parteien verbindlich. Der Rechtsweg zu den ordentlichen Gerichten ist in diesem Fall ausdrücklich ausgeschlossen.

Für alle Mediationsverfahren unter Mitwirkung von Mediatoren, die Mitglieder von med.iatori e.V. oder im Auftrag von med.iatori e.V. tätig sind, ist die Verfahrensordnung Mediation von med.iatori (▶ Abschn. 5.6) verbindlich.

Fazit

Konflikte und Streitigkeiten gehören unweigerlich zum Leben und Arbeiten in einer Gesellschaft. Wichtig ist alleine, wie man mit ihnen umgeht. Sie sind nicht per se schlecht, sondern bergen häufig Entwicklungs- und Verbesserungspotenzial für die Parteien. Wie auch sonst in der Medizin kommt der Prävention ein hoher Stellenwert zu. Hier haben die Parteien bereits bei der Vertragsgestaltung vielfältige Möglichkeiten festzulegen, welche Mechanismen im Konfliktfall greifen sollen, wie etwa durch Inkorporation von Störfallvorsorgemaßnahmen. Probleme sollten frühzeitig angesprochen werden, da die Lösung mit jeder weiteren Eskalationsstufe zunehmend schwieriger wird. Nicht zuletzt deshalb sollten die Gesellschafter in einem regelmäßigen Turnus Treffen vereinbaren, in denen sie in Ruhe die Entwicklung der Praxis, etwaige Änderungen der Rahmenbedingungen, Ideen, aber auch Unzufriedenheiten besprechen können. Durch die Vereinbarung alternativer Streitbeilegungsmethoden, wie etwa von Mediations- oder Schlichtungsverfahren im Gesellschaftsvertrag, können die Parteien sich für eine Methode der Streitbeilegung entscheiden, die ihren eigenen besonderen Bedürfnissen entspricht, und geben sich so die Chance, Konflikte mithilfe Dritter eigenständig und interessengerecht zu lösen.

5.4   Anlage 1: Schiedsordnung med.iatori[86]

§ 1 Anwendungsbereich Diese Verfahrensordnung findet auf Streitigkeiten Anwendung, die gemäß einer von den Parteien getroffenen Schiedsvereinbarung durch ein Schiedsgericht nach dieser Verfahrensordnung der med.iatori Deutsche Schiedsstelle im Medizinrecht e.V. entschieden werden sollen.

Soweit die Parteien nichts anderes vereinbart haben, findet jeweils die bei Beginn des schiedsrichterlichen Verfahrens gültige Verfahrensordnung Anwendung.

§ 2 Einleitung des Verfahrens Das Verfahren beginnt mit Eingang einer Schiedsklageschrift bei der Geschäftsstelle von med.iatori Deutsche Schiedsstelle im Medizinrecht e.V. Die Klageschrift muss enthalten: die Bezeichnung der Streitparteien; Angaben zum Streitgegenstand; Angaben zur Höhe des Streitwerts; wörtliche Wiedergabe der Schiedsvereinbarung; Angaben zum Ort des schiedsrichterlichen Verfahrens. Die Parteien können Schiedsrichter vorschlagen. Der Klageschrift ist für jede Streitpartei und für jeden Schiedsrichter eine Abschrift beizufügen. Ist die Klageschrift unvollständig, kann die Geschäftsstelle den Kläger unter Fristsetzung zur Ergänzung der Angaben auffordern und die Weiterführung des Verfahrens davon abhängig machen.

§ 3 Allgemeine Voraussetzungen Die Auswahl und Benennung der Schiedsrichter erfolgt nach der vertraglichen Vereinbarung der Parteien. Soweit die Parteien nichts anderes vereinbart haben, wird das Schiedsgericht aus drei Schiedsrichtern gebildet, die intern einen Vorsitzenden bestimmen. Zum Schiedsrichter können nur Volljuristen, Steuerberater, Wirtschaftsprüfer, Ärzte, Zahnärzte, Apotheker oder Personen, die aufgrund besonderer Befähigung geeignet sind, dem Schiedsgericht anzugehören, bestellt werden.

Jeder Schiedsrichter muss unparteilich und unabhängig sein. Er darf nicht in einem Abhängigkeits- und/oder ständigen Geschäftsverhältnis zu den Parteien stehen. Jeder Schiedsrichter hat sein Amt

nach bestem Wissen und Gewissen auszuüben und ist dabei an keine Weisungen gebunden.

§ 4 Von med.iatori bestelltes Schiedsgericht Haben die Parteien vereinbart, dass das Schiedsgericht nach dieser Verfahrensordnung gebildet wird, benennt der Vorstand von med.iatori Deutsche Schiedsstelle im Medizinrecht e.V. innerhalb von einem Monat nach Eingang der Klageschrift drei Schiedsrichter. Der Vorstand ist bei der Auswahl der Schiedsrichter frei. Vor der Bestellung hat der Vorstand zu klären, ob der Schiedsrichter das Amt annimmt.

Die benannten Schiedsrichter bestimmen einen Vorsitzenden.

§ 5 Einzelschiedsrichter Haben die Parteien die Entscheidung durch einen Einzelschiedsrichter vereinbart und einigen sich nicht vorgerichtlich auf die Person desselben, bestimmt diesen auf Antrag einer Partei verbindlich der Vorstand von med.iatori Deutsche Schiedsstelle im Medizinrecht e.V. Der Vorstand ist bei der Auswahl des Schiedsrichters frei.

§ 6 Schiedsrichtervertrag Mit einem bestellten Schiedsrichter kommt ein Schiedsrichtervertrag zustande, wenn der Schiedsrichter schriftlich das angetragene Amt annimmt. Die Annahmeerklärung ist an die Geschäftsstelle von med.iatori Deutsche Schiedsstelle im Medizinrecht e.V. zu richten und den Parteien mitzuteilen.

Soweit die vertraglichen Regelungen der Parteien nichts abweichendes vorsehen, ist Gegenstand des Schiedsrichtervertrages diese Verfahrensordnung und die Gebührenordnung von med.iatori Deutsche Schiedsstelle im Medizinrecht e.V.

§ 7 Ablehnung eines Schiedsrichters Ein Schiedsrichter kann abgelehnt werden, wenn Umstände vorliegen, die berechtigte Zweifel an seiner Unparteilichkeit oder Unabhängigkeit aufkommen lassen, oder wenn er die zwischen den Parteien vereinbarten Voraussetzungen nicht erfüllt. Eine Partei kann einen Schiedsrichter, den sie benannt oder an dessen Benennung sie mitgewirkt hat, nur aus Gründen ablehnen, die ihr erst nach der Benennung bekannt geworden sind. Soweit die Parteien nichts anderes vereinbart haben, ist die Ablehnung innerhalb von zwei Wochen nach Erhalt der Information über die

---

86 http://www.med-iatori.de/downloads.html

Benennung des Schiedsrichters der Geschäftsstelle von med.iatori Deutsche Schiedsstelle für das Medizinrecht e.V. zu erklären und zu begründen. Die Geschäftsstelle unterrichtet die Schiedsrichter und die andere Partei von der Ablehnung und setzt dem abgelehnten Schiedsrichter und der anderen Partei eine angemessene Erklärungsfrist. Lehnt innerhalb dieser Frist der abgelehnte Schiedsrichter sein Amt nicht ab oder stimmt die andere Partei der Ablehnung nicht zu, kann die ablehnende Partei innerhalb von zwei Wochen bei dem Vorstand der med.iatori Deutsche Schiedsstelle im Medizinrecht e.V. eine verbindliche Entscheidung über die Ablehnung beantragen. Hat der Schiedsrichter das Schiedsrichteramt bereits angenommen, ist die Ablehnung innerhalb von zwei Wochen nach Kenntniserlangung des Ablehnungsgrundes dem Schiedsgericht gegenüber geltend zu machen.

§ 8 Ersatzschiedsrichter Ist ein Schiedsrichter erfolgreich abgelehnt oder legt er sein Amt nieder, ist ein Ersatzschiedsrichter zu benennen. Auf die Benennung und Bestellung des Ersatzschiedsrichters sind die Regelungen über die Bestellung des Schiedsrichters entsprechend anzuwenden.

Dasselbe gilt bei Tod eines Schiedsrichters oder wenn er rechtlich oder tatsächlich außerstande ist, sein Amt auszuüben, oder wenn die Parteien die Beendigung seines Amtes vereinbaren.

■ ■ **Verfahren**

§ 9 Allgemeine Verfahrensregeln Auf das schiedsrichterliche Verfahren sind die zwingenden Vorschriften des Schiedsverfahrensrechts der ZPO, diese Schiedsgerichtsordnung und gegebenenfalls weitere Parteivereinbarungen anzuwenden. Im Übrigen bestimmt das Schiedsgericht das Verfahren nach freiem Ermessen.

Haben die Parteien den Ort des schiedsrichterlichen Verfahrens nicht vereinbart, wird er vom Schiedsgericht bestimmt. Haben die Parteien nichts anderes vereinbart, kann das Schiedsgericht an jedem ihm geeignet erscheinenden Ort zu einer mündlichen Verhandlung, zur Vernehmung von Zeugen, Sachverständigen oder der Parteien, zur Beratung zwischen seinen Mitgliedern, zur Besichtigung von Sachen oder zur Einsichtnahme in Schriftstücke zusammentreten. Die Verfahrenssprache ist Deutsch.

Das Schiedsgericht hat darauf hinzuwirken, dass die Parteien sich über alle erheblichen Tatsachen vollständig erklären und sachdienliche Anträge stellen. Der vorsitzende Schiedsrichter leitet das Verfahren. Dazu kann er formale Fragen des Verfahrensablaufes alleine entscheiden und Verfügungen an die Parteien richten. Das Schiedsgericht kann den Parteien jederzeit aufgeben, sich binnen einer Frist zu Verfahrensfragen, wie auch zu entscheidungserheblichen Vorbringen, zu äußern. Das Schiedsgericht hat das Verfahren zügig zu führen und in angemessener Frist einer Entscheidung zuzuführen.

§ 10 Bevollmächtigte Die Parteien können sich durch Bevollmächtigte vertreten lassen. Jede Partei kann einen Bevollmächtigten zum Verfahrensbevollmächtigten bestellen. Dieser muss Rechtsanwalt sein. Das Schiedsgericht kann von einem Bevollmächtigten die Vorlage einer zur Verfahrensvertretung ermächtigenden schriftlichen Vollmacht verlangen.

§ 11 Kommunikationsregeln Nach Konstituierung des Schiedsgerichtes sind alle Äußerungen einer Partei an den Vorsitzenden des Schiedsgerichtes zu richten, der diese der Gegenpartei übermittelt. Über die Art und Weise der Übermittlung entscheidet der Vorsitzende des Schiedsgerichtes. Die Kommunikation mit dem Schiedsgericht erfolgt in der Regel schriftlich. Davon abweichend kann das Schiedsgericht auch die Kommunikation per E-Mail zulassen. Äußert sich eine Partei in Form eines Schriftsatzes, sind Abschriften für die Schiedsrichter und für jede Prozesspartei beizufügen.

Ist ein Verfahrensbevollmächtigter bestellt, erfolgen die Zustellungen des Schiedsgerichtes an diesen. Der Verfahrensbevollmächtigte hat den Empfang von Schriftstücken zu quittieren.

§ 12 Rechtliches Gehör Die Parteien sind gleich zu behandeln. Jeder Partei ist in jedem Stand des Verfahrens rechtliches Gehör zu gewähren. Die Parteien sind von jeder Verhandlung und jedem Zusammentreffen des Schiedsgerichts zu Zwecken der Beweisaufnahme rechtzeitig in Kenntnis zu setzen. Alle Schriftsätze, Schriftstücke oder sonstigen Mitteilungen, die dem Schiedsgericht von einer Partei vorgelegt werden, sind der anderen Partei zur Kenntnis zu bringen. Gutachten und andere schriftliche

Beweismittel, auf die sich das Schiedsgericht bei seiner Entscheidung stützen kann, sind beiden Parteien zur Kenntnis zu bringen.

§ 13 Widerklage   Eine Widerklage ist schriftlich beim Vorsitzenden des Schiedsgerichtes einzureichen. Dieser stellt die Widerklage der Gegenseite zu mit der Aufforderung, sich binnen einer Frist zu äußern. Über die Zulässigkeit der Widerklage entscheidet das Schiedsgericht. Ein Anspruch einer Partei auf eine gesonderte Entscheidung besteht nicht.

§ 14 Sachverhaltsermittlung   Das Schiedsgericht hat den der Entscheidung über die Anträge der Parteien zugrunde liegenden Sachverhalt zu ermitteln. Hierzu kann es nach seinem Ermessen Anordnungen treffen, insbesondere die Vorlage von Urkunden anordnen und Auskünfte sachkundiger Stellen einholen.

Das Schiedsgericht kann Beweis erheben. Es ist dabei an die Beweisanträge der Parteien nicht gebunden. Das Schiedsgericht kann einen oder mehrere Sachverständige zur Erstattung eines schriftlichen Gutachtens über bestimmte vom Schiedsgericht festzulegende Fragen bestellen. Es kann einer Partei aufgeben, dem Sachverständigen sachdienliche Auskunft zu erteilen und Schriftstücke oder Sachen zur Besichtigung vorzulegen oder zugänglich zu machen.

Das Schiedsgericht kann einen Sachverständigen unabhängig von der Erstattung eines schriftlichen oder mündlichen Gutachtens zu einer mündlichen Verhandlung hinzuziehen. Die Befragung von Zeugen und Sachverständigen kann nur in mündlicher Verhandlung erfolgen.

Sobald das Schiedsgericht den Sachverhalt für ausreichend aufgeklärt hält und die Parteien ausreichend Gelegenheit zum Vorbringen hatten, kann es eine Frist setzen, nach deren Ablauf neuer Sachvortrag der Parteien zurückgewiesen werden kann.

§ 15 Mündliche Verhandlung   Das Schiedsgericht entscheidet nach pflichtgemäßem Ermessen, ob mündlich verhandelt wird oder ob das Verfahren schriftlich durchzuführen ist. Beantragen beide Parteien die mündliche Verhandlung, ist diese durchzuführen. Die Parteien und deren Bevollmächtigte sind

zur mündlichen Verhandlung zu laden. Die Ladungsfrist ist nach den Umständen des Falles, insbesondere der Eilbedürftigkeit einer Entscheidung und den gegebenen Anreisemöglichkeiten der Parteien, zu bemessen. Die mündliche Verhandlung ist nicht öffentlich.

Über jede mündliche Verhandlung ist ein schriftliches Protokoll anzufertigen. Es ist von dem Vorsitzenden des Schiedsgerichtes zu unterschreiben und den Parteien zuzustellen. Das Protokoll soll die anwesenden Beteiligten bezeichnen und die von den Parteien gestellten Anträge und den wesentlichen Verhandlungsablauf wiedergeben. Erklärungen der Parteien zu Protokoll sind wörtlich aufzunehmen. Die Protokollierung kann zunächst durch Tonträger erfolgen. Das Schiedsgericht kann mit der Protokollierung auch eine Schreibkraft beauftragen.

§ 16 Versäumnis einer Partei   Versäumt es eine Partei innerhalb vorgegebener Frist auf Behauptungen der Gegenseite zu erwidern, kann das Schiedsgericht das Verfahren fortsetzen, ohne die Säumnis als solche als Zugeständnis der Behauptungen zu behandeln. Versäumt es eine Partei, trotz ordnungsgemäßer Ladung zu einer mündlichen Verhandlung zu erscheinen oder innerhalb einer festgelegten Frist ein Schriftstück zum Beweis vorzulegen, kann das Schiedsgericht das Verfahren auf Basis der vorliegenden Erkenntnisse fortsetzen.

Wird die Säumnis nach Überzeugung des Schiedsgerichts genügend entschuldigt, kann das Schiedsgericht der Partei Gelegenheit zur Wiederholung der versäumten Handlung geben, wenn es diese für entscheidungserheblich hält. Ist einer Bestimmung dieser Verfahrensordnung oder einem weiteren vereinbarten Erfordernis des schiedsrichterlichen Verfahrens nicht entsprochen worden, kann eine Partei, die den Mangel nicht unverzüglich rügt, diesen später nicht mehr geltend machen. Dies gilt nicht, wenn der Partei der Mangel nicht bekannt war.

Entscheidungen des Schiedsgerichtes

§ 17 Anwendbares Recht   Das Schiedsgericht entscheidet die Streitigkeit auf Grundlage des geltenden Rechts. Haben die Parteien bestimmte Rechtsvorschriften als auf den Inhalt des streitigen Rechtsverhältnisses für anwendbar bezeichnet, ist auf deren Grundlage zu entscheiden. Die Bezeichnung des

Rechts oder der Rechtsordnung eines bestimmten Staates ist, sofern die Parteien nicht ausdrücklich etwas anderes vereinbart haben, als unmittelbare Verweisung auf die Sachvorschriften dieses Staates und nicht auf sein Kollisionsrecht zu verstehen.

Haben die Parteien die anzuwendenden Rechtsvorschriften nicht bestimmt, hat das Schiedsgericht das Recht des Staates anzuwenden, mit dem der Gegenstand des Verfahrens die engsten Verbindungen aufweist.

§ 18 Erlass des Schiedsspruchs Das Schiedsgericht entscheidet den Rechtsstreit abschließend durch Erlass eines Schiedsspruches. Es ist dabei an die Anträge der Parteien gebunden. Das Schiedsgericht kann über Verfahrensfragen, und abtrennbare Teile des Streitgegenstandes Teil-, Grund- oder Zwischenentscheidungen in Form eines Schiedsspruches treffen. Es ist dabei nicht an die Anträge der Parteien gebunden. In einem schiedsrichterlichen Verfahren mit mehr als einem Schiedsrichter ist jede Entscheidung des Schiedsgerichts mit Stimmenmehrheit zu treffen. Verweigert ein Schiedsrichter die Teilnahme an einer Abstimmung, können die übrigen Schiedsrichter ohne ihn entscheiden, sofern die Parteien nichts anderes vereinbart haben. Die übrigen Schiedsrichter entscheiden mit Stimmenmehrheit. Die Absicht, ohne den verweigernden Schiedsrichter über den Schiedsspruch abzustimmen, ist den Parteien vorher mitzuteilen. Bei anderen Entscheidungen sind die Parteien von der Abstimmungsverweigerung nachträglich in Kenntnis zu setzen.

§ 19 Schiedsspruch Jeder Schiedsspruch ist schriftlich abzufassen und durch alle Schiedsrichter zu unterzeichnen. In schiedsrichterlichen Verfahren mit mehr als einem Schiedsrichter genügen die Unterschriften der Mehrheit aller Mitglieder des Schiedsgerichts, sofern der Grund für eine fehlende Unterschrift angegeben wird.

Der Schiedsspruch hat die vollständige Bezeichnung der Parteien des schiedsrichterlichen Verfahrens, ihrer Prozessbevollmächtigten und die Namen der Schiedsrichter, die ihn erlassen haben, zu enthalten. Der Schiedsspruch ist zu begründen, soweit die Parteien nicht darauf verzichtet haben, oder es sich um einen Schiedsspruch mit vereinbartem Wortlaut im Sinne des § 1053 Abs. 1 Satz 2 ZPO handelt.

Im Schiedsspruch sind der Tag, an dem er erlassen wurde, und der Ort des schiedsrichterlichen Verfahrens anzugeben. Der Schiedsspruch gilt als an diesem Tag und diesem Ort erlassen. Der Schiedsspruch ist endgültig und hat unter den Parteien die Wirkung eines rechtskräftigen gerichtlichen Urteils.

Das Schiedsgericht hat eine ausreichende Anzahl von Urschriften des Schiedsspruches anzufertigen und jeder Partei ein Original zuzustellen. Die Zustellung an die Parteien kann solange unterbleiben, bis die Kosten des schiedsrichterlichen Verfahrens vollständig bezahlt worden sind.

Von jedem Schiedsspruch ist eine Urschrift in der Geschäftsstelle von med.iatori Deutsche Schiedsstelle im Medizinrecht e.V. zu hinterlegen.

§ 20 Vergleich Das Schiedsgericht soll in jeder Lage des Verfahrens auf eine einvernehmliche Beilegung des Streits oder einzelner Streitpunkte bedacht sein. Vergleichen sich die Parteien während des schiedsrichterlichen Verfahrens über die Streitigkeit, beendet das Schiedsgericht das Verfahren. Auf Antrag der Parteien hält das Schiedsgericht den Vergleich in der Form eines Schiedsspruchs mit vereinbartem Wortlaut fest, sofern der Inhalt des Vergleichs nicht gegen die öffentliche Ordnung (ordre public) verstößt.

Ein Schiedsspruch mit vereinbartem Wortlaut ist gemäß § 19 zu erlassen und muss angeben, dass es sich um einen Schiedsspruch handelt. Ein solcher Schiedsspruch hat dieselbe Wirkung wie jeder andere Schiedsspruch zur Sache.

§ 21 Einstweiliger Rechtsschutz Das Schiedsgericht kann auf Antrag einer Partei vorläufige oder sichernde Maßnahmen anordnen, die es in Bezug auf den Streitgegenstand für erforderlich hält. Das Schiedsgericht kann von jeder Partei im Zusammenhang mit einer solchen Maßnahme angemessene Sicherheit verlangen. Die Schiedsvereinbarung schließt nicht aus, dass die Parteien vor oder nach Beginn des schiedsrichterlichen Verfahrens vorläufige oder sichernde Maßnahmen in Bezug auf den Streitgegenstand des schiedsrichterlichen Verfahrens bei einem staatlichen Gericht beantragen.

§ 22 Auslegung und Berichtigung eines Schiedsspruchs Jede Partei kann beim Schiedsgericht beantragen, Rechen-, Schreib- und Druckfehler oder

5

Fehler ähnlicher Art im Schiedsspruch zu berichtigen; bestimmte Teile des Schiedsspruchs auszulegen; einen ergänzenden Schiedsspruch über solche Ansprüche zu erlassen, die im schiedsrichterlichen Verfahren zwar geltend gemacht, im Schiedsspruch aber nicht behandelt worden sind.

Sofern die Parteien keine andere Frist vereinbart haben, ist der Antrag innerhalb von 30 Tagen nach Empfang des Schiedsspruchs beim Schiedsgericht zu stellen. Das Schiedsgericht soll über die Berichtigung oder Auslegung des Schiedsspruchs innerhalb von einem Monat und über die Ergänzung des Schiedsspruchs innerhalb von zwei Monaten entscheiden.

Die Berichtigung des Schiedsspruchs kann das Schiedsgericht auch ohne Antrag vornehmen.

§ 23 Beendigung des schiedsrichterlichen Verfahrens

Das schiedsrichterliche Verfahren wird mit dem endgültigen Schiedsspruch oder mit einem Beschluss des Schiedsgerichts nach Absatz 2 beendet. Das Schiedsgericht stellt durch Beschluss die Beendigung des schiedsrichterlichen Verfahrens fest, wenn der Kläger seine Klage zurücknimmt, es sei denn, dass der Beklagte dem widerspricht und das Schiedsgericht ein berechtigtes Interesse des Beklagten an der endgültigen Beilegung der Streitigkeit anerkennt; oder die Parteien die Beendigung des schiedsrichterlichen Verfahrens vereinbaren; oder die Parteien das schiedsrichterliche Verfahren trotz Aufforderung des Schiedsgerichts nicht weiter betreiben oder die Fortsetzung des Verfahrens aus einem anderen Grund unmöglich geworden ist.

▪▪ Verfahrenskosten

§ 24 Kosten des schiedsrichterlichen Verfahrens

Med.iatori Deutsche Schiedsstelle im Medizinrecht e.V. erhebt für das Verfahren Gebühren. Die Schiedsrichter haben Anspruch auf Vergütung ihrer Tätigkeit und auf Erstattung von Auslagen. Die Vergütung der Schiedsrichter, die Regelungen über die Auslagenerstattung und die Gebühren von med.iatori Deutsche Schiedsstelle im Medizinrecht e.V. bestimmen sich nach der jeweils geltenden Gebührenordnung von med.iatori Deutsche Schiedsstelle im Medizinrecht e.V. Das Schiedsgericht kann die Vergütung der Schiedsrichter bei einer vorzeitigen Erledigung des Verfahrens entsprechend dem Verfahrensstand nach billigem Ermessen ermäßigen.

Maßgeblich für die Gebührenbemessung und für die Vergütung der Schiedsrichter ist der vom Schiedsgericht festgesetzte Streitwert. Die Parteien tragen die Kosten für Gutachten, für die Durchführung der mündlichen Verhandlung und für die Beweisaufnahme in der tatsächlich entstandenen Höhe. Die Parteien haften gegenüber dem Schiedsgericht und gegenüber med.iatori Deutsche Schiedsstelle im Medizinrecht e.V. für die Kosten des Verfahrens als Gesamtschuldner, unbeschadet eines etwaigen Erstattungsanspruches einer Partei gegen die andere Partei.

§ 25 Fälligkeit der Kostenerstattung

Die Verfahrensgebühren von med.iatori Deutsche Schiedsstelle im Medizinrecht e.V. sind fällig mit Eingang der Klageschrift und mit Eingang der Widerklageschrift, soweit hieraus ein weiterer Gebührenanspruch resultiert. Die Vergütung der Schiedsrichter einschließlich des Anspruches auf Auslagenerstattung ist fällig mit der abschließenden Kostenentscheidung durch Schiedsspruch. Die von den Parteien zu tragenden weiteren Verfahrenskosten sind fällig mit Anforderung durch das Schiedsgericht.

Das Schiedsgericht kann die Fortsetzung des Verfahrens davon abhängig machen, dass angemessene Vorschüsse auf die zu erwartenden Kosten einschließlich seiner Vergütung gezahlt werden. Es soll vom Kläger und Beklagten jeweils die Hälfte des Vorschusses anfordern.

§ 26 Kostenentscheidung

Das Schiedsgericht hat in dem Schiedsspruch auch darüber zu entscheiden, welche Partei die Kosten des schiedsrichterlichen Verfahrens einschließlich der den Parteien erwachsenen und zur zweckentsprechenden Rechtsverfolgung notwendigen Auslagen zu tragen hat. Grundsätzlich sind den Parteien die Kosten des schiedsrichterlichen Verfahrens im Verhältnis des Obsiegens und Verlierens aufzuerlegen. Das Schiedsgericht kann bei Geringfügigkeit von einer Quotelung der Kosten absehen. Unabhängig vom Ausgang des Verfahrens kann das Schiedsgericht auch einer Partei bestimmte Kosten, die allein durch ihre Verfahrensführung entstanden sind, ganz oder zum Teil auferlegen.

Soweit die Kosten des schiedsrichterlichen Verfahrens feststehen, hat das Schiedsgericht auch darüber zu entscheiden, in welcher Höhe die

Parteien diese zu tragen haben. Ist die Festsetzung der Kosten unterblieben oder erst nach Beendigung des schiedsrichterlichen Verfahrens möglich, wird hierüber in einem gesonderten Schiedsspruch entschieden. Absätze 1 bis 3 gelten entsprechend, wenn sich das Verfahren in der Hauptsache ohne Schiedsspruch erledigt hat und sich die Parteien nicht über die Kosten geeinigt haben.

▪ ▪ Sonstiges

§ 27 Vertraulichkeit Die Parteien, die Schiedsrichter und die im Auftrag von med.iatori Deutsche Schiedsstelle im Medizinrecht e.V. mit dem schiedsrichterlichen Verfahren befassten Personen haben über die Durchführung eines schiedsrichterlichen Verfahrens und die ihnen bekannt gewordenen Tatsachen und Umstände, und insbesondere über die beteiligten Parteien, Zeugen, Sachverständigen und sonstige Beweismittel Verschwiegenheit gegenüber jedermann zu bewahren.

Von den Beteiligten im Verfahren hinzugezogene Personen sind von diesen zur Verschwiegenheit zu verpflichten.

§ 28 Haftungsausschluss Haftungsmaßstab für die Haftung der Schiedsrichter ist § 839 Abs. 2 BGB. Außerhalb spruchrichterlicher Tätigkeit haften die Schiedsrichter nur für Vorsatz oder grobe Fahrlässigkeit. Für jede andere Handlung oder Unterlassung im Zusammenhang mit einem schiedsrichterlichen Verfahren ist eine Haftung der Schiedsrichter, von med.iatori Deutsche Schiedsstelle im Medizinrecht e.V., ihrer Organe und ihrer Mitarbeiter ausgeschlossen, soweit sie nicht eine vorsätzliche oder grob fahrlässige Pflichtverletzung begehen.

§ 29 Akten Jeder Schiedsrichter hat seine Handakten selbst aufzubewahren. Die Aufbewahrungspflicht endet neun Monate nach Beendigung des Verfahrens. Originalunterlagen der Parteien sind nach Beendigung des Verfahrens an diese zurückzugeben.

med.iatori Deutsche Schiedsstelle im Medizinrecht e.V. bewahrt die in der Geschäftsstelle hinterlegten Urschriften der Schiedssprüche fünf Jahre lang auf. Die Parteien können während dieser Zeit jederzeit Kopien gegen Erstattung der Kosten anfordern.

5.5 Anlage 2: Mediationsvereinbarung med.iatori[87]

Mediationsvereinbarung
Stand 29.5.2012

zwischen

.... (Name, Berufsbezeichnung und Adresse) und

................................(Name, Berufsbezeichnung und Adresse) und

................................(Name, Berufsbezeichnung und Adresse) – im Folgenden auch Partei oder gemeinsam Parteien genannt – und

...............................(Name, Berufsangabe und Adresse) – im Folgenden auch Mediator genannt –

▪ ▪ § 1 Konfliktthemen und Ziel der Mediation

1. Zwischen den Parteien besteht ein Konflikt über

....

....

....

....

....

2. Die Parteien sind übereingekommen, eine Lösung dieses Konflikts mit Hilfe von Mediation zu versuchen.

3. Die Mediation ist ein freiwilliges und vertrauliches Verfahren, das die Parteien unter Mitwirkung des Mediators dabei unterstützt, ihren Konflikt kooperativ und eigenverantwortlich zu klären. Ziel ist es hierbei, eine für beide Parteien gute Lösung des Konfliktes zu erreichen, welche abschließend als „Schriftliche Einigung" der Parteien fixiert wird.

---

87 http://www.med-iatori.de/downloads.html

5

4. Der Mediator wird den hierfür erforderlichen Kommunikations- und Lösungsprozess zwischen den Parteien organisieren und moderieren. Er wird das Mediationsverfahren klar, fair und zügig gestalten. Einzelgespräche mit den Parteien wird der Mediator nur mit Zustimmung beider Parteien führen.
5. Die Parteien werden sich bemühen, in jedem Verfahrensstadium lösungsorientiert, fair und offen miteinander umzugehen und zu verhandeln. Sollte eine Gesamteinigung nicht möglich sein, streben die Parteien eine Teileinigung oder eine Einigung über das weitere Vorgehen zur Lösung des Konfliktes an.
6. Das Ergebnis wird im Rahmen einer Mediation allein von den Parteien bestimmt und liegt ausschließlich im Verantwortungsbereich der Parteien. Dies gilt sowohl im Falle einer erfolgreichen Mediation mit einer abschließenden „Schriftlichen Einigung" als auch im Falle der vorzeitigen Beendigung der Mediation, unabhängig vom Grund der Beendigung.
7. Die Parteien sind sich darüber bewusst, dass der Mediator selbst keine Entscheidung über den Konflikt fällen wird und es auch nicht seine Aufgabe ist, Ansprüche oder rechtliche Positionen der einzelnen Parteien zu vertreten, durchzusetzen oder zu schützen. Er hat gegenüber den Parteien weder fachlich-beratende, noch rechtsberatende Funktion, auch wenn der Mediator hauptberuflich als Anwalt tätig ist. Vielmehr ist es im Rahmen eines Mediationsverfahrens alleinige Aufgabe auch eines anwaltlichen Mediators, die für den Kommunikationsprozess nötige Struktur sowie einen geschützten und vertrauensvollen Rahmen zu gewährleisten, um hierdurch die Parteien in ihrem Wunsch nach einer Lösung des Konflikts nach bestem Wissen und Gewissen zu unterstützen.

▪ ▪ § 2 Teilnehmer und Ort der Mediation

1. Die Teilnahme an der Mediation ist grundsätzlich freiwillig.

2. An der Mediation nehmen die Parteien sowie der Mediator teil. Die Teilnahme weiterer Personen bedarf der jeweiligen Zustimmung aller Parteien.
3. Handelt es sich bei einer Konfliktpartei um eine juristische Person, wird diese im Mediationsverfahren von einer nachweislich vertretungs- und einigungsberechtigten Person vertreten.
4. Hält der Mediator angesichts der Konfliktsituation die Teilnahme weiterer Personen für erforderlich, so wird er dies den Parteien mitteilen und auf die Teilnahme auch dieser Personen hinwirken.
5. Hält der Mediator angesichts der Konfliktsituation die Hinzuziehung eines weiteren Mediators (sogenannter „Co-Mediator") für erforderlich, so wird er die Parteien darauf hinweisen und auf die Teilnahme eines von ihm auszuwählenden Co-Mediators hinwirken. Der Mediator wird die Parteien auf die damit verbundenen zusätzlichen Kosten sowie auf etwaige Risiken im Falle der Nichtbeauftragung hinweisen.
6. Die Verhandlungen finden in den Räumlichkeiten des Mediators statt. Wünschen die Parteien die Durchführung der Mediation an einem anderen Ort, so einigen sie sich mit dem Mediator im Vorfeld über die hierdurch entstehenden zusätzlichen Kosten.

▪ ▪ § 3 Neutralität des Mediators

1. Der Mediator ist allen Parteien gegenüber zur Neutralität verpflichtet.
2. Der Mediator versichert, mit dem Sachverhalt des Konflikts für keine der Parteien bereits früher befasst gewesen zu sein. Er verpflichtet sich ferner, im Falle des Scheiterns des Mediationsverfahrens in dieser Sache nicht als Vertreter oder in sonstiger Weise auf Seiten einer Partei tätig zu werden.
3. Gelangt der Mediator zu der Auffassung, dass bei einer oder beiden Parteien offensichtlich fehlerhafte Vorstellungen über die Rechtslage oder die Möglichkeiten einer prozessualen Durchsetzung bestehen, die für die Beurteilung des Konflikts wesentlich sind, so kann er die Partei(en) darauf hinweisen und eine nähere Prüfung durch externe Berater anregen.

§4 Informiertheit und Offenlegung von Informationen

1. Das Mediationsverfahren geht von einer umfassenden Informiertheit aller Parteien über alle entscheidungserheblichen Tatsachen aus. Die Parteien werden daher im Interesse eines guten Gelingens der Mediation alle für die Lösung des Konflikts relevanten Informationen offen legen. Der Mediator kann in jedem Stadium des Konflikts die Vorlage weiterer Unterlagen verlangen. Schriftliche Stellungnahmen der Parteien an den Mediator sollen nur in Absprache mit diesem und der jeweils anderen Partei erfolgen. Der Mediator wird grundsätzlich alle schriftlichen Unterlagen allen Parteien zur Kenntnis bringen.

2. Wünscht eine Partei, dass Informationen, die sie dem Mediator zur Verfügung stellt, zunächst vertraulich bleiben sollen, so hat sie dies dem Mediator gegenüber ausdrücklich schriftlich kenntlich zu machen. Dies gilt auch für den Inhalt etwaiger Einzelgespräche, die der Mediator mit einer Partei nach Zustimmung durch die andere Partei führt. Wünscht eine Partei, dass der Inhalt von Einzelgesprächen vom Mediator vertraulich behandelt werden soll, so hat sie dies dem Mediator gegenüber ausdrücklich zu erklären.

§5 Vertraulichkeit

1. Das Mediationsverfahren und der Inhalt der Mediationsgespräche sind für alle Beteiligten streng vertraulich. Alle Informationen, die der Mediator im Rahmen der Mediation erhält, fallen unter seine berufliche Schweigepflicht, es sei denn, beide Parteien haben ihn hiervon ausdrücklich entbunden.

2. Die Parteien sowie deren gesetzliche oder anwaltliche Vertreter vereinbaren sowohl untereinander als auch gegenüber Dritten absolute Vertraulichkeit über den Verlauf, den Gegenstand oder die Ergebnisse der Mediation. Etwaige Kenntnisse, Unterlagen, Schriftstücke oder Informationen, die aufgrund der Vertraulichkeit des Mediationsverfahrens erworben wurden, dürfen im Falle des Scheiterns der Mediation nicht in einer späteren streitigen Auseinandersetzung verwendet werden.

3. Als vertrauliche Informationen gelten allerdings nicht solche Informationen,
   - die den Parteien bereits vor dem Mediationsverfahren bekannt waren und über deren Verbreitung sie ohne Verstoß gegen gesetzliche oder vertragliche Bestimmungen frei verfügen konnten,
   - die der Partei durch Dritte rechtmäßig mitgeteilt wurden oder
   - die der Öffentlichkeit bekannt sind.

4. Sämtliche Schriftstücke und sonstige Materialien, die im Zuge der Mediation der anderen Partei übergeben wurden, sind dieser auf Verlangen ohne weiteres am Ort der Mediationsgespräche zurückzugeben, wenn nicht die Parteien einvernehmlich einen anderen Ort zur Rückgabe vereinbaren. Die Parteien können sich auch darauf verständigen, die jeweiligen Dokumente vollständig zu vernichten.

5. Die Parteien vereinbaren ferner, dass sie weder den Mediator, noch ihre jeweiligen Vertreter, ihre Anwälte oder etwaige sonstige Teilnehmer im Falle einer späteren gerichtlichen Auseinandersetzung als Zeugen für Tatsachen benennen werden, von denen sie im Verlauf des Mediationsverfahrens Kenntnis erlangt haben.

6. Die Pflicht zur Vertraulichkeit und Verschwiegenheit gilt auch über das Ende des Mediationsverfahrens hinaus. Im Falle eines Verstoßes hiergegen ist die jeweilige Person oder ihr Vertreter der anderen Partei zur Zahlung einer Vertragsstrafe von 25.000,- € verpflichtet. Die Geltendmachung eines darüber hinaus gehenden Schadens bleibt hiervon unberührt.

§6 Beendigung des Mediationsverfahrens

1. Das Mediationsverfahren wird beendet,
   a. durch „Schriftliche Einigung der Parteien" gemäß §7 dieser Vereinbarung,
   b. durch die schriftliche Erklärung einer Partei gegenüber dem Mediator und der anderen Partei, dass sie die Mediation nicht weiterführen werde, sondern für beendet erklärt,
   c. durch die schriftliche Erklärung des Mediators, dass er das Mediationsverfahren aus gewichtigen, von ihm darzulegenden Gründen für beendet oder gescheitert betrachtet. Vor einer solchen Erklärung

soll er med.iatori e.V. informieren und den Parteien in einem Gespräch Gelegenheit zur Stellungnahme geben,

d. wenn eine Partei binnen einer Frist von zwei Wochen nach schriftlicher Aufforderung des Mediators einen von diesem geforderten Kostenvorschuss ganz oder teilweise nicht leistet oder eine gestellte Honorarrechnung ganz oder teilweise nicht bezahlt, die entsprechenden Kosten auch nicht von der anderen Partei übernommen werden und der Mediator aufgrund dessen das Mediationsverfahren als beendet erklärt.

2. Kommt eine „Schriftliche Einigung der Parteien" nicht zustande, stellt der Mediator auf Wunsch mindestens einer Partei den Parteien ein Zeugnis über den erfolglosen Mediationsversuch aus.

3. Die erfolglose Beendigung des Mediationsverfahrens steht einem erneuten Mediationsverfahren über denselben Konflikt nicht entgegen.

▪▪ § 7 Schriftliche Einigung der Parteien

1. Ist es den Parteien im Rahmen der Mediation gelungen, eine für alle Seiten zufriedenstellende Lösung zur Regelung des Konflikts oder Teile des Konflikt zu finden, so wird diese Lösung durch eine sogenannte „Schriftliche Einigung der Parteien" für alle Parteien verbindlich fixiert. Diese Einigung soll eine umfassende und abschließende Regelung aller während des Mediationsverfahrens erkannten Konflikte enthalten.

2. Vor dem Abschluss und der Unterzeichnung einer entsprechenden schriftlichen Einigung durch die Parteien sind etwaige frühere Äußerungen und Vorschläge der Parteien, ihrer Vertreter oder des Mediators zur Konfliktlösung für keine Partei rechtsverbindlich. Erst die von allen Parteien unterzeichnete schriftliche Einigung entfaltet Rechtsverbindlichkeit. Etwaige Zwischen- und Teileinigungen sind nur dann rechtsverbindlich, wenn dies zwischen den Parteien ausdrücklich schriftlich vereinbart wurde.

3. Die Parteien werden sich jeweils darüber verständigen, ob die erzielte Einigung darüber hinaus notariell beglaubigt oder hierüber ein Anwaltsvergleich abgeschlossen oder ob die Einigung als vollstreckungsfähiger Titel gestaltet werden soll. Der Mediator wird die Parteien über die hierdurch entstehenden zusätzlichen Kosten informieren.

▪▪ § 8 Folgen des Mediationsverfahrens

1. Während der Dauer des Mediationsverfahrens und einer Frist von drei Monaten nach Beendigung der Mediation ist die Verjährung aller streitigen Ansprüche zwischen den Parteien gehemmt. Dies gilt auch für den Ablauf von Gewährleistungspflichten.

2. Die Parteien verpflichten sich ferner, während des laufenden Mediationsverfahrens keine gerichtlichen Schritte gegeneinander einzuleiten. Ausgenommen hiervon sind lediglich Rechtsbehelfe, die zur Wahrung einer Rechtsposition geboten sind (z. B. zur Wahrung von vertraglichen oder gesetzlichen Ausschlussfristen).

3. Über bereits eingeleitete rechtliche Schritte haben die Parteien sich gegenseitig und den Mediator umgehend zu informieren. Sie verpflichten sich, dieses Verfahren während der Dauer des Mediationsverfahrens nicht weiter zu betreiben, erforderlichenfalls das Ruhen des Verfahrens (z. B. nach § 251 ZPO) zu beantragen und keine sonstigen konfliktverschärfenden Maßnahmen zu ergreifen.

4. Die Parteien können einvernehmlich die vorgenannten Folgen ausdrücklich ausschließen. Diese Erklärung muss schriftlich erfolgen und von beiden Parteien unterzeichnet sein.

▪▪ § 9 Honorar des Mediators

1. Der Mediator und ein eventueller Co-Mediator erhalten für ihre Tätigkeit jeweils ein nach Zeitaufwand zu bemessendes Honorar von 240,- € die Stunde zuzüglich Umsatzsteuer. Die zu vergütende Tätigkeit umfasst auch die Vor- und Nachbereitung der Termine sowie etwaige An- und Abreisezeiten des Mediators. Der Mediator rechnet seine Tätigkeit im Zeittakt von 10 Minuten (je 40,- € zzgl. USt.) ab und wird den Parteien hierüber einen entsprechenden Zeitnachweis vorlegen.

2. Der Mediator ist berechtigt, für seine Tätigkeit einen angemessenen Vorschuss zu verlangen oder zeitnah Zwischenrechnungen über die bisherige Tätigkeit zu erstellen.

3. Im Falle des erfolgreichen Abschlusses der Mediation durch „Schriftliche Einigung" erhält der Mediator darüber hinaus eine 1,5 Einigungsgebühr aus dem Gegenstandswert des Konfliktes. Diese Einigungsgebühr fällt nur einmalig an, auch wenn die Mediation mit Unterstützung eines weiteren Co-Mediators durchgeführt worden sein sollte. Die Parteien und der Mediator einigen sich gemeinsam auf den Gegenstandswert, andernfalls trifft med.iatori e.V. hierüber eine verbindliche Feststellung auf Basis der Vorschriften der ZPO und des GKG. Diese Feststellung ist auf Wunsch der Parteien schriftlich zu begründen.

4. Etwaige Auslagen für Porto- und Kopierkosten werden nach den Regelungen des Rechtsanwaltsvergütungsgesetzes berechnet. Als Kopierkosten gelten auch die Übermittlung von Unterlagen per Email oder per Fax. Zu erstatten sind ferner etwaige weitere Kosten, insbesondere etwaige Reise- und Hotelkosten. Die Reisekosten können vom Mediator entweder nach tatsächlichem Nachweis oder als Kilometerpauschale von 0,30 € je gefahrenen Kilometer zzgl. USt. abgerechnet werden. Hotelkosten werden gegen Nachweis erstattet, jedoch begrenzt auf einen Betrag von 180,- € inkl. Umsatzsteuer und Frühstück je Nacht.

5. Sofern die Parteien nichts Abweichendes vereinbart haben, tragen sie die Kosten des Mediationsverfahrens zu gleichen Teilen, haften jedoch gegenüber dem Mediator als Gesamtschuldner.

6. Nach Beendigung des Mediationsverfahrens hat der Mediator den Parteien eine ordnungsgemäße Abrechnung unter Berücksichtigung etwaiger Kostenvorschüsse und Zwischenrechnungen zu übersenden. Etwaige nicht verbrauchte Vorschüsse sind innerhalb von 14 Tagen zurückzuerstatten.

7. Sollte das Mediationsverfahren vorzeitig oder ohne schriftliche Einigung enden, so sind alle bis zu diesem Zeitpunkt angefallenen Honorare, Gebühren und Kosten nach den vorstehenden Regelungen zu erstatten.

■ ■ § 10 Haftung des Mediators

1. Der Mediator haftet nur für Vorsatz und grobe Fahrlässigkeit.

2. Für eigene rechtliche Einschätzungen und Beurteilungen der Parteien haftet der Mediator allerdings nicht, auch wenn diese erkennbar deren Entscheidungen zugrunde gelegt wurden, da die Parteien für die umfassende rechtliche Beratung ihrer Situation selbst verantwortlich sind und das Mediationsverfahren ausdrücklich keine Rechtsberatung darstellt oder enthält.

3. Hat der Mediator auf ausdrücklichen Wunsch der Parteien seine Rechtsauffassung dargelegt und wurde diese zur Grundlage einer schriftlichen Einigung zwischen den Parteien gemacht, dann haftet der Mediator nur begrenzt wie ein staatlicher Richter nach den Prinzipien der Staatshaftung.

■ ■ § 11 Allgemeine Regelungen

1. Sollte eine Bestimmung dieses Vertrages unwirksam sein oder werden, so bleibt die Gültigkeit dieser Vereinbarung im Übrigen unberührt. Ungültige Bestimmungen sind einvernehmlich durch solche zu ersetzen, die unter Berücksichtigung der Interessenlage aller Parteien geeignet sind, den gewünschten wirtschaftlichen Zweck zu erreichen. Entsprechendes gilt für die Ausfüllung von Lücken, die sich in dieser Vereinbarung herausstellen können.

2. Änderungen oder Ergänzungen dieser Vereinbarung oder ihre Aufhebung bedürfen zu ihrer Rechtswirksamkeit der Schriftform, ebenso wie die Abbedingung der Schriftform.

3. Ergänzend zu dieser Vereinbarung gilt die von med.iatori verabschiedete Verfahrensordnung Mediation, die Bestandteil der Mediationsvereinbarung wird und den Parteien zur Kenntnisnahme und zur Unterzeichnung ausgehändigt wurde.

4. Gerichtsstand für Streitigkeiten aus dieser Vereinbarung ist – soweit rechtlich zulässig – Frankfurt.

5

■ ■ **Unterschriften**

....
(Name der Partei, Datum und Ort) Unterschrift

....
(Name der Partei, Datum und Ort) Unterschrift

....
(Name der Partei, Datum und Ort) Unterschrift

....
(Name des Mediators, Datum und Ort) Unterschrift

5.6 Anlage 3: Verfahrensordnung Mediation med.iatori[88]

■ ■ **§ 1 Anwendungsbereich**

1. Die Verfahrensordnung Mediation von „med.iatori e.V. – Deutsche Schiedsstelle im Medizinrecht" findet Anwendung auf alle Mediationsverfahren unter Mitwirkung von Mediatoren, die Mitglieder von med.iatori e.V. oder im Auftrag von med.iatori e.V. tätig sind. Sie ist für diese Mediatoren verbindlich.
2. Das schriftliche Einverständnis mit dieser Verfahrensordnung durch die beteiligten Parteien wird durch den beauftragten Mediator oder durch med.iatori e.V. sichergestellt.
3. Zwischen dem Mediator und den Parteien wird ergänzend eine gesonderte Mediationsvereinbarung geschlossen.

■ ■ **§ 2 Einleitung des Mediationsverfahrens**

1. Das Mediationsverfahren wird durch einen schriftlichen Antrag bei der Geschäftsstelle von med.iatori e.V. eingeleitet. Das hierfür vorgesehene Antragsformular kann bei der Geschäftsstelle beantragt oder auf der Homepage von med.iatori e.V. heruntergeladen werden. Der Antrag kann auch per Fax oder per Email eingereicht werden.
2. Die Adresse der Geschäftsstelle von med.iatori e.V. lautet: med.iatori e.V. Deutsche Schiedsstelle im Medizinrecht, Geschäftsstelle Europastraße 3, 35394 Gießen, Tel. +49 (641) 94 88 67 50, Fax + 49 (641) 94 88 67 33, www.med-iatori.de

3. med.iatori e.V. wird der anderen (nicht antragstellenden) Partei den Mediationsantrag unverzüglich übermitteln und sie gleichzeitig um Mitteilung über ihre Bereitschaft zur Mediation bitten. Die Übermittlung des Mediationsantrages hat schriftlich zu erfolgen, eine Übermittlung per Fax oder Email ist ausreichend.
4. Das Mediationsverfahren beginnt, nachdem sich beide Parteien gegenüber med.iatori e.V. mit dessen Durchführung schriftlich einverstanden erklärt haben.
5. Lehnt die andere Partei das Mediationsverfahren ab oder antwortet sie nicht innerhalb von zwei Wochen ab Zugang des Schreibens, gilt die Mediation als abgelehnt.
6. med.iatori e.V. informiert beide Parteien unverzüglich über die Einleitung oder die Ablehnung des Mediationsverfahrens.

■ ■ **§ 3 Vorschlag eines Mediators, Ausschlussgründe**

1. med.iatori e.V. schlägt den Parteien – unter Berücksichtigung etwaiger Wünsche der Parteien im Mediationsantrag – drei Mediatoren vor, die für die Lösung des Konfliktes geeignet sind. med.iatori e.V. fügt dem Mediatorenvorschlag das jeweilige Mediatorenprofil bei.
2. Vorab klärt med.iatori e.V. mit den vorzuschlagenden Mediatoren, ob diese im konkreten Fall tätig werden können und hierzu auch bereit sind. Hierbei sind insbesondere Gründe einer eventuellen Befangenheit des Mediators oder sonstige Ausschlussgründe zu prüfen und vom Mediator umgehend mitzuteilen.
3. Als Mediator ist ausgeschlossen, wer eine der Parteien vor Beginn des Verfahrens in derselben Angelegenheit beraten oder vertreten hat. Dies gilt auch für eine Beratung oder Vertretung durch die Kanzlei des Mediators.
4. Der Mediator bzw. seine Kanzlei ist ferner nicht befugt, eine der Parteien in der Rechtsangelegenheit, die Gegenstand des Mediationsverfahrens ist, anwaltlich oder auf andere Weise zu vertreten oder zu beraten. Dies gilt auch für den Fall der Beendigung des Mediationsverfahrens

ohne Einigung zwischen den Parteien. Der Mediator ist auch verpflichtet, die Parteien vorab zu informieren, wenn er bzw. seine Kanzlei in einer anderen Sache für eine Partei tätig werden soll oder tätig gewesen ist.

▪▪ § 4 Einigung der Parteien auf einen Mediator

1. Einigen sich die Parteien nicht innerhalb von einer Woche nach Zugang der Vorschlagsliste gemeinsam auf einen Mediator unter schriftlicher Mitteilung an med.iatori e.V., übersenden die Parteien innerhalb einer weiteren Woche ihr schriftliches Ranking der von med.iatori e.V. vorgeschlagenen Mediatoren – mit jeweiliger Kopie unmittelbar an die andere Partei – in der Reihenfolge von 1 abwärts, wobei 1 den höchsten Rankingwert einer Partei darstellt.

2. Dabei hat jede Partei das Recht, einen oder mehrere für sie nicht akzeptable Mediatoren von der Liste zu streichen und nur die verbleibenden Mediatoren zu ranken. Der Mediator mit der geringsten Rankingsummenzahl gilt als der von den Parteien bestimmte Mediator.

3. Bei gleicher Rankingzahl bestimmt med.iatori e.V., wer von den beiden Mediatoren mit der jeweils geringsten Rankingzahl als Mediator in diesem Verfahren tätig werden soll. Anderenfalls legt med.iatori e.V. auf Wunsch der Parteien eine neue Mediatorenliste vor.

4. med.iatori e.V. teilt das Ergebnis des Rankings und die eventuell erforderliche Bestimmung des Mediators den Parteien unverzüglich schriftlich mit und informiert unverzüglich den für dieses Verfahren ausgewählten bzw. bestimmten Mediator, der das weitere Verfahren mit den Parteien regelt.

5. Der Mediator hat unverzüglich, spätestens jedoch innerhalb von einer Woche ab Zugang der Mitteilung über seine Benennung, gegenüber den Parteien und gegenüber med.iatori e.V. die Annahme des Mediationsmandates schriftlich mitzuteilen. Die Mitteilung per Fax oder Email ist ausreichend.

▪▪ § 5 Pflichten des Mediators

1. Der Mediator ist zur Unparteilichkeit und Neutralität verpflichtet. Er hat die Beilegung des Konfliktes zwischen den Parteien in jeder Art und Weise, die er für angemessen hält, zu fördern.

2. Der Mediator ist nicht befugt, den Konflikt bzw. Teile des Konfliktes selbst zu entscheiden.

3. Der Mediator hat mit den Parteien zu Beginn einer Mediation die Grundzüge des Mediationsverfahrens, den geplanten Ablauf des Verfahrens sowie die Rechte und Pflichten der Parteien zu erörtern.

4. Das weitere Verhältnis der Parteien untereinander sowie das Verhältnis zwischen den Parteien und dem Mediator (einschließlich dessen Honorierung) sind in der gesondert abzuschließenden Mediationsvereinbarung geregelt.

▪▪ § 6 Durchführung des Mediationsverfahrens

1. Der Mediator bestimmt unter Berücksichtigung der Interessen der Parteien die Art und Weise sowie den Ort und zeitlichen Rahmen, in welchem das Mediationsverfahren durchgeführt wird.

2. Der Mediator und die Parteien streben eine zügige Durchführung des Mediationsverfahrens an.

3. Jede Partei kann Ergänzungen des Sachverhalts vortragen und Unterlagen vorlegen. Der Mediator kann jederzeit anregen, dass eine Partei zusätzliche Informationen oder Unterlagen zur Verfügung stellt.

▪▪ § 7 Gewährleistung der Vertraulichkeit

1. Soweit nicht ausdrücklich anders vereinbart, haben die Parteien, ihre Berater, der Mediator sowie med.iatori e.V. gegenüber Dritten alle Angelegenheiten des Mediationsverfahrens auch nach Beendigung der Mediation vertraulich zu behandeln. Dies gilt auch für die Tatsache der Durchführung einer Mediation selbst.

2. Die Parteien bzw. der Mediator werden Dritte (z. B. Sachverständige, Zeugen, Co-Mediatoren, Personen in Ausbildung usw.) nur hinzuziehen bzw. damit einverstanden sein, wenn sich diese in der gleichen Weise wie die Parteien selbst zur Vertraulichkeit verpflichten.

3. Die weitergehenden Pflichten zur Vertraulichkeit sind in § 5 Mediationsvereinbarung geregelt.

5

§ 8 Beendigung des Mediationsverfahrens

4. Nach Beendigung des Mediationsverfahrens gemäß § 6 der Mediationsvereinbarung hat der Mediator med.iatori e.V. unverzüglich von der Art und Weise sowie dem Zeitpunkt der Beendigung schriftlich zu benachrichtigen.

5. med.iatori e.V. hat die Benachrichtigung des Mediators vertraulich zu behandeln und darf ohne schriftliche Zustimmung der Parteien Dritten weder die Durchführung noch das Ergebnis des Mediationsverfahrens offenlegen.

6. med.iatori e.V. ist berechtigt, Informationen über das Mediationsverfahren in Statistiken aufzunehmen und im Rahmen ihres Medienangebotes (Broschüren, Homepage usw.) anonymisiert zu veröffentlichen. Dabei ist sicher zu stellen, dass weder der Konflikt noch die Parteien identifiziert werden können.

7. Um die Qualität und Effizienz von Mediationsverfahren zu gewährleisten, kann med. iatori e.V. nach Beendigung der Mediation die Parteien bitten, den Mediator zu beurteilen. Ein entsprechender Evaluationsbogen wird den Parteien nach der Beendigung der Mediation übersandt. Eine Verpflichtung der Parteien zur Beurteilung entsteht hierdurch nicht.

§ 9 Kosten des Verfahrens

1. Die Kosten des Mediationsverfahrens setzen sich zusammen aus dem in § 9 der Mediationsvereinbarung vereinbarten Honorar für den Mediator, den Gebühren für med.iatori e.V. sowie etwaigen weiteren Auslagen und Kosten.

2. Die Gebühren für med.iatori e.V. betragen für den Antrag auf Einleitung und die Benennung von drei Mediatoren 500,- €.

3. Für eine darüber hinausgehende Benennung weiterer Mediatoren beträgt die Gebühr weitere 500,- €.

4. Für eine eventuelle Bestimmung des Gegenstandswertes zur Bezifferung der Einigungsgebühr des Mediators nach § 9 Abs. 3 Mediationsvereinbarung erhält med.iatori e.V. eine zusätzliche Gebühr von 500,- €.

5. Etwaige Auslagen für Porto- und Kopierkosten werden nach den Regelungen des Rechtsanwaltsvergütungsgesetzes berechnet. Weitere Auslagen und Kosten des Mediators regeln sich nach § 9 Abs. 4 Mediationsvereinbarung.

6. Auf sämtliche Kosten, Gebühren und Auslagen wird zusätzlich die jeweils gesetzliche Umsatzsteuer fällig.

7. Die Parteien haften med.iatori e.V. für die genannten Kosten und Gebühren als Gesamtschuldner.

§ 10 Haftungsausschluss

1. med.iatori e.V. haftet nicht für das Verhalten des Mediators. Für eigenes Handeln haften med.iatori e.V. und ihre Erfüllungsgehilfen nur im Falle von grober Fahrlässigkeit und Vorsatz.

2. Der Mediator haftet nur für Vorsatz und grobe Fahrlässigkeit.

3. Ist der Mediator Rechtsanwalt, so haftet er nach den gesetzlichen Bestimmungen. Die Haftung wegen leichter Fahrlässigkeit ist in diesem Falle beschränkt auf die Höhe der vierfachen Mindestversicherungssumme nach § 51 Abs. 4 i.V.n. § 51 a Abs. 1 Ziff. 2 BRAO (zur Zeit 1.000.000,- €), sofern die Haftung im konkreten Fall nicht nach § 10 der Mediationsvereinbarung ausgeschlossen oder begrenzt ist.

§ 11 Allgemeine Regelungen

1. Ergänzend zu dieser Verfahrensordnung gilt die zwischen den Parteien vereinbarte Mediationsvereinbarung.

2. Änderungen oder Ergänzungen dieser Vereinbarung oder ihre Aufhebung bedürfen zu ihrer Rechtswirksamkeit der Schriftform, ebenso wie die Abbedingung der Schriftform.

3. Sollte eine Bestimmung dieser Vertrages unwirksam sein oder werden, so bleibt die Gültigkeit dieser Vereinbarung im Übrigen unberührt. Ungültige Bestimmungen sind einvernehmlich durch solche zu ersetzen, die unter Berücksichtigung der Interessenlage aller Parteien geeignet sind, den gewünschten wirtschaftlichen Zweck zu erreichen. Entsprechendes gilt für die Ausfüllung von Lücken, die sich in dieser Vereinbarung herausstellen können.

4. Gerichtsstand für Streitigkeiten aus dieser Vereinbarung ist – soweit rechtlich zulässig – Frankfurt.

▪ ▪ Kenntnisnahme durch die Parteien

....

(Name der Partei, Datum und Ort)

....

(Name der Partei, Datum und Ort)

....

(Name der Partei, Datum und Ort)

....

(Name der Partei, Datum und Ort)

....

(Name des Mediators, Datum und Ort)

Literatur

Beyer, Jens-Uwe. Salvatorische Klauseln. Eul, Bergisch Gladbach, 1988

Eidenmüller, Horst; Wagner, Gerhard. Mediationsrecht. Schmidt, Köln, 2015

Ewig, Eugen. § 42 Mediation im Gesundheitswesen, in: Haft/Schlieffen, Handbuch Mediation. C.H. Beck, München, 2016

Fritz, Roland. In: Fritz/Pielsticker, Kommentar zum Mediationsgesetz. Luchterhand, Köln, 2013

Glas, Friedrich. Eskalationsdynamik sozialer Konflikte, Pkt. 2.1 in: Trenczek/Berning/Lenz (Hrsg.) Nomos Praxis Mediation und Konfliktmanagement. Nomos, Baden-Baden, 2013

Greger, Reinhard. Evaluative Konfliktregelungsverfahren, Pkt. 2.19 in: Trenczek/Berning/Lenz (Hrsg.) Nomos Praxis Mediation und Konfliktmanagement. Nomos, Baden-Baden, 2013

Greger, Reinhard; Unberath, Hannes (Hrsg.) Mediationsgesetz Kommentar. C.H. Beck, München, 2012

Grüneberg, Christian in Palandt BGB Kommentar, 74. Auflage. C.H. Beck, München, 2015

Haaß, Stefanie K., § 7 Mediation in Abgrenzung zu anderen Verfahren außergerichtlicher Konfliktbewältigung, in Haft/Schlieffen, Handbuch Mediation. C.H. Beck, München, 2016

Hagel, Ulrich. In: Klowait/Gläßer, Nomos Kommentar Mediationsgesetz. Nomos, Baden-Baden, 2014

Hamann, Hartmut; Sigle, Axel. Vertragsbuch Gesellschaftsrecht, 2.Auflage. C.H. Beck, München, 2012

Junker, Abbo; Kamanabrou, Sudabeh. Vertragsgestaltung - Ein Studienbuch, 4. Auflage. C.H. Beck, München, 2014

Kanzleiter, Rainer. Der Blick in die Zukunft als Voraussetzung der Vertragsgestaltung, NJW 1995, 905–910

Langenfeld, Gerrit. Vertragsgestaltung, Methode-Verfahren-Vertragstypen. C.H. Beck, München, 2004

Münchener Kommentar, Bürgerliches Gesetzbuch Bd. 1, Allgemeiner Teil, §§ 1-240, 6. Auflage. C.H. Beck, München, 2012

Münchener Kommentar, Bürgerliches Gesetzbuch Bd. 2, Schuldrecht Allgemeiner Teil, §§ 241-432, 2. Auflage. C.H. Beck, München, 2012

Rabe, Christine Susanne; Wode, Martin. Mediation Grundlagen, Methoden, rechtlicher Rahmen. Springer, Heidelberg, 2014

Schröder-Frerkes, Alexander. Gesellschaftsrecht, in Büchner/Groner/Häusler/Lörcher/Lörcher/Rabe v. Pappenheim/Schröder-Frerkes/Völtz/Wagner/Winkler/Winograd, Außergerichtliche Streitbeilegung, 1. Auflage. Jehle, Rehm/München, 1998

Schwartz, Hansjörg; Wendenburg, Felix. Gesellschafterkonflikte – Mediation im Spannungsfeld von Individual- und Kollektivinteressen, Pkt. 5.5, in: Trenczek/Berning/Lenz (Hrsg.) Nomos Praxis Mediation und Konfliktmanagement. Nomos, Baden-Baden, 2013

Troja, Markus; Kessen, Stefan. § 14 Ablauf und Phasen einer Mediation, in: Haft/Schlieffen, Handbuch Mediation. C.H. Beck, München, 2016

Walz, Robert. Formularbuch Außergerichtliche Streitbeilegung. Schmidt, Köln, 2006

Westermann. Schiedsfähigkeit von gesellschaftsrechtlichen Fragen, in Böckstiegel (Hrsg.), Schiedsgerichtsbarkeit in gesellschaftsrechtlichen und erbrechtlichen Angelegenheiten. Heymanns, Köln, 1996

Zankl, Peter. Die anwaltliche Praxis in Vertragssachen. Kohlhammer, Stuttgart, 1990

Serviceteil

© Springer-Verlag Berlin Heidelberg 2016
A. Ullmann, D. Busch, *Ärztliche Großpraxis*, Erfolgskonzepte Praxis- & Krankenhaus-Management
DOI 10.1007/978-3-662-50508-3

Stichwortverzeichnis

FSC
www.fsc.org
MIX
Papier | Fördert
gute Waldnutzung
FSC® C083411

Zeitfracht Medien GmbH
Ferdinand-Jühlke-Straße 7
99095 Erfurt, Deutschland
produktsicherheit@kolibri360.de